大学生のための
最 新

健康・スポーツ科学

第2版

日本大学文理学部体育学研究室 編

八千代出版

まえがき

「健康とは、完全な肉体的、精神的及び社会的福祉の状態であり、単に疾病又は病弱の存在しないことではない」(1951年：官報第7337号)。この言葉は、大変有名な WHO の定義に由来したものである。他方、スポーツの現場では、痛み止めに頼りながら競技を続ける選手も少なくない。長年の肘の酷使もあって、肘側副靭帯再建術に臨むことになった野球の超一流選手である A は、「健康」といえるだろうか。パラリンピックの金メダルに留まらず、年間世界ランキング1位を何回も記録している選手 B は、子どもの頃の脊髄の病気で常に車椅子に頼っている。彼は「不健康」か。

大学生年代は、生物学的にいえばヒトの一生の中で最も強健であるために、「健康を目的とした運動」などは、実感として重要性を認識しにくいかもしれない。自分の身体をどのようにコントロールするかについての科学的知識は、よりよく生きる上で最も基本的な「教養」だが、上の例のように、健康の価値については表層の知識だけで見識を立てるのは難しいのである。また、自分で行うスポーツばかりでなく、心との向き合い方、人と人との関わりと健全性、さらに視野を広げ、身体的、精神的健康への社会的な取り組みやスポーツを見る楽しみについても洞察を深める素地を持っておくことは、これからの生活の質の向上に意味を持ってくるに違いない。

本書は、健康とスポーツに関して最新のデータを加えながら、先著『健康・スポーツ教育論』を全面的に改定したものである。編集に当たっては、各項をそれぞれの分野を専門とする教員が担当し、大学人の教養として必要な基礎的事項がバランスよく、かつ網羅的に配置されるよう着意した。また、第2版の刊行に当たり、この間の高齢化のさらなる進行、精神的・身体的障害に対する社会的意識、オリンピック・パラリンピックならびに人々のスポーツ参加意識とその動向などを中心に、多くのデータや文意を改新している。授業では、いくつかのトピックが取り上げられることになり、あるいは項目について辞書的な利用も可能であるが、汎論として通読されることを期待したい。

最後に、限られた時間の中、コラムを寄稿してくれた OB・OG の皆さん、また刊行に多大なご尽力をいただいた八千代出版株式会社の森口恵美子氏ならびに井上貴文氏に厚くお礼申し上げます。

編 者 一 同

目　　次

I 章

スポーツ・身体活動の意味と意義

健康とスポーツを学ぶ意義

1 健康を学ぶ

(1) 健康とは　我々はなぜ健康について学ばなければならないのか。それを考えるに当たってまず、「健康とは何か」について確認しておきたい。世界保健機関（WHO）では「健康」を以下のように定義している。

Health is a state of complete physical, mental and social well-being and not merely the absence of disease or infirmity.

これを日本WHO協会では、「健康とは、病気とか弱っていないということではなく、肉体的にも、精神的にも、そして社会的にも、すべてが満たされた状態にあることをいいます」と翻訳している。このことから健康というものを考える際には、身体的、精神的、社会的の3つの側面があり、かつこの3つは「すべてが満たされた」という表現からもわかるように、3つの側面を重ね合わせて考えることの必要性、すなわち、人間を全体として捉えるという、全人的な意味を持っていることがわかる。したがって、健康を学ぶ意義を考察するためには、健康を全人的なものとして理解しておくことが求められる。

(2) 健康を力として捉える　上記のような健康の定義は一見すると「すべてが満たされた」という表現に見られるように受け身的な印象を受ける。しかし、本来的な健康は「力」として捉えることができる。フーバー（Huber, et al., 2011）は、健康を「適応してセルフマネジメントする力」として理解することを提案している。そこでも前述した健康の3つの側面に着目して、以下のような

健康力を示している。

①身体的健康力：環境が変わっても身体的な恒常性を維持できる力。

②精神的健康力：強い精神的ストレスにうまく対処し、適応してセルフマネジメントできる力。

③社会的健康力：人間が自分の潜在能力を発揮して社会的義務を果たす力、医学的な状態にかかわらず、ある程度自立して生活できる力。

これらの考え方では、健康でいるためにはストレスや困難をマネジメントできるようにするという力、すなわちストレスマネジメント能力が求められるということがわかる。人間は生きている限りストレスや困難から完全に逃れることはできない。現代社会では様々なストレスが存在するのでそれらをうまくマネジメントしていくことが重要である。

ストレスマネジメントは、ストレスに関する知識を学ぶとともにリラクセーション法やコーピング（対処法）を理解することによって実践できるようになる。ストレスマネジメントについては紙面の都合上、多くを触れることができないが、他の文献を参照し確認してもらいたい。

次にストレスマネジメントを実践する上で理解しておかなければならない健康と病の基本的な関係について見ていきたい。

(3) 健康と病―心身相関関係―　ドイツ医学の大家であるヴァイツゼッカー（Weizsäcker, V. v.）は、「われわれは、いろいろな機能をもっているから生きているのではない。生きているからいろいろな機能をもっているのである。機能や活動が障害されるから病気になるのではない。病気になるから機能や活動も障害されるのである」（ヴァイ

ツェッカー，1994）という。つまり病気になるということは「生きる」という目的を達成するために、健康な時とは異なる形で環境と関わることを意味している。その症状はある時は心理面として、ある時は身体症状として、またある時は社会的人間関係の面として現れることになるが、それは病のその時々のあり方を示す一側面である。

　ヴァイツゼッカーはこのような心身医学を提唱し、人間とは心理学的な法則に従う「精神」と物理学的な法則に支配された「身体」という2つの領域から構成されているのではなく、精神と身体の相関関係から捉えることの重要性を指摘している。

　そもそも我々は自己の身体活動を通して初めて世界と関わることができるのだから、精神と身体を切り離して考えることはできない。つまり身体的な運動志向性を通して初めて世界を構成し、世界に関与することができる。したがって、人間の世界は単なる物体とは異なり、身体的な能力と密接に関わり合っていることになる。トゥームズ（Toombs, S. K.）は病の際の人間存在について次のようなことを述べている。

　病気や衰弱は、人を「ここ」につなぎとめる力が働く。私がインフルエンザで胃をやられてベッドで臥せったり、術後に病室へ閉じ込められると、自分の世界が具体的に（ベッドの上、自分の部屋、自宅に制限される）狭まることを経験する。「ここ」に閉じ込められると、自分と周囲の事物との距離が遠のくという感覚を生む。身体状態が変化すると、それまで「近い」と思っていた物体や位置が「遠い」と感じる体験をする。……友人も遠ざかり、職場ははるかかなたの「世界」のように思われる。（トゥームズ, 2001, 136）

　身体とは一方では、一つの物体としての側面を―客観的存在として―、他方では主観的な感覚‐運動システムとして、といった両義的統一として

存在している。このことは健康や病というものを考える上で基本的重要事項である。また、コミュニケーションの問題など社会的側面についても考えていかなければならないが、紙面の都合上、これについてはⅧ章の47節を参照されたい。

（4）**健康を学ぶ意味**　　最後に健康について学ぶ意味について考えておきたい。

　我々は健康ということを考えようとした時、身体面や精神面あるいは社会的側面からそれぞれを絶縁的に考えやすい。身体的な健康については、自然科学的医学の側面から病気の原因や栄養について物質的に捉え、精神的な面についてはメンタルヘルスとして精神医学や心理学的な側面から考えることになる。しかし、我々は人間として生きている。この「生きている」という全人的な営みは要素還元主義的な思考からは理解できない。このことは健康を考えるということが、生きるということを考えることと同義であることを意味している。またそれは健康を考えることが病を考えることと同義であることも意味している。

　またこの生きるという営みは、自分自身のことだけではないということにも注意したい。我々は一人では生きていけない。家族、友人、恋人、同僚といった様々な人々との関係の中で生きている。これらの人々との「関わり」そのものも我々が生きているということの中に含まれている。

　健康を考えることを契機として自分の人生を考えることが求められる。

2　スポーツを学ぶ

（1）**スポーツとは**　　スポーツの起源は「労働」（マルクス）と「遊び」（ホイジンガ）に求められてきた。これは人間の本質が労働や遊びにあるといった人間の本質規定に端を発するためである。つまり、ヒトの人間化の最大の契機を労働や遊びに求めたのである。このような意味でのスポーツを学ぶことの意義について考える前に、スポーツという言葉の意味について確認しておきたい。ス

ポーツという言葉には大きく３つの意味がある（日本体育学会，2006）。

①スポーツとはルールに基づいて身体的能力を競い合う遊びの組織化、制度化されたものの総称。このような意味でのスポーツは、「遊戯性」「競争性」「身体活動性」「歴史性」という４つの要素によって特徴づけられる文化として存在する。これらの要素の比重の違いによって、競技スポーツ、健康スポーツ、レクリエーション・スポーツといった様々な類型が可能となる。

②健康の保持増進や爽快感などを求めて行われる身体活動。

③知的な戦略能力を競い合う遊び。産業革命以前の英国ではチェスもスポーツの一つとして捉えられていた。いわゆる頭脳スポーツである。しかし、今日では特殊な使われ方で一般的ではない。

　以上のようにスポーツという言葉は一義的に定義することはできないが、人間にとって欠くことのできない文化として存在している。ここでは関連して「体育」という言葉についても確認しておきたい。

　「体育」という言葉は、日本が近代教育制度を整備していく中で、「精神の教育」に対する「身体の教育」を意味する言葉として、英語のphysical education の訳語として工夫されたものである。したがって、体育という言葉は、身体教育という意味内容を持つ教育概念となる。身体教育としての体育は、身体運動文化を媒介とする教授者と被教授者との関係性において成立する教育的な関係概念であり、ヒト（生物学的存在）の身体面からの人間化（文化的存在化）を根本目標とする人間にとって必要不可欠な営みと定義される。

　このように見てみると、スポーツと体育の間には、共通する意味と相違があることがわかる。

（2）　**スポーツの価値**　スポーツの発生は古代にまで遡れるが、ここではスポーツを「近代ス

ポーツ」と捉えて、その価値を確認しておきたい。スポーツの価値については様々な議論がある。

　例えば、学校教育で行われるスポーツ学習の価値としては、①身体的便益（様々なスポーツ活動に参加することで、日常生活を快適に送ることができる身体のフィットネスレベルを向上・維持できる）、②技能に関わる便益（様々なスポーツや身体活動に参加するための技能基盤を築くことができる）、③認識に関わる便益（スポーツへの参加は、脳の血流を増やし、知的機能の改善に効果をもたらす）、④社会的便益（スポーツ参加者間の肯定的相互作用を育て、活動における相互作用を通して、問題解決能力を涵養する）、⑤情意に関わる便益（仲間と協力したり、技能を実践することで、自尊心や自己有能感を養う）などが挙げられる。これらの様々な便益の中でスポーツ独自の、あるいは「スポーツ活動そのもの」にしかない価値とは何だろうか。

　朝岡（2013）によれば、近代スポーツの本質は「脱目的性」にあるという。つまり、何かの目的のためにスポーツをするのではなく、スポーツを行うことそれ自体が活動の目的となっている点である。だからこそ、スポーツは人種、宗教、社会制度の違いを超えて人類共通の文化に発展したといえよう。そしてこのようなスポーツの活動には、人間は常にもっとよい仕方、つまり、「動きかた」の極みを求めて進んでいくという個人の習練の道程が含まれている。このようなスポーツ活動に内在している「内在目的論的性格」には体育と共通する教育的契機が存在している。

　さらに、このような「動きかた」の追究は、歴史的な座標軸で見た場合には、文化形成の道程が含まれることになる。これをスポーツの「歴史目的論的価値」という。このように見てくると、スポーツ独自の価値がスポーツを「することそのもの」の中にあることがわかる。では、そこには何があるのであろうか。

（3）　**身体との対話**　当然であるが、我々がスポーツをする場合、自分の身体の存在は不可欠で

ある。スポーツ教育学者のグルーペとクリューガー（2000）はスポーツと身体が提供する特別な経験について考察している。スポーツを行えば、多様な経験をすることになるが、それらの経験は、身体的なものと運動に関わるもの（身体の経験）、物や自然に関するもの（物の経験）、社会関係と相互作用に関するもの（社会的経験）、さらには自分自身の人格に関するもの（人格の経験）に分けられるという。この中でも身体の経験は、その最たるものであるといえよう。身体の経験には様々なものが想起される。自分の身体像、年齢や性による身体経験、身体資源としての体力、トレーニングによる疲労感、成功や失敗の経験などである。先ほど述べたスポーツの価値と関連づけて考えてみると、身体経験における運動学習の重要性は明らかであろう。動きかたを習得するために、自分の身体と向き合い対話する時、我々は自分の身体の様々なあり方を経験する。

　フランスの哲学者であるメルロ＝ポンティーはその著『知覚の現象学』で身体の様々な現れ方について考察しているが、その中で「幻影肢」の例を取り上げて、不思議な身体のあり方について論じている。「幻影肢」の例では、切断された後の物質としては存在しないはずの腕や脚に、なぜ痛みやかゆみが生じるのかといった問題について生理学的な観点や心理学的な観点から考察が行われ、身体の両義性が明らかにされている。スポーツの学習ではこれと逆のことが問題になる。例えば、走り方を学習している時、地面をキックする際に膝を伸ばし過ぎて、脚のリカバリーが遅い選手に、膝を伸ばし切らないで素早く前に持ってくるように、などと指導すると、「わかりました」といっているので、黙ってしばらく見ていても何も動きが変わらないといった場面に出くわす。ここでは

選手には、「膝を伸ばさない」という客観的な身体のあり方はわかっているのに、主観的・感覚的な「膝を伸ばさない」身体のあり方がわからないということが起こっているのである。したがって、「膝を伸ばさないで、脚を前に持ってくる」という身体のあり方をわかるためには、選手は繰り返しその運動を行う中で、意識的に自分の身体のあり方を探すこと─身体と対話する─が求められる。そのあり方がわかった時、我々は自分が求めていた「動きかた」と初めて「出会う」のである。人間は僅かな運動能力しか持たない状態で誕生する（生理的早産）が、その後、動物のような習慣の獲得といったレベルの運動の獲得と異なり、無限の習得性に開かれた動きかたの学びが存在する。我々は様々な「動きかた」と「出会う」ことによって人間となり、世界を広げてきた。スポーツはこの人間的な営みを支える重要な文化である。

　スポーツを学ぶということは、誕生してから死に至るまで人間としてのあり方の意味を問い続けていくことである。　　　　　　　（青山清英）

（引用文献）

朝岡正雄（2013）「体育学におけるコーチング学の役割」『コーチング学研究』27(1)：1-7.

ヴァイツゼッカー, V. v.：木村敏・大原貢訳（1994）『病因論研究』講談社.

岡出美則他編（2015）『体育科教育学の現在』創文企画：23.

グルーペ, O.・クリューガー, M.：永島惇正他訳（2000）『スポーツと教育』ベースボール・マガジン社：229-235.

トゥームズ, S. K.：永見勇訳（2001）『病いの意味』日本看護協会出版会.

日本体育学会監修（2006）『最新スポーツ科学事典』平凡社.

メルロー＝ポンティ, M.：竹内芳郎・小木貞孝訳（1967）『知覚の現象学1』みすず書房.

Huber, M. et al.（2011）How Should We Define Health?, BMJ. 343.

2 教科としての体育 (学校体育の現状)

1 体育とスポーツ

(1) 「体育」の生い立ち 「体育」という言葉は今や日本語としてすっかり定着しているように見えるが、元々は明治初期に英語の「physical education」という言葉が日本に移入され、その翻訳語として考案された「身体教育」が後に「体」と「育」に短く省略して使われるようになったものである。しかし、今日様々な場面で見聞する「体育」は、本来の「身体教育」という意味から大きく逸脱して使用されていることも少なくない(「体育館 = gymnastic hall」「体育会 = athletic association」など)。そこで近年では、「体育の日」を「スポーツの日」に、「国民体育大会」を「国民スポーツ大会」に名称変更するなどの動きも見られる。

(2) 「スポーツ」の生い立ち 他方、我が国では明治期に入ると様々な西洋のスポーツ種目が移入され実施されるようになったが、(「physical education→身体教育→体育」のような)「sport」の的確な翻訳語が定まらなかったため、当初、それらの活動は「遊戯」や「運動」と呼ばれていた。その後、大正期に入って、「sport」の音訳としてカタカナ表記した「スポーツ」という言葉が一般的に使われるようになったという。その後も「スポーツとは何か」をめぐって研究者らの間で様々な解釈が示されたが、今日私たちが「スポーツ」という言葉から想起するのは近代的解釈、すなわち「遊戯性」「組織性」「競争性」「身体性」を構成要素とする活動であり、それは少なくとも「sport」の語源を遡っての解釈とは区別されるものであろう(高橋, 2018)。

2 学校教育における体育の位置と役割

(1) 「身体の教育」の時代 我が国の学校教育における教科としての体育は、1872(明治5)年に「学制」が発布され、「体操」という教科が採用されたことが端緒である。それは、良質な兵士や労働者の育成に身体的側面から貢献するために、集団秩序体操や兵式体操によって強健な身体と従順な精神を備えた国民を育成するという富国強兵政策に基礎づけられていた。さらに、1941(昭和16)年の「国民学校令」発布とともに、教科名は「体錬」へと変更され、「身体の教育」の色合いはいよいよ濃厚になっていった。

図2-1 兵式体操の様子
出所)日本通訳翻訳学会 第35回関東支部例会における口頭発表の提示資料.

(2) 「スポーツによる教育」の時代 我が国の戦後の学校体育では、従前の軍事的訓練につながるような内容を排除し、アメリカに展開した「新体育(new physical education)」に倣って子どもを民主主義社会に適合する市民に育てることが標榜された。そのため、形式運動の体操を中心とした命令・服従式の「体錬」から、スポーツによって民主社会に資する社会性や市民性を育むことを重視する「体育」へと、教科名が変更された。そ

れは、体育の理念が「身体の教育」から「スポーツによる教育」へと大きく変換したことを意味している。

(3)　「スポーツの中の教育」の時代　我が国では高度経済成長が終焉を迎えた1970年代以降、産業社会から脱産業社会へとパラダイムが大きく転換した。このことが余暇時間の増大を招き、スポーツや身体活動を健康のために行うばかりでなく、生涯にわたって楽しみや喜びを享受すべきとする生涯スポーツの考え方が人々の間に広がっていった。ここでは、運動やスポーツが結果的にもたらす効果にも増して、それを行う（学習する）者がどのような楽しさや醍醐味を得られるのかという視点が重要となる。このことに対応して、体育においても、運動やスポーツを何かのための手段として行うのではなく、活動を行うこと自体を目的として位置づける「スポーツの中の教育」がメインストリームを形成するようになり、今日に至っている。

③　学校体育の現状

(1)　「スポーツ」の生い立ち　我が国の学校体育は、「学校教育法施行規則」の規定に基づいて定められた国の基準である「学習指導要領」に沿って実施されている。学習指導要領に教育課程の編成、各教科等の目標や内容、授業時数、指導計画作成の配慮事項等が示されることによって、全国どの学校でも一定水準以上の教育を保証することができる仕組みになっている。体育については、1947（昭和22）年に「学校体育指導要綱」が告示され、その2年後に「学習指導要領小学校体育編」が告示されて以来、およそ10年ごとに改訂を重ね、折々の時勢に対応した体育授業を方向づけてきた。なお、各改訂に際しては、学習指導要領の趣旨や内容を説明した「学習指導要領解説」も発行されている。

(2)　現行の学習指導要領　文部科学省の諮問機関である中央教育審議会は、近年の学習指導要領の成果と課題を総括し、「主体的に課題解決に取り組む学習が不十分であり、社会の変化に伴う新たな健康問題に対応した教育が必要」（中央教育審議会，2016）との見解を示した。これを受けて2017（平成29）年に告示された現行の「中学校学習指導要領」には、保健体育の目標が表2−1のように謳われている。また「高等学校学習指導要領」にはさらに発展的な目標が示されている。そして、各学校段階の体育授業では図2−2のような内容が取り上げられている。　　　（鈴木　理）

表2−1　中学校保健体育科の目標

> 　体育や保健の見方・考え方を働かせ、課題を発見し、合理的な解決に向けた学習過程を通して、心と体を一体として捉え、生涯にわたって心身の健康を保持増進し豊かなスポーツライフを実現するための資質・能力を次のとおり育成することを目指す。
> 1. 各種の運動の特性に応じた技能等及び個人生活における健康・安全について理解するとともに、基本的な技能を身に付けるようにする。
> 2. 運動や健康についての自他の課題を発見し、合理的な解決に向けて思考し判断するとともに、他者に伝える力を養う。
> 3. 生涯にわたって運動に親しむとともに健康の保持増進と体力の向上を目指し、明るく豊かな生活を営む態度を養う。

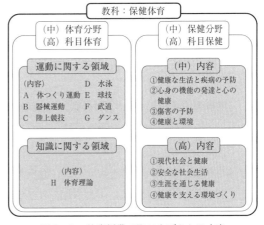

図2−2　体育授業で取り上げられる内容

（引用文献）

高橋徹編（2018）『はじめて学ぶ体育・スポーツ哲学』みらい：12-13.
中央教育審議会（2016）『幼稚園、小学校、中学校、高等学校及び特別支援学校の学習指導要領等の改善及び必要な方策等について（答申）』：186.

1　学校保健の変遷

（1）**学校衛生の黎明**　我が国の学校保健の歴史は、1872（明治5）年の学制発布とともに幕を開けた。近代学校教育制度の創始に伴って最初に取り上げられた学校衛生施策は、伝染病の予防であった。当時、日本は、痘瘡・コレラ等の伝染病の大流行に見舞われており、学校はその最も危険な媒介所になると危惧されたことから、学制の211章には「小学校ニ入ル男女ハ種痘或ハ天然痘ヲ為シタルモノニ非レバ之ヲ許サズ」と謳われている。さらに、1879（明治12）年の教育令では、これを拡大して伝染病全般に広げ、罹患者の出席停止の規定まで盛り込まれた。こうして学校教育制度が整備される中で、学校において子どもの健康管理を預かり発育発達を推進するための制度が整備されていった。これらは当初、「学校衛生（school hygiene）」と呼び慣わされたが、1945（昭和20）年の終戦後は「学校保健（school health）」と改められた。

（2）**学校衛生の展開**　戦前昭和期の学校衛生は、インフラ整備として学校環境を整えるだけではなく、健康教育に精力を傾注した。この時期には海外の思想が積極的に導入されたが、健康教育の考え方については特にアメリカから大きな影響を受けた。健康教育は、健康知識の教授に留まらず、衛生訓練や保健管理をも包括し、健康を目指す主体的自己を形成する試みとして展開された。各地で実践された健康教育には大きな地域差も見られたが、明治・大正期に発展した学校衛生を基盤として発展的に試みられた健康教育は、戦後に具体化される学校保健計画の雛型をこの時期に形作っていった。

（3）**戦後の疾病対策**　戦後間もない時期、児童生徒における結核の蔓延は凄まじいものがあった。そこで1946（昭和21）年9月、10歳以上の児童生徒に対し、優先的にツベルクリン反応とB・C・G接種が実施され、以後毎年継続された。1949（昭和24）年の学校身体検査規定改訂の折にも臨時身体検査の項目の中に特に結核の精密検査が挙げられ、さらに1951（昭和26）年には結核予防法が公布され、全額公費負担による精密検査と予防接種が実施されるようになった。これによって早期発見と早期治療が増進し、罹患率は徐々に減少していった。

（4）**学校保健の確立**　戦後の教育改革を通じて、学校保健は「中等学校保健計画実施要領（試案）」（1949年）ならびに「小学校保健計画実施要領（試案）」（1951年）という形で統一的な学校保健システムの確立を見ることとなった。このように健康を推進する学校の構想は、児童生徒・教師・校長・PTAらが参加する学校保健委員会システムを生み出し、その調整役として各学校には保健主事が置かれることとなった。さらに制度としての到達点は、明治期の学校衛生から戦後教育改革を経て総合的法律として「学校保健法」へと結実した。

2　保健・健康教育の推進

（1）**戦後の学校保健**　1947（昭和22）年4月にGHQが発表したアメリカ教育視察団報告書では、「初等学校では保健教育がおそろしく欠けているようである。生理学も衛生学も実際には教えられていない。（中略）学校における保健教育が生徒個人にもその家庭にもすぐれた保健法を実行するように教えると共に、細菌学、生理学、一般保

健法の基本と実践の教育を含むべきことは大部分の権威者の認むるところである。たとえば栄養の問題に偶然にまかさるべきではなくて、生徒には明確な指針と実施指導が与えられねばならぬ」と厳しく指摘された。このことが、学校保健をそれまでの管理的・治療的なものから教育的な方法へと大きく転換させる契機となった。その皮切りとして保健計画実施要領が刊行され、この実施要領を基本として学校保健が推し進められるとともに、学習指導要領の制定に際して、保健は体育科・保健体育科の内容として示されるようになった。さらに1958（昭和33）年、小学校学習指導要領が全面的に改正され、「保健に関する事項の指導は、各教科・道徳・特別教育活動、及び学校行事等の教育活動全体を通じて行うものとすること」と明示され、保健教育は一層強化されるようになった。

（2）現代の学校保健　近年、少子化や情報化など社会の急激な変化によって、児童生徒の生育環境や生活行動は大きく変化している。特に心の健康、食生活をはじめとする生活習慣の乱れに起因する生活習慣病、薬物乱用、性に関する問題など、現代の健康問題は多様化していることから、心身の健康の保持増進はすべての国民にとって重要な課題となっている。このことに対応して、学校保健ではヘルスプロモーションの考え方が前面に押し出されるようになった。ここでは健康に関する個人の適切な意思決定や行動選択、健康的な環境作り等々の重要性について理解を深め、生涯の各段階において健康課題に対応していくために、保健・医療制度や地域の保健・医療機関を活用し、健康の保持増進に努めるとともに、心身の健康の保持増進にも目を配ることが重視されている。こうした資質・能力を育むために、保健の授業では健康・安全に関する基礎的・基本的な内容を児童生徒が体系的に学習することにより、健康課題を認識し、これを科学的に思考・判断し、適切に対処できるようにすることを目指している。ここで重要なのは、健康課題を解決する学習活動を大切にし、思考力・判断力・表現力等を育成していくとともに、授業で身につけた知識や技能を実生活で生かしていけるよう、健康に関する関心や意欲を高めることである（文部科学省, 2017）。

表3-1　中学校の保健学習

内　容
(1)　健康な生活と疾病の予防 　ア　健康の成り立ちと疾病の発生要因 　イ　生活習慣と健康 　ウ　生活習慣病などの予防 　エ　喫煙、飲酒、薬物乱用と健康 　オ　感染症の予防 　カ　個人の健康を守る社会の取組
(2)　心身の機能の発達と心の健康 　ア　身体機能の発達 　イ　生殖に関わる機能の成熟 　ウ　精神機能の発達と自己形成 　エ　欲求やストレスへの対処と心の健康
(3)　傷害の防止 　ア　交通事故や自然災害などによる傷害の発生要因 　イ　交通事故などによる傷害の防止 　ウ　自然災害による傷害の防止 　エ　応急手当
(4)　健康と環境 　ア　身体の環境に対する適応能力・至適範囲 　イ　飲料水や空気の衛生的管理 　ウ　生活に伴う廃棄物の衛生的管理

出所）文部科学省（2017）『中学校学習指導要領解説　保健体育編』東山書房.

表3-2　高等学校の保健学習

内　容
(1)　現代社会と健康 　ア　健康の考え方 　イ　現代の感染症とその予防 　ウ　生活習慣病などの予防と回復 　エ　喫煙、飲酒、薬物乱用と健康 　オ　精神疾患の予防と回復
(2)　安全な社会生活 　ア　安全な社会づくり 　イ　応急手当
(3)　生涯を通じる健康 　ア　生活の各段階における健康 　イ　労働と健康
(4)　健康を支える環境づくり 　ア　環境と健康 　イ　食品と健康 　ウ　保健・医療制度及び地域の保健・医療機関 　エ　様々な保健活動や社会的対策 　オ　健康に関する環境づくりと社会参加

出所）文部科学省（2018）『高等学校学習指導要領解説　保健体育編　体育編』東山書房.

(3) 保健学習の内容　中学校（保健分野）、高等学校（科目保健）の領域および内容の取り扱いは表3-1、表3-2のように示されている。

　　　　　　　　　　　　　　　　（鈴木　理）

（引用文献）
文部科学省（2017）「中学校学習指導要領解説　保健体育編」東山書房.
文部科学省（2018）「高等学校学習指導要領解説　保健体育編　体育編」東山書房.

●コラム1

スポーツを享受する権利　　　　　　　（川井良介）

　スポーツは、自発的な運動の楽しみを基調とする人類共通の文化である（日本体育協会・日本オリンピック委員会創立百周年記念事業実行委員会，2011）。1978年「体育・スポーツ国際憲章（ユネスコ第20回総会）」によって、それまで不明瞭であった、人々がスポーツを享受する権利が全世界の人々の基本的な権利であることが具体的かつ明確に定められた。

　現代社会におけるスポーツは、個人の豊かな人生や生活だけでなく、国の社会政策・経済全体等きわめて大きな社会的影響力を有するまでに至っている。それは、2019年に我が国で開催されたラグビーワールドカップや2020年の東京オリンピック・パラリンピック競技大会、2030年に北海道・札幌での開催を目指す冬季オリンピック・パラリンピック競技大会に向けた、スポーツに対する機運からも明らかである。

　我が国におけるスポーツ振興としては、1961年の「スポーツ振興法」に始まり、2011年の「スポーツ基本法」の制定により、国の立場が、「振興」から「推進」に変わったことで、大きく前進した。そして、2012年の「スポーツ基本計画」では、スポーツが、身体を動かすという人間の本源的な欲求に応えるだけでなく、精神的充足や楽しさ、喜びをもたらすという内在的価値を有するとともに、国民生活に

おいて多面にわたる役割を担っていることが示された（文部科学省，2012）。

　2022年度からはスポーツ基本計画の第3期が開始しており、「感動していただけるスポーツ界」の実現に向けて、着実に歩を進めている。具体的には、①スポーツを「つくる／はぐくむ」、②「あつまり」、スポーツを「ともに」行い、「つながり」を感じる、③スポーツに「誰もがアクセス」できる、という「新たな3つの視点」を示し、この視点を支えるような12の施策を打ち出している（スポーツ庁，2022）。

　現代社会におけるスポーツは、日常生活の中の楽しみや教育ツール、多種多様な人種の交流の促進、身体的・精神的な健康を保持・増進するものとして、多くの人々に親しまれている。今後は、スポーツに親しむ各個人が思い思いのスポーツの価値を見出し、健康で文化的な生活を営む上で不可欠なもの、すなわち「生きがい」となっていくことをより一層期待する。

（引用文献）
スポーツ庁（2022）『第3期スポーツ基本計画』.
日本体育協会・日本オリンピック委員会創立百周年記念事業実行委員会（2011）『スポーツ宣言日本～二十一世紀におけるスポーツの使命～』.
文部科学省（2012）『スポーツ基本計画』.

II　章

現代社会と健康

4　健康とは何か

1　健康の概念

（1）健康の定義　健康の定義は WHO 憲章の前文と日本国憲法に以下のごとく記載されている（図4-1）。

・**WHO**（世界保健機関1947年）「身体的、精神的ならびに社会的にも完全に良好な状態であり、単に病気や虚弱でないことにとどまるものではない。到達しうる最高水準の健康を享受することはすべての人類の基本的権利の1つである」。つまり、健康とは、知的には適切な教育を受け、社会的（家庭・地域社会・職場）には豊かな人間関係に恵まれ、精神的にも安定している状態を指している（I 章 p.2 参照）。

・**日本国憲法25条**「すべての国民は、健康で文化的な最低限度の生活を営む権利を有する。国は、すべての生活部面について、社会福祉、社会保障及び公衆衛生の向上及び増進に努めなければならない」と述べられている。

「社会的健康」というのは、端的に述べると、仕事でも趣味でも構わないが「自分が好きで、得意としていることで、世のため、他人のために尽くそうとする旺盛な気持ち」ということである。

さらに、健康であることを基本的人権として認め、すべての人が健康になること、そのために地域住民が自らの力で健康の問題を解決していくアプローチの重要性が叫ばれ、これをプライマリ・ヘルス・ケアという。

（2）平均寿命と健康寿命　WHO は2000年に健康寿命という概念を公表した。健康寿命とは、日常的に介護を必要としない自立した生活ができる生存期間のことを指す。

すなわち、平均寿命から介護を要する年数を引いた数が健康寿命に相当する。2019年の統計では日本人の健康寿命は男性で72.68歳、女性では

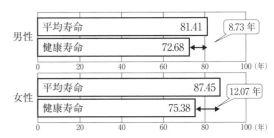

図4-2　平均寿命と健康寿命の差（2019年）
出所）厚生労働省 HP.

表4-1　身体活動のメッツ（METs）表

METs	大項目	個別活動
1	睡眠	
1	座位	
1.3	座位	デスクワーク
3.5	歩行	散歩
4	歩行	通勤・通学
7	ランニング	ジョギング全般
8.8	階段を上る	速い
7.5	自転車に乗る	全般
14	自転車に乗る	上り坂、きつい労力
6	水泳	のんびりと泳ぐ
11.8	縄跳び	ほどほどの速さ（毎分100～120ステップ）
3	ゴルフ	打ちっぱなし場

出所）国立健康・栄養研究所『身体活動のメッツ（METs）表（改訂版）』より一部抜粋.

・WHO（世界保健機関）憲章
・憲法25条　生存権

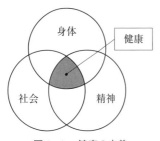

図4-1　健康の定義

75.38歳である（図4-2）。

（3）　健康づくりのための運動指針2006　2006年、厚生労働省は、生活習慣病予防を目的に「健康づくりのための運動指針2006」を策定した。身体活動の強さが安静時の何倍に相当するかという運動の強さを「メッツ」という単位で表している。安静時を1メッツ、普通歩行が3.5メッツに相当する（表4-1）。同基準は、2013年、「健康づくりのための身体活動基準2013」へ改訂された。改訂内容は「運動基準」から「身体活動基準」に名称を変更した。生活習慣病を従来の糖尿病・循環器疾患などに加え、がんやロコモティブシンドローム、認知症も加えられた。

（4）　健康日本21（厚生労働省2008）　21世紀における国民健康づくり運動では、疾患の早期発見や治療よりも、1次予防である生活習慣病の予防と改善を重視した取り組みを具体的な目標として掲げている（図4-3、図4-4）。

② 医療の現状

（1）　医療の仕組み

・**医療計画**　地域の医療提供体制の整備を目標に1985年の医療法改正により法制化された。都道府県は医療圏を設定し地域医療計画を作成している。

・**医療圏**　地域の医療事情に対応して、包括的に資源を提供する地域的単位である。2次医療圏とは、日常生活圏として定められ、一般病院の整備を図る地域単位をいう。3次医療圏は都道府県単位で特殊な医療の需要に対応する地域を指す。

・**地域医療**　いわゆる「かかりつけ医」あるいは「ホームドクター」といわれるものである。地域医療を担当し、介護サービスの「主治医意見書」の作成や在宅医療などを担当する医療活動である。開業医として知られている。

・**プライマリ・ケア**　個人が必要とする基本的な保険や医療問題のために、簡単に受けることができる保健医療サービスのことである。

・**病診連携**　今まで医療は、病院完結型医療といわれる外来受診から入院・手術・その後の療養を一つの病院で行ってきた。開業医は患者の紹介や病院から逆に紹介を受け follow up する医療を行ってきた。

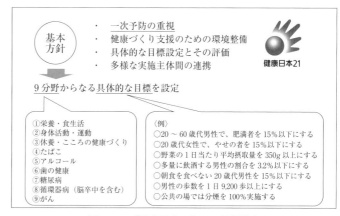

図4-3　健康日本21（第2次）の概念図
出所）厚生科学審議会地域保健健康増進栄養部会 次期国民健康づくり運動プラン策定専門委員会.

図4-4　「健康日本21」での目標設定
出所）厚生労働省『健康日本21』.

このような医療制度では大病院に患者が集中し、長い待ち時間が要求される。ところが日常の診療では、専門的医療や高度の検査がいつも必要とは限らない。実際は診療所がプライマリ・ケアを担当すれば病院での待ち時間は緩和され、病院の負担は軽減するはずである。このように、病院と診療所が役割分担を行うことを病診連携という。

（2）　救急医療

・初期救急医療機関　外来診療により救急機関であることを表明し救急を担当する医療機関である。地域では在宅当番医療および休日夜間急患センターが担当する。

・2次救急医療機関　入院を必要とする重症救急患者の医療を担当する。24時間体制で行われる。

・3次救急医療機関　重症の救急患者に高度の医療を提供する機関で「救命救急センター」と呼ばれている。

・救急救命士制度　救急医療機関に搬送の途中、救急車内などで救命措置を行えるように設けられた制度である。実際には気管内挿管や点滴の実施、一部薬剤投与が可能となっている。

（3）　様々な価値観に基づく医療

・QOL（Quality of Life）　一人ひとりの人生の内容の質や社会的に見た生活の質のことを指し、ある人がどれだけ人間らしい生活や自分らしい生活を送り、人生に幸福を見出しているか、ということを尺度として捉える概念である。

例えば、末期がん患者が抗がん剤を使用することによって、その副作用である食欲不振、脱毛、吐き気などによって、逆に生活の質が悪くなることがある。一方、抗がん剤を使用しないで、がんによる痛みのみを緩和し、人間としての尊厳を最後まで保てる方が幸せと感じる場合もある。

・根拠に基づく医療（EBM：Evidence-Based Medicine）　医師個人の経験だけに頼るのではなく、科学的な手法で実施された臨床研究などの成果を元に、個々の患者の診断や治療法の選択を目指す医療。

・対話に基づく医療（NBM：Narrative-Based Medicine）　病気の生物学的な側面を扱うのではなく、医師と患者の人対人の関係の中で「患者個人の歴史」も重視するものである。すなわち、患者の考え方、感情を理解する取り組みである。

・終末期医療　終末期の意味は人によって異なる。一般には老衰、病気、障害の進行により死に至ることを回避するいかなる方法もなく、予想される余命が3～6ヶ月以内程度の意味で表現されている。この終末期の医療および看護のことであ

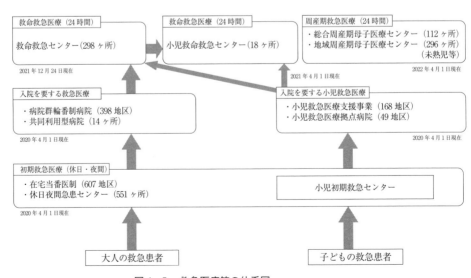

図4-5　救急医療等の体系図

出所）厚生労働省『令和4年度厚生労働白書』.

る。

　具体的には限定的な延命処置、苦痛の緩和、QOLを高めるための医療面の全面的配慮などである。よりよい死のための医療であり、がんが主要な対象疾患である。

③　医の倫理

　(1)　**生命倫理**　　医療や生命科学に関する倫理的、哲学的、社会的問題や、それに関する問題をめぐり学際的に研究する学問と定義されている。医師先導の医療から患者中心や患者の決定権重視の考え方に転換されてきている。

　(2)　**インフォームド・コンセント**　　患者本人に対する診療録（カルテ）情報を開示するとともに病気について患者に十分な説明を行い、その上で治療に関して患者の決定権を重視し、患者にとって最適な治療を双方が同意することを意味している。

　例えば、がん患者に対していくつかの治療法や副作用を説明する。患者には、他の医師に意見を求めることもできるセカンドオピニオンの権利が与えられる。

　(3)　**尊厳死**　　尊厳死とは、人間が人間として尊厳を持って死に臨むことであり、インフォームド・コンセントの一つとされる。

　安楽死や蘇生措置拒否と関連が深い。末期がん患者など治療の見込みのない人々が、QOLと尊厳を保ちつつ最後の時を過ごすための医療がターミナル・ケアである。

　(4)　**リビング・ウィル**　　生前に発行される遺書のことである。通常の遺書は、亡くなった後に発行されるが、リビング・ウィルは、生きていても意思表示のできない状態になり、その回復が見込めなくなった時に発行される。いわゆる植物状態の時に延命装置で生かされることを求めないとする意識清明期における遺言書である。患者自らの最後を決める決定権を重視するものである。

　(5)　**安楽死**　　安楽死には人工呼吸や薬剤投与といった医療行為を中止する消極的安楽死や、苦痛緩和を目的とした治療の結果、死期が早まる間接的安楽死、致死薬を投与し死をもたらす積極的安楽死がある。日本では、患者本人の明確な意思表示に基づく消極的安楽死は刑法199条の殺人罪、刑法202条の殺人幇助罪・承諾殺人罪にはならず、完全に本人の自由意志で決定・実施できる。ただし、強制隔離と強制治療が義務づけられている感染症は例外である。一方、積極的安楽死を法律で容認するかについて議論されているが、法律で明示的に容認していない。

　(6)　**慈悲殺**　　本人意思が不明のまま医師が行う安楽死だが、法的には許されない。

　(7)　**情報開示（カルテ開示）**　　カルテは医師が診療内容、検査や処方内容を記録したものである。医師法により5年間保存を義務づけられている。最近は、患者の権利として、医療機関にカルテの開示を求めることが増えてきた。　　（櫛　英彦）

（引用文献）

社会福祉学習双書編集委員会編（2014）『医学一般（第5版）』社会福祉法人全国社会福祉協議会.

福祉臨床シリーズ編集委員会編（2015）『人体の構造と機能及び疾病（第3版）』弘文堂.

高齢社会と健康

1 高齢社会の現状

（1）**高齢社会とは**　　世界保健機関（WHO）は65歳以上の者を高齢者と定義している。高齢者のうち65歳から74歳までを前期高齢者、75歳以上を後期高齢者に区分し、特に90歳以上を超高齢者と呼んでいる。また、総人口に対する高齢者（65歳以上）人口の割合である高齢化率が7％を超えると「高齢化社会」、14％を超えると「高齢社会」、21％を超えると「超高齢社会」としている。

我が国では、1970年に「高齢化社会」を迎え、1994年には「高齢社会」、2007年には「超高齢社会」に突入した（図5-1）。また、2021年には高齢化率28.9％となり、国民の約3.5人に1人は65歳以上の高齢者となっている。将来についても、国立社会保障・人口問題研究所の「日本の将来推計人口（平成29年推計）」によると、2040年には高齢化率35.3％、2065年には38.4％と、高齢化が急速に進行することが予測されている。

（2）**高齢化の国際的動向**　　世界の総人口は、約80億人（2022年）となり、2050年には約97億人、2100年には約104億人に達すると報告されている（UN, World Population Prospects 2022）。世界の高齢化率は、1950年の5.1％から2022年の9.7％と上昇し、2050年には16.4％に上昇することが見込まれており、世界の高齢化は今後半世紀で急速に進展する。

ちなみに、各国の高齢化率（2015年）について、先進国ではアメリカが14.6％、イギリス18.1％、フランス18.9％、スウェーデン19.6％、ドイツ21.1％であることから、同年における日本の高齢化率（当時26.6％）は世界で最も高い値を示している。一方、アジアではフィリピン4.6％、インド5.6％、中国9.7％、タイ10.6％、シンガポール11.7％、韓国13.0％である。特に、高齢化率が7％から14％に達する所要年数、いわゆる「高齢化の速度」を見ると、日本は24年であったのに対し、フランス115年、スウェーデン85年、アメリカ72年、イギリス46年、ドイツ40年であった。またアジアでは、韓国18年、シンガポール20年と、日本における高齢化の速度に近似している。いずれにしても、我が国の高齢化はきわめて急速に進行し、世界に例を見ない水準の超高齢社会が到来していることから、高齢化率の速度だけでなく、高齢化率の高さ（増大する高齢者数）に対応する新たな社会モデルの構築が求められる。

（3）**少子化の進行**　　我が国の人口は戦後の約8000万人から、第1次ベビーブーム（1947～1949年）と第2次ベビーブーム（1971～1974年）を経て増加を続け、2008年には1億2808万人とピークに達

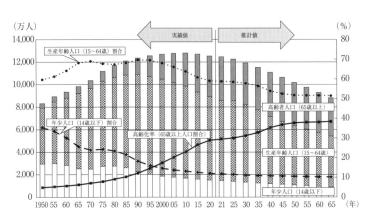

図5-1　人口および高齢化率の推移

出所）内閣府『令和4年版高齢社会白書』.

した。しかし、それ以降は減少傾向を示し、2021年には1億2550万人と年々減少している。

　人口1000人当たりの出生数を示す出生率は、1966年の"丙午"という特殊な変動があるが、第2次ベビーブーム以降徐々に減少し、2020年では6.8と最低を記録している（図5-2）。また、合計特殊出生率（15～49歳までの女性の年齢別出生率を合計したもので、一人の女性が生涯に産む子どもの平均人数）を見ると、1947年の第1次ベビーブームでは4.54、1971年の第2次ベビーブームでは2.16であったが、2005年には1.26と最低を示した。これらの理由は、①核家族の増加により、夫婦だけでは多くの子どもの世話ができないこと、②保育所や託児所などの子育て環境の整備が十分でないこと、③女性の高学歴化により、男性と同じように仕事を持てるようになったこと、④養育費など経済的負担が増大したことなどが挙げられる。その後、2006年には1.32、2010年には1.39、2020年には1.33となり、僅かに回復の兆しが見えているが、我が国の人口を回復するためには十分とはいえず、少子高齢化が顕著となっている。したがって、我が国の高齢化は、少子化の進行に伴い、戦後のベビーブームに誕生した世代の人々が当然ながら一斉に高齢化することに起因している。

（4）　死亡率の低下と寿命の延び　高齢化の要

因は、主に死亡率の低下と寿命の延びにある。これまでの生活環境・公衆衛生の改善や、食生活・栄養の改善、医学や医療技術の進歩などによって死亡率（人口1000人当たりの死亡数）が低下し、1947年に14.6を示したものが、1979年には最低となる6.0を示した（図5-2）。しかし、その後は徐々に増加傾向にあり、2020年では11.1となっている。この原因は、高齢化により死亡率の高い高齢者の占める割合が増加したためである。

　また、平均寿命（2020年）は男性81.56歳、女性87.71歳で男女ともに年々延びている（ただし、2021年は新型コロナウイルス感染拡大の影響により、男性81.47歳、女性87.57歳と短くなった）。平均寿命と健康寿命との差（図5-3）は、日常生活に制限のある「不健康な期間」を意味することから、この差が拡大することは、医療費や介護給付費の多くを消費する期間が増大してしまうことになる。反対に、この差が短縮することは、個人の生活の質の低下を防ぐとともに、社会保障負担の軽減も期待できる。不健康な期間は、2016年では男性8.84年、女性12.35年で、女性の方が長い。たとえ長生きしたとしても10年前後は自立した生活ができないことから、健康寿命を延ばすことが重要である。そのためにも、健康無関心層へのアプローチの強化や、地域間格差の解消を目指して、疾病予防・重

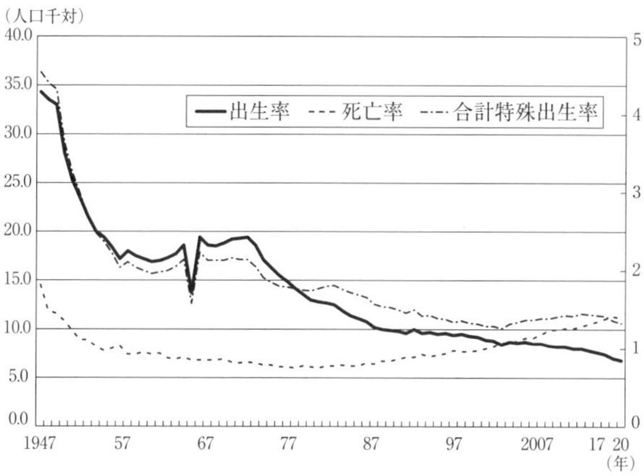

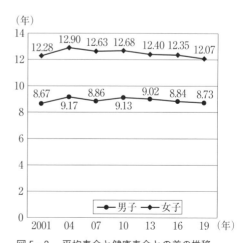

図5-2　出生率と死亡率の推移
出所）厚生労働省『令和2年（2020）人口動態統計（確定数）の概況』.

図5-3　平均寿命と健康寿命との差の推移
出所）厚生労働省『令和4年版厚生労働白書』を参考に筆者が作成.

症化予防、介護予防・フレイル（高齢者の虚弱）対策、認知症予防などの様々な取り組みが検討されている。

2　疾病構造の変化

（1）生活習慣病　主な死因別に見た死亡率の推移（図5-4）を見ると、感染症から生活習慣病へと疾病構造が大きく変化した。具体的には、1950年では結核、脳血管疾患、悪性新生物（がん）の順で高かったが、その後、結核に代わり脳血管疾患が1位となり、1980年以降では悪性新生物（がん）が1位となった。そして2019年では、悪性新生物（がん）、心疾患、脳血管疾患の順で高くなっている。歳をとるに従って思う病気を「老人病」と呼んでいたが、悪性新生物（がん）や心疾患、脳血管疾患は働き盛りの世代（40〜60歳）に多く発症したことから、1956年に厚生省が「成人病」と呼ぶようになった。しかし、これらの疾病は様々な生活習慣（食事、運動不足、睡眠、喫煙、過度な飲酒、休養など）が原因で発症し、また発症時期も低年齢化したことから、1996年公衆衛生審議会は「生活習慣病」に改称した。

　生活習慣病とは、「食習慣、運動習慣、休養、喫煙、飲酒などの生活習慣が、その発症・進行に関与する疾患群」と定義され、発症・進行に関与する疾患群とは、Ⅱ型糖尿病、肥満、高脂血症、高血圧症、粥状動脈硬化症、虚血性心疾患、脳血管疾患、大腸がん、肺扁平上皮がん、歯周病、アルコール依存性肝硬変、腰痛症、骨粗鬆症などを指している。

（2）生活習慣病の予防　このような生活習慣病は食源病、ストレス病、運動不足病などとも呼ばれるように、個人の生活習慣が大きく影響して発症することから、個人の健康に対する責任がより高まったといえる。最近では、若年者においても生活習慣病の罹患が多く認められていることや、また病因が単一でなく多要因で複雑に関連し合っていることからも、早期発見・早期治療という2次予防の観点だけでなく、日頃の生活習慣を見直し一つひとつ改善することで、病気にならないようにする1次予防の観点が重要といえる。

　厚生労働省は、「1に運動、2に食事、しっかり禁煙、最後に薬」というスローガンを掲げている。近年の生活環境は、交通機関の発達やインターネットの普及により、大変便利となった結果、日常の運動量は減少傾向を示していることから、運動習慣の定着などといった健康的な生活習慣の確立が重要である。

（3）無症状疾患　生活習慣病である高血圧や糖尿病、高脂血症などの疾患は、無症状疾患（silent disease）と呼ばれ、長期間、無症状の状態が継続すると発症し、さらには疾患の悪化を招く

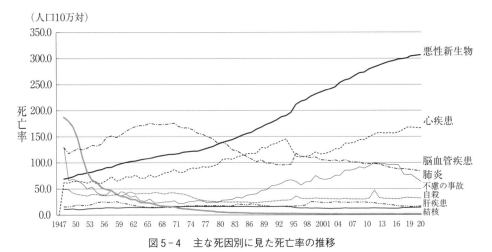

図5-4　主な死因別に見た死亡率の推移
出所）厚生労働省『人口動態統計』.

恐れがある。また慢性に経過・進行し、治療も長期化する場合が多く、合併症や後遺症により社会生活が制約されることが多い。

高血圧は、最高（収縮期）血圧140mmHg 以上、最低（拡張期）血圧90mmHg 以上の場合を指すが、脳血管疾患、心疾患、腎疾患、動脈硬化などの諸疾患と関連が深く、特に脳血管疾患については最大の危険因子になることから、120mmHg ／80mmHg 未満であることが望ましいとされている（図5-5）。運動習慣との関係について、運動を行っていない人は行っている人よりも高血圧の発症率が高いことや、最大酸素摂取量が高い人は高血圧の発症率が低いことがわかっている。また、飲酒習慣や、高食塩摂取と低カルシウム摂取の組み合わせの食生活は高血圧疾患を発症させる。一般的に血圧は加齢とともに上昇するため、年に1～2回は定期的に測定して早期発見に努めるとよい。

糖尿病は脳卒中や心筋梗塞の危険因子であり、肥満度の高い者は強く糖尿病が疑われる。また糖尿病には、生活習慣と無関係に子どもの頃に発症する重症な型であるⅠ型（インスリン依存性）糖尿病と、主に成人してから発症し、運動や食事などの生活習慣と大きく関連するⅡ型（インスリン非依存性）糖尿病があり、90％以上はⅡ型糖尿病患者である。前者は膵臓でインスリンを作るβ細胞という細胞が壊れてしまうためインスリンが膵臓からほとんど出なくなり、血糖値が高くなるのに対し、後者は生活習慣や遺伝的な影響により、インスリンが出にくくなったり、インスリンが効きにくくなったりして血糖値が高くなる。

血液中の脂質は、コレステロール、中性脂肪（トリグリセライド）、

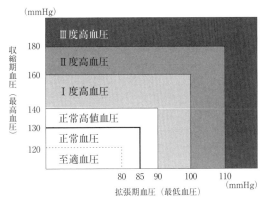

図5-5 成人の血圧値（日本高血圧学会）

リン脂質、遊離脂肪酸の4種類で構成されているが、高脂血症は総コレステロールと中性脂肪（トリグリセライド）のいずれかが高い値（総コレステロール220mg/dL、トリグリセライド150mg/dL）を示す場合を指す。高血圧や糖尿病と同様に高脂血症についても、脳卒中や心筋梗塞などの危険因子である。高脂血症の予防には、体力水準を上げ、最大酸素摂取量が増加するような比較的強い強度の運動が必要とされる。また、HDL コレステロール40mg/dL 未満を低 HDL コレステロール血症と

表5-1 国民医療費

年度	国民医療費（兆円）	年齢別国民医療費（兆円）		人口一人当たり国民医療費（万円）	国民所得に対する比率（％）
		65歳未満	65歳以上		
1955（S30）	0.2	-	-	0.3	3.4
1965（S40）	1.1	-	-	1.1	4.2
1975（S50）	6.5	-	-	5.8	5.2
1985（S60）	16.0	-	-	13.2	6.2
1995（H7）	27.0	-	-	21.5	7.1
2005（H17）	33.1	15.9	17.2	25.9	8.6
2010（H22）	37.4	16.7	20.7	29.2	10.3
2015（H27）	42.4	17.2	25.1	33.3	10.9
2016（H28）	42.1	17.0	25.2	33.2	10.7
2017（H29）	43.1	17.1	26.0	34.0	10.8
2018（H30）	43.4	17.1	26.3	34.3	10.8
2019（R1）	44.4	17.3	27.1	35.2	11.1

注）2000年4月から介護保険制度の開始に伴い、従来国民医療費の対象となっていた費用のうち介護保険の費用に移行したものがあるが、これらは2000年度以降含まれていない。

出所）厚生労働省『国民医療費：結果の概要』.

呼ぶ。ちなみに喫煙者は非喫煙者と比較して、HDLコレステロールが低く、トリグリセライドが高い値を示す。

肥満は、高血圧や糖尿病、高脂血症の強力な危険因子であり、肥満度に伴いインスリン抵抗性が高まることから、これらの疾患の合併が促進される。また、高血圧や糖尿病、高脂血症はいずれも冠動脈硬化を促進させ、狭心症や心筋梗塞といった虚血性心疾患を高頻度で生じさせることから、喫煙習慣のある者を含めて4大危険因子とされ、注意が必要である。

(4) 国民医療費　我が国の国民医療費の推移（表5-1）を見ると、1965年には1兆1000億円であったが、2005年に33兆1000億円、2015年には42兆4000億円と、50年間で医療費が約40倍に増大している。2019年では、国民所得に対する比率は11.1％と高い。例えば、2019年の医療費は国家予算（約101兆円）に対して44.0％と高い割合を占めているが、財源別に見ると国庫が25.4％、地方12.8％、保険料49.4％、患者負担を含めたその他が12.3％となっている。

また国民医療費を年齢別に見ると、60歳未満も65歳以上も増加傾向にあるが、65歳以上の方が約10兆円も多く、年々その差が大きくなっている。

（髙橋正則）

(引用文献)

安部孝・琉子友男（2002）『これからの健康とスポーツの科学』講談社サイエンティフィク.
木村靖夫（1999）『21世紀の健康学ウェルネス・ライフのすすめ』東洋書店.
厚生労働省 https://www.mhlw.go.jp/toukei_hakusho/index.html

●*コラム2*

21世紀における国民健康づくり運動（健康日本21）　（川井良介）

「21世紀における国民健康づくり運動」（以下、健康日本21）とは、我が国における健康水準の向上を目的とし、2000年に厚生省（現厚生労働省）が行った政策である。「健康日本21」は、我が国における健康水準や健康増進施策の世界的潮流について概括した後、基本戦略や地域で施策展開する際の留意点などについて9章で構成されている（厚生労働統計協会，2017）。本政策は2000年〜2012年の期間が第1次（2008年に一度改訂）とされ、現在は2013年からの第2次に突入している。

第1次では、①栄養・食生活、②身体活動・運動、③休養・こころの健康づくり、④たばこ、⑤アルコール、⑥歯の健康、⑦糖尿病、⑧循環器病、⑨がんの9分野における改善目標を掲げていた。第2次では、第1次の最終評価を反映し、①健康寿命の延伸と健康格差の縮小、②生活習慣病の発症予防と重症化予防の徹底、③社会生活を営むために必要な機能の維持および向上、④健康を支え、守るための社会環境の整備、⑤栄養・食生活、身体活動・運動、休養、飲酒、喫煙および歯・口腔の健康に関する生活習慣および社会環境の改善という5つの基本的な方向を提案している。また、我が国が今後、目指すべき社会および基本的な方向の相関関係について、①個人の生活習慣の改善および個人を取り巻く社会環境の改善を通じた生活習慣病の発症予防・重症化予防、②社会生活機能低下の低減による生活の質の向上、③健康のための資源へのアクセスの改善と公平性の確保、④社会参加の機会の増加による社会環境の質の向上の4項目を位置づけている（4節p.13参照）。

現在、第2次が進行中であるが、我が国における健康づくりを社会全体の国民運動として発展させるためには、国民一人ひとりの健康意識の醸成、動機づけの向上だけでなく、企業や団体（自治体など）との連携・協力体制の構築が必要不可欠ではないだろうか。

(引用文献)

『健康日本21（第2次）の推進に関する参考資料』厚生科学審議会地域保健健康増進栄養部会.
厚生労働統計協会編（2017）『図説国民衛生の動向2017／2018』厚生労働統計協会.

6　タバコとアルコール

1　タ バ コ

植物としてのタバコは、ナス科の一年草である。ナス科の植物は毒性（アルカロイド）を持つものが多く、タバコの葉にもアルカロイドの一種である"ニコチン"が含まれる（葉の食害を防ぐ植物の防御機構だと考えられる）。原産地は中央アメリカであり、喫煙は、北米インディオやバハマ諸島の原住民の習慣を、コロンブスがスペインに紹介したものとされる。その後、ポルトガル大使だったジャン・ニコ（Jean Nicot）が、西暦1550年頃にフランス王室に献上したことによってフランスに広まった（ニコという名はニコチンの語源にもなっている）。イギリスにもほぼ同時期に紹介され、世界各所に広まった。

（1）タバコの有害成分　タバコは、がんおよび心臓血管系の健康への悪影響が指摘されている。図6-1は、日本人の健康リスクに与える影響を示したグラフであるが、肺、口腔、咽頭、喉頭、鼻腔・副鼻腔、食道、胃、肝、膵、膀胱、および子宮頸部のがん、虚血性心疾患、脳卒中、腹部大動脈瘤、および末梢動脈硬化症などの循環器疾患に対しては、科学的に十分な因果関係が認められている（健康日本21〔第2次〕の推進に関する参考資料）。

タバコの3大有害成分は、ニコチン、タールおよび一酸化炭素である。ニコチン（$C_{10}H_{14}N_2$）は、肺に入ってからおよそ7秒で血管を通して心臓から脳に至る。化学物質としてのニコチンは、強力な血管収縮作用を持つため、古くは血止め用途や頭痛、神経痛などに薬効があるとされた。一般には、急性作用として血圧上昇や心拍数の上昇の他、嘔気やめまい、脈拍上昇・呼吸促迫などの刺激・精神の脱抑制や興奮症状が見られる。重度になると、徐脈・けいれん・意識障害・呼吸麻痺をきたす恐れがある。タールには、ベンツピレンなどの発がん性を有する物質が含まれ、一酸化炭素は、赤血球中のヘモグロビンとの親和性が酸素の200

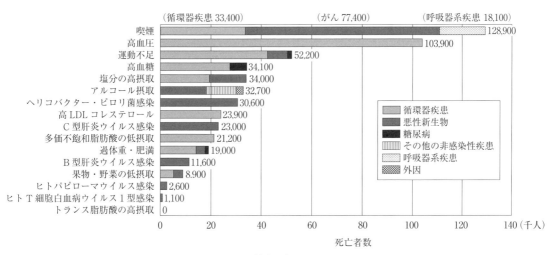

図6-1　健康に与えるリスク

注）アルコール摂取は、循環器疾患死亡2000人、糖尿病死亡100人の予防効果が推計値として報告されているが、図には含めていない。

出所）Ikeda, et al., Plos Med.2012: 9（1）: e1001160.

倍以上高く、身体の酸素欠乏を生じさせる。

(2) 喫煙の現況　日本では、喫煙習慣は1990年代をピークに一貫して減少傾向にある。昭和40年代には、男性成人の喫煙率が80%を超え、女性は15%程度であったが、喫煙の健康への影響が問題視されるようになったこともあり、近年では、男性では30%程度、女性では10%を下回るほどに減少している。

(3) 新型のタバコ　紙巻きタバコと違い、特に電子タバコと呼ばれるものには、煙（蒸気）に様々な風味（フレーバー）をつけることができることなどから、先進国の若年層に急速に広まっている。

・**葉タバコを熱するタイプ**　葉タバコを加熱してニコチンを気化させる（ニコチンは沸点が247℃である）ことによる吸引方法。燃焼させないため煙に有害なタール類が少ないものの、紙巻きタバコと同様に、ホルムアルデヒドやベンゾ［a］ピレン（いずれも発がん性を有する）などが含まれ、健康上のリスクが低下するものではない（表6-1）。

表6-1　加熱式タバコと紙巻きタバコの成分比較

化学物質	加熱式タバコ（ng/本）	紙巻きタバコ（ng/本）	比（%）
アセトアルデヒド	133	610	22
ホルムアルデヒド	3.2	4.3	74
ベンゾピレン	0.8	20	4
一酸化炭素	328	>2000	–
ニコチン	301	361	84

出所）Auer, et al., JAMA（2017）を参考に筆者が作成.

・**液体を気化（エアロゾル化）して吸引するタイプ**　"電子タバコ"あるいは"ヴェイプ"ともいわれる。気化させる液体（e-リキッド）の種類によって、人体への影響は大きく異なり、ニコチンを含む液体を気化させるものをENDS（Electronic Nicotine Delivery Systems）、ニコチンを含まないものをENNDS（Electronic Non-Nicotine Delivery Systems）として区別されている。ENDSはタバコとして薬機法（医薬品、医療機器等の品質、有効性

及び安全性の確保等に関する法律）による規制を受ける。ENDSでは、PM2.5などの粒子状物質が6倍から80倍、ニコチンが空気レベルの10倍から115倍高く、アセトアルデヒドは5倍から8倍、ホルムアルデヒドは約20%高かったという研究結果も示されており、受動的喫煙も健康に悪いことには変わりはない。

これら新型のタバコ、特に気化式のものは、e-リキッド中の有害物質をコントロールすることで、健康への悪影響を低減させられそうである。とはいえ、e-リキッドによっては、ホルムアルデヒドなどが紙巻きタバコより高濃度になる事例や、気化段階でのガス混合が健康にどのような影響をもたらすか不明な点が多いのが現状で、健康影響の懸念から、いくつかの国では内容によって販売が罰金や禁固刑の対象になっている。

有害成分を含まないe-リキッドについても、有害なタバコや大麻成分吸飲の誘因になるとの懸念（ゲートウェイ理論）もあって、アメリカでは未成年への販売が禁止された。一方で、有害成分を含まないなら、問題視するのは「若者から単なる香りつき水蒸気を吸う権利を奪う」ことになる、といった論争もあり、今後我が国においても議論が進められていくものと思われる。

2 アルコール

(1) アルコールとは　日本薬局方では、アルコールは、無水アルコール（99%、無水エタノールともいう）、エタノール（95%）、消毒用アルコール（70～80%）と純度により名称が規定されている。消毒には70～80%が最も効果が高い。これらのエタノールは、消毒や試薬用途として売られているが、水で薄めれば酒に転用できるので、購入に際しては、酒と同等の税金が課せられている（ただし、無水エタノールには精製のためのベンゼンがごく微量含まれる可能性がある。ベンゼンには発がん性がある）。工業用アルコールや変性アルコールには、あえて不純物を添加しており、これらは酒税相当分が安

い。

(2) 酒　出土土器などの検索から、我が国では縄文時代中期（紀元前3000年〜4000年）にはすでに飲酒が行われていたようで、ヒトは相当古くから酒に親しんでいたようである。酒税法の規定によって、1度以上のアルコールを含む飲料を「酒」（課税の対象）という。酒の成分はエチルアルコール（＝エタノール）である。ヒトが激しく運動する時、ブドウ糖を無酸素代謝によって乳酸にする過程でエネルギーを得るが、これとよく似た酵素反応によって、菌がブドウ糖を無酸素的に代謝して、エチルアルコールと炭酸ガスが生じる。これをアルコール発酵という。その結果生じたエチルアルコールが高濃度になると殺菌してしまうので、発酵によるアルコール濃度の上昇は18％から20％程度までで停止する。実際には、"火入れ"などによって加熱殺菌して、適切なところで反応が止められる（醸造酒）が、ワインや日本酒などの醸造酒のアルコール度数が十数パーセントなのはこのためである。また、エチルアルコールの沸点は78.3℃、水は100℃であることから、醸造酒を80℃程度に加熱してその蒸気を冷却すると、エチルアルコールを選択的に収集でき、アルコール度数の高い酒（の原料）を作ることができる（蒸留酒：ウイスキーなど）。

(3) アルコールの代謝　アルコールは、まずアルコール脱水素酵素（ADH）によって水素が抜き取られ、アセトアルデヒドに変えられる（図6-2）。アセトアルデヒドは、頭痛や悪心の原因となる物質で、LD50（50％致死量：その薬物を投与した動物の半数が死亡するような用量）は300mg/kgと、アルコール自体の十数倍の毒性を持っており、発がん性も疑われている。アセトアルデヒドはアセトアルデヒド脱水素酵素（ALDH）によって速やかに酢酸へと代謝され、最終的にクエン酸回路で有酸素代謝によって水と二酸化炭素に分解される。

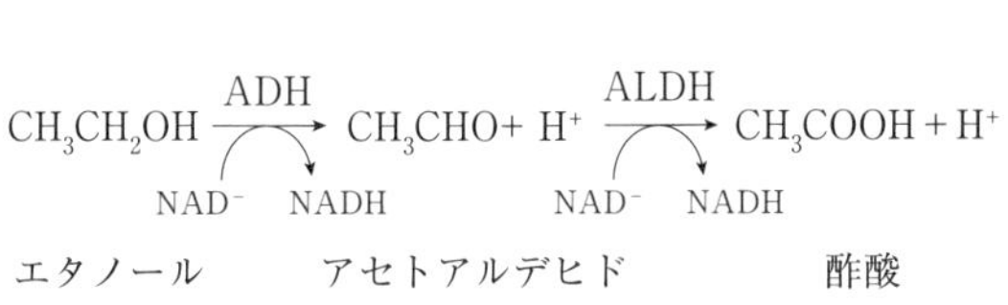

(4) ALDHのタイプ　ヒトは4種類のALDHを持っているが、酒に対する強さ弱さで問題になるのは、このうちの2型（ALDH2）である。ALDH2には、モンゴロイド人種に特徴的な遺伝子多型があり、日本人では約40％の人がALDH2の163番目のアミノ酸がグルタミン酸（Glu）ではなく、リジン（Lys）になっている（エジプト人やドイツ人などにはこのタイプの人はいない）。Lys型のALDH2はアセトアルデヒドを酢酸に分解するという能力を持たないため、両親双方から受け継いだのがGluとGluの人は酒の飲めるタイプだが、GluとLysの人は酒に弱く、LysとLysの人はアセトアルデヒドが分解できないため、酒の飲めないタイプになる（Yamamoto, et al., 1993）。

(5) アルコールと酔い　血中アルコール濃度は、飲酒総量とともに、飲酒のスピードやアルコールの代謝（分解）能力などによって決まる。アルコールの分解スピードは個人差が非常に大きいが、平均的には男性でおよそ9g/時間、女性では6.5g/時間程度で（ビール中ビン1本〔20g〕ならば、男性では2.2時間、女性では3時間に相当する）、

$$CH_3CH_2OH \xrightarrow[NAD^-\quad NADH]{ADH} CH_3CHO+ H^+ \xrightarrow[NAD^-\quad NADH]{ALDH} CH_3COOH + H^+$$

エタノール　　　　アセトアルデヒド　　　　酢酸

図6-2　アルコールの代謝過程

表6-2　血中アルコール濃度と酔いの関係

レベル	血中アルコール濃度 mg/dl	状態
爽快期	20〜40	陽気になる、皮膚が赤くなる
ほろ酔い期	50〜100	ほろ酔い気分、手の動きが活発になる
酩酊初期	110〜150	気が大きくなる、立てばふらつく
酩酊極期	160〜300	何度も同じことをしゃべる、千鳥足
泥酔期	310〜400	意識がはっきりしない、立てない
昏睡期	410以上	揺り起こしても起きない、呼吸抑制から死亡に至る

出所）厚生労働省HP.

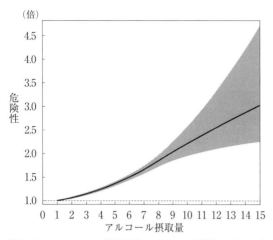

（倍）

危険性

図6-3　アルコール摂取量とアルコール関連の病気になるリスクの関係

出所）A Systematic Analysis for the Global Burden of Disease Study 2016（2018）Alcohol Use and Burden for 195 Countries and Territories, 1990-2016, *Lancet*, 392 : 1015-1035.

その人のアルコール処理能力を超すスピードで飲酒をすれば、血中濃度が上がることになる（表6-2）。アルコール性の昏睡が生じるような飲酒スピードでは、呼吸麻痺などによって死亡することもある（急性アルコール中毒）。アルコールは、脳に対する麻酔効果を持つことから、飲酒によって、バランス感覚、判断力ならびに集中力が低下することになる。すなわち、自動車の運転は当然のこと、スポーツ活動に対しても明らかにマイナスあるいは危険である。また、飲酒量によっては、ア

ルコールの利尿作用によって、脱水状態が生じる可能性もあることを理解しておくべきだろう。

（6）**適切な飲酒量**　アルコールは、いずれにしても中枢神経系を麻痺させる作用を持つが、血中濃度が低い時には、脳の抑制が低下し、結果として陽気、快活、不安の解消になる可能性もある。このことから、少量ならばストレス解消になり、むしろ身体によいという見方もある。他方、疫学的には、少量ならば身体によい効果があるともいえないようである。図6-3は、アルコール摂取量と健康障害リスクの関係を調査した結果で、リスクは、単純に飲酒量に比例して高まっているということを示している。飲酒は、いずれにせよ代謝に負荷をかけることになるので、その個人の許容範囲で上手にコントロールする理知が欠かせないといえよう。　　　　　　　　　（長澤純一）

〔引用文献〕

『健康日本21（第2次）の推進に関する参考資料』厚生科学審議会地域保健健康増進栄養部会．次期国民健康づくり運動プラン策定専門委員会編　平成24年7月．

A Systematic Analysis for the Global Burden of Disease Study 2016（2018）Alcohol Use and Burden for 195 Countries and Territories, 1990-2016, *Lancet* 392 : 1015-1035.

Yamamoto, K. et al.（1993）Genetic Polymorphism of Alcohol and Aldehyde Dehydrogenase and the Effects on Alcohol Metabolism, *Jpn J Alcohol Drug Depend* 28 : 13-25.

食と健康

1 食と栄養素

(1) 栄養とからだの仕組み　私たちのからだは、体温の保持、呼吸・循環器系機能や消化器の運動、内分泌系、脳・神経系などの生理機能、そしてスポーツを含めた様々な身体活動のために多くのエネルギーを必要としており、そのためのエネルギー源を食物から摂取して生命を維持している。さらに食物から得られる栄養によって筋肉や骨格を維持し、体調を整えるホルモンや免疫機能にも様々な栄養が関わっている。そのため、健康的な生活やスポーツを楽しむため、栄養をバランスよく摂取できるように食生活を整えることが重要である。

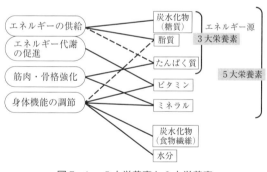

図7-1　5大栄養素と3大栄養素

(2) 栄養素

①　栄養素の種類　栄養素は大きく5つに分けることができる。これを5大栄養素といい、糖質、脂質、たんぱく質といったエネルギー源となる3大栄養素に、微量栄養素といわれるビタミンとミネラルが加わる。また、5大栄養素以外にも食物繊維や水分など、生命維持や身体機能の調節に必要な栄養素もある（図7-1）。

②　炭水化物（糖質）　糖質は体内で最も使われ

やすいエネルギー源であり、脳の主なエネルギー源である。

糖質の種類には最小単位である単糖のぶどう糖（グルコース）、果糖（フルクトース）、脳糖（ガラクトース）があり、これらが2つ結合した二糖として、ショ糖（スクロース）、麦芽糖（マルトース）、乳糖（ラクトース）がある。ショ糖は一般に砂糖の主成分であり、甘みが最も強い。でんぷんやグリコーゲンは多糖類と呼ばれ、ぶどう糖が数十個以上重合した化合物で、消化吸収されるためには、口腔や胃、小腸で胃酸や消化酵素によって分解される必要がある。一方、単糖や二糖は消化吸収の工程が少なく、吸収速度が比較的速い。

基本的な食事から得られる糖質は主食から供給されるでんぷんを中心として、一日当たり、成人で約300gであり、エネルギー総摂取量の約60%を占める。食事から摂取した糖質は肝臓や筋肉中にグリコーゲンとして貯蔵されるが、その量は肝臓で最大約100g、筋肉で約250gと限界がある。そのため、極端な糖質の摂取不足は低血糖による頭痛や疲労感が起こることもある。一方で、余剰となった糖質は中性脂肪に変換され脂肪組織に貯蔵されるため、吸収の速い糖質の過剰摂取に気をつけるべきである。

③　脂質　脂質は少量で高いエネルギーを発生する栄養素であり、糖質に比べ、脂肪組織に2倍以上のエネルギーを貯蔵することができる。また、ホルモンや細胞膜、核膜を構成したり、皮下脂肪として臓器を保護したり、体温の維持にも重要な役割を担っている。しかし、過剰に摂取すると体脂肪を増加させ、肥満の原因となる。

食物から得られる脂質の多くは中性脂肪と呼ばれ、グリセロールと脂肪酸に分解されて消化吸収

され、体内では脂肪酸が主にエネルギーとして代謝される。脂肪酸のうち植物や魚の油に含まれる不飽和脂肪酸には血液中の中性脂肪やコレステロールを低下させる働きがあり、健康に寄与するといわれているが、動物性脂肪に多く含まれる飽和脂肪酸は体脂肪を増加させやすいため、過剰摂取に気をつけるべきである。

④　**たんぱく質**　私たちのからだは食物から摂取したたんぱく質を材料に、筋肉をはじめ、臓器や皮膚、爪、毛髪などの器官、組織を作り、さらに、からだの調子や防御を担う、酵素やホルモン、免疫グロブリンを作る。たんぱく質は80個程度のアミノ酸がペプチド結合して構成され、胃酸や膵液に含まれる消化酵素でアミノ酸まで分解されて吸収される。たんぱく質を構成するアミノ酸は20種類あるが、このうち、人体内で合成できず、食物から摂取しなければならないアミノ酸8種を必須アミノ酸という。肉や魚などの動物性たんぱく質は植物性のたんぱく質よりも必須アミノ酸のバランスがよく、効率のよいたんぱく質の供給源であるが、食肉は脂質の含有量も高いため、エネルギーを過剰に摂取しがちである。脂質を多く摂り過ぎないように料理方法を工夫したり、大豆製品などの植物性たんぱく質を合わせて摂るとよいだろう。

⑤　**ビタミン**　ビタミンは直接エネルギー源にはならないが、栄養素の消化吸収や分解の触媒として、からだの調子を整える重要な栄養素である（表7-1）。また、ほとんどのビタミンが体内では合成されないか、合成されても十分な量ではないために、必ず食物から摂取しなければならない。ビタミンには脂溶性ビタミン（ビタミンA, D, E, K）と水溶性ビタミン（ビタミンB群8種類、C）とがあり、両者ともに摂取量が少なければ欠乏症状があり、摂取量が過剰に多ければ副作用がある場合がある。

⑥　**ミネラル**　ミネラルはビタミンと同様にエネルギー源ではないが、骨格を構成するカルシウ

表7-1　主なビタミンとミネラルの働きと欠乏・過剰症状について

種類	主な働き	欠乏症	含まれる食品
ビタミンA	明暗順応・成長促進	夜盲症・核膜軟化症	レバー、うなぎ、緑黄色野菜など
ビタミンD	骨形成・カルシウムの恒常性維持	くる病・骨粗鬆症	鮭・いわし・きのこ類など
ビタミンB₁	糖質代謝の補酵素	かっけウエルニッケ脳症	豚肉・玄米・レバーなど
ビタミンB₂	糖質・脂質代謝の補酵素	口角炎・舌炎・角膜炎	豚肉・レバー・きのこ類など
ビタミンC	抗酸化作用・鉄の吸収促進	壊血病	果物・野菜
カルシウム	骨形成・神経伝達	成長不良・テタニー・骨粗鬆症	牛乳・乳製品・小魚
鉄	酸素運搬	貧血	赤身の肉・レバー・貝類・ほうれん草・小松菜など
亜鉛	たんぱく質代謝・抗酸化酵素の補酵素	皮膚炎、口内炎、味覚障害	貝類・ほうれん草・小松菜など

ムや、血中で酸素を運ぶために必要な鉄、免疫や味覚に関わる亜鉛などがあり、生命維持に重要な栄養素である。

⑦　**食物繊維**　食物繊維は人の消化酵素では分解されないため、食物から摂取した食物繊維は大腸まで到達して、大腸内の細菌によって資化されて有機酸が生じる。有機酸は大腸粘膜から体内に吸収されると粘膜細胞などのエネルギーとして利用される。食物繊維には果物や野菜に含まれるペクチンなどの水溶性食物繊維と小麦や米の殻部分や根菜類に含まれ、植物の細胞壁が主成分となる、セルロースなどの不溶性食物繊維がある。両者とも腸内細菌のよいエネルギーとなるため、乳酸菌やビフィズス菌の増殖を促し、腸内菌叢を整えるために役立つ。また余分なコレステロールや脂質を便として排出を促す作用もあり、抗肥満効果や便量の増加に伴う便秘改善も期待される。

⑧　**水分**　体重に占める体組成の約60〜70%が水分であり、正常な代謝や体温調節のために、私たちは飲料や食事から水分を摂取して体内の水

分量を維持しなくてはならない。一日に人が生理的に尿や便、汗などで排出する水分量は2500mL程度であり気温の上昇や運動による発汗が伴うと、失われる水分量は増加する。水分摂取不足や発汗による脱水は、疲労感などの体調不良を引き起こす。体調や外気温に合わせて、こまめな水分補給を心がけるべきである。

2 食事の整え方

（1）**基本の食事**　健康増進のための基本の食事は、5大栄養素をバランスよく摂り、食物繊維や水分などもしっかり摂取することである。厚生労働省と農林水産省が共同で策定した「食事バランスガイド」では、「食事の基本形」として、「主食」「副菜」「主菜」「牛乳・乳製品」「果物」などの食品をバランスよく摂取する食生活が推奨され

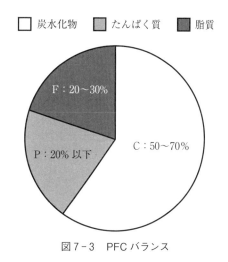

図7-3　PFCバランス

ている（図7-2）。

（2）**PFCバランス**　食事から得られるエネルギーのうち3大栄養素のたんぱく質（Protein）、脂質（Fat）、炭水化物（Carbohydrate）から得られ

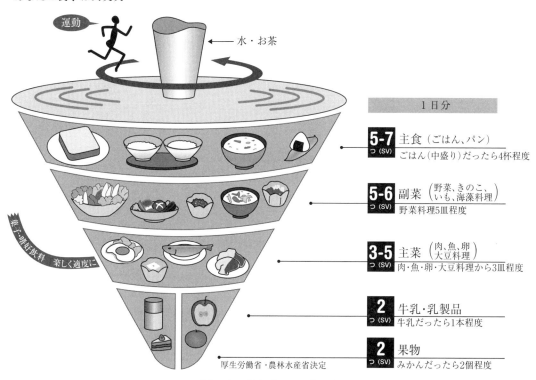

図7-2　食事バランスガイド

出所）厚生労働省HP（2005）「『食事バランスガイド』について」https://www.mhlw.go.jp/bunya/kenkou/eiyou-syokuji.html

るエネルギーのそれぞれのバランスをPFCバランスといい（図7-3）、健康増進のための基本の食事ではたんぱく質が20％以下、脂質は20～30％、炭水化物は50～70％で調整することが望ましい。

（3）　食事摂取量とエネルギー消費　食事から得られる摂取エネルギーと消費するエネルギーのバランスが過不足なく、エネルギーの出納が等しい状態をエネルギーの平衡状態という。エネルギー出納のバランスが摂れている時は、体重は変化しないが、エネルギー摂取量よりもエネルギー消費量が少ない時はエネルギー出納が正となり、体重が増加する。逆に、エネルギー摂取量がエネルギー消費量を下回る時には、エネルギー出納が負となり、体重は減少する。エネルギーの平衡状態を保つためには、自身のエネルギー消費量を知り、適切なエネルギー必要量を知った上で、摂取する食事のエネルギー量をコントロールする必要がある。「日本人の食事摂取基準2020」では平均的な日本人のエネルギー必要量を年齢、性、身体活動レベル別にまとめられている（表7-2）。これらの値を活用し、健康維持・増進に適した食事量を工夫することができる。　　　（松本　恵）

（引用文献）

厚生労働省（2020）「推定エネルギー必要量」『日本人の食事摂取基準』.
小林修平他監修（2006）『アスリートのための栄養・食事ガイド』第一出版：88.
厚生労働省（2005）「『食事バランスガイド』について」.
　https://www.mhlw.go.jp/bunya/kenkou/eiyou-syokuji.html

表7-2　推定エネルギー必要量　　　　（kcal／日）

性　別	男　性			女　性		
身体活動レベル[1]	Ⅰ	Ⅱ	Ⅲ	Ⅰ	Ⅱ	Ⅲ
0～5（月）	—	550	—	—	500	—
6～8（月）	—	650	—	—	600	—
9～11（月）	—	700	—	—	650	—
1～2（歳）	—	950	—	—	900	—
3～5（歳）	—	1,300	—	—	1,250	—
6～7（歳）	1,350	1,550	1,750	1,250	1,450	1,650
8～9（歳）	1,600	1,850	2,100	1,500	1,700	1,900
10～11（歳）	1,950	2,250	2,500	1,850	2,100	2,350
12～14（歳）	2,300	2,600	2,900	2,150	2,400	2,700
15～17（歳）	2,500	2,800	3,150	2,050	2,300	2,550
18～29（歳）	2,300	2,650	3,050	1,700	2,000	2,300
30～49（歳）	2,300	2,700	3,050	1,750	2,050	2,350
50～64（歳）	2,200	2,600	2,950	1,650	1,950	2,250
64～74（歳）	2,050	2,400	2,750	1,550	1,850	2,100
75以上（歳）[2]	1,800	2,100		1,400	1,650	
妊婦（付加量）[3] 初期				＋50	＋50	＋50
中期				＋250	＋250	＋250
後期				＋450	＋450	＋450
授乳婦（付加量）				＋350	＋350	＋350

1　身体活動レベルは、低い、ふつう、高いの3つのレベルとして、それぞれⅠ、Ⅱ、Ⅲで示した。
2　レベルⅡは自立している者、レベルⅠは自宅にいてほとんど外出しない者に相当する。レベルⅠは高齢者施設で自立に近い状態で過ごしている者にも適用できる値である。
3　妊婦個々の体格や妊娠中の体重増加量および胎児の発育状況の評価を行うことが必要である。
注1）活用に当たっては、食事摂取状況のアセスメント、体重およびBMIの把握を行い、エネルギーの過不足は、体重の変化またはBMIを用いて評価すること。
注2）身体活動レベルⅠの場合、少ないエネルギー消費量に見合った少ないエネルギー摂取量を維持することになるため、健康の保持・増進の観点からは、身体活動量を増加させる必要がある。
出所）厚生労働省『日本人の食事摂取基準2020』.

8 薬物と健康

1 違法薬物の乱用

使用ルールから外れた薬物の摂取ならびに違法薬物を使用すると「乱用」になる。したがって、市販の薬品でも、過剰に摂取することも「乱用」であり、覚醒剤や麻薬などの違法薬物を一度摂取しても、「乱用」に当たる。

2 違法薬物の分類

(1) 高揚感を得るタイプ（アッパー系薬物）

摂取することにより、興奮や強い覚醒作用を生じる薬物を「アッパー系」と称し、広義には、覚醒剤やコカインの他カフェイン（お茶やコーヒーに含まれるアルカロイド）やニコチン（タバコのアルカロイド）もこの分類に入る。このうち覚醒剤は、「覚せい剤取締法」（取締法上の表記は「覚せい剤」）の2条で、「フェニルアミノプロパン（アンフェタミン）」、「フェニルメチルアミノプロパン（メタンフェタミン）」およびその塩類（第1項）、および同種のもの（第2項）、それらを含有するもの（第3項）と規定されている。

メタンフェタミンは、アンフェタミンより中枢神経興奮作用が強く、日本における薬物乱用の代表例である。摂取すると、疲れを感じにくく眠気を忘れさせ、気分を著しく高揚させる。身体作用としては、体温を上昇させ、心拍数、呼吸数および発汗を高める。また、内臓諸器官の働きが弱まって食欲が低下し、覚醒が強まって不眠を引き起こす。これらは、強い交感神経緊張状態にあることを示している。逆に薬効が切れると、強い抑うつ状態を呈する。アンフェタミン類には、強い精神依存性があり、連用によって統合失調症と似たような幻覚妄想状態を引き起こす。

コカインは、コカの木に含まれるアルカロイドで、覚醒剤による興奮の現れ方や作用メカニズムがよく似ているが、覚醒剤と異なり「麻薬及び向精神薬取締法」により規制を受ける。精神依存が強く、重度の依存症では、精神病性障害に似た妄想などが見られる。また、禁断症状として「蟻走感（体中を虫がはい回ったり皮膚から出てくるような幻覚の一種）」が典型である。

古くは、依存性についての認識が一般化しておらず、過重労働の疲れを解消するという目的で、市販薬に添加されていたこともある。例えば、初期のコカ・コーラは、カフェインによる苦みの強いコーラナッツ（実）とコカの葉の抽出物およびシロップをソーダ水に混ぜて売り出した（1903年まで）強壮剤であった。日本でも、1940年代の混沌とした時代を中心に、「ヒロポン」の名称でメタンフェタミン製剤が販売されていた時期があったが、厚生省による製造禁止勧告を経て、その後1951（昭和26）年の覚せい剤取締法施行により使用が禁止された。

(2) 多幸感、落ち着きを求めるタイプ（ダウナー系）

心的には強い幸福感や安心感が現れ、身体的には眠気、呼吸数の減少、痛みを感じにくいなどが生じる薬物で、いわゆる麻薬の他、シンナー、アルコール、抗不安薬（ペントバルビタールなど）および睡眠薬（ハルシオンなど）などがこのカテゴリーに入る。「麻薬及び向精神薬取締法」によって取り締まられるのは、アヘン（ケシの実の樹脂を固めたもの）、それを精製したモルヒネおよびヘロイン（モルヒネから合成）である。モルヒネは、現在でも、麻薬性鎮痛薬としてがんによる激しい痛みを緩和させることなどに用いられる薬剤だが、乱用の結果として、強烈な精神依存、身

表8-1　薬物に対する依存の強さ

	身体的依存性	精神的依存性	耐性獲得性
モルヒネ類	＋＋＋	＋＋＋	＋＋＋
コカイン	－	＋＋＋	＋
LSD	－	＋	＋
覚醒剤	－	＋＋＋	＋
大麻	－	＋	－
バルビタール類	＋＋	＋＋	＋＋
シンナー類	＋?	＋	＋?
アルコール	＋＋	＋＋	＋＋
ニコチン	±	＋＋	＋＋

注）モルヒネ類にはアヘンやヘロインを含む。
出所）船山信次（2011）『「麻薬」のすべて』講談社.

体依存を生じることが知られている。ヘロインは脳血管内から脳に移行しやすい化学構造で、身体的・精神的依存性がきわめて強い。また、禁断症状も強烈で、骨や筋肉が砕けるような失神するほどの痛みが現れるという（表8-1）。ちなみに、麻薬の「麻」は、「痲（しびれ・る）」を当用漢字に合わせたもので、大麻などの「麻」を意味するものではない。

（3）幻覚剤と大麻類　脳に作用して幻覚を生じさせる薬物には、メスカリン（サボテン科ペヨーテのアルカロイド）やサイロシビン（マジックマッシュルームのアルカロイド）などがあり、これらによって、感動しやすくなる、色がとてもきれいに感じられるなどのサイケデリック体験（psychedelics）が語られることがある一方、身体動作の確かさが失われたり（推尺異常）、精神病的障害が現れたりすることがある。身体的な反応としては、不安、吐き気、心拍数や血圧上昇が挙げられる。

大麻は、幻覚剤のカテゴリーに加えられることもあり、「ないものが見える」などの症状があることが知られている。大麻の薬効は、テトラヒドロカンナビノール（THC）によるもので、脳などにあるカンナビノイド受容体に結合することで薬理作用が起こる。

大麻は、「大麻取締法」により、

第1条　この法律で「大麻」とは、大麻草（カンナビス・サティバ・エル）及びその製品をいう。ただし、大麻草の成熟した茎及びその製品（樹脂を除く。）並びに大麻草の種子及びその製品を除く。（昭和二十三年七月十日　法律第百二十四号）

とされ、多くの麻の中で（麻の種類：繊維材名称、亜麻：リネン、苧麻：ラミー、黄麻：ジュート、洋麻：ケナフ、大麻：ヘンプ）、特に大麻草の穂、葉および根の部分が規制対象になっている。大麻による身体への悪影響は、表8-2のようにまとめられている。

表8-2　大麻による幻覚

8段階の幻覚	状態・感覚
多幸感	安らぎ、幸福感、大成功者になった感覚
興奮、思考の分裂	夢と現実の倒錯、過去、未来の混乱
時間、空間感覚の錯誤	物のゆがみ、遠くの物が近くに見える、身体浮遊感
聴感覚の鋭敏化	喜怒哀楽の顕在化、音楽による想像の進展
固定観念	妄想の発言、忘れていたことを思い出す
情緒不安定	決断力や思考力の低下、無気力と突発的な判断力
衝動的行動	過度の興奮による挑発的、暴力的行動
幻視、幻聴	興奮が極度に達し、恐怖を感じる。爆発的色彩

出所）船山信次（2011）『「麻薬」のすべて』講談社.

他方、大麻にはTHCの他にカンナビジオール（CBD）という成分も含まれており、これにはほとんど精神作用がないことから、法的規制を受けていない。CBDには、抗不安作用、抗炎症作用があることが動物実験などで確認されていることもあり、電子タバコのリキッドにCBDの市販品を混入させて吸飲する例もある。CBDは、難治性のてんかんやうつ、統合失調症に有効だという報告も認められるものの、より効果の高い薬品が開発されていることもあって、医学的にはあえてCBDを用いる理由はないと考えられている。

Webや書籍には"大麻は安全なので解禁すべ

き”という見解も散見され、特にCBDを「大麻の解禁」に結びつける意図的混用、宣伝はしばしば見られる。例えば、2018年「コカ・コーラ、大麻入り飲料に参入検討—カナダの大麻業者と協議」（https://www.bloomberg.co.jp/news/articles/2018-09-17/PF7CT56K50XT01）とのニュースがあった。これも、CBD成分を指しているのであって、「大麻」が商業的にも問題がないという誤解を生みやすい記事だといえよう。薬物の議論は、自分にとって都合のいい見解のみを受け取って（認知バイアス）信念にしてしまうことが特に危険な分野である。大麻の所持、譲り受け、譲り渡しについては5年以下の懲役や罰金が定められているものの（未遂でも罰則がある）、大麻取締法上、大麻を使うという行為自体には罰則規定がない。これは、許可を受けた麻繊維等の関連業者に対する配慮によるものだが、乱用の誘引に利用されかねない条文ではある。乱用の次元では、譲り受けず、かつ所持をしないで使用だけするなどということは不可能なので、逮捕されれば有罪になることはまず免れない。　　　　（長澤純一）

（引用文献）

阿部和穂（2018）『大麻大全』武蔵野大学出版会.
船山信次（2011）『「麻薬」のすべて』講談社.

9 大学生の精神保健

1 精神保健の現状と課題

(1) メンタルヘルスとは　日本における精神保健については、厚生労働省が所管して、主に精神保健福祉法に基づき、精神障害者に対する医療と保護、生活・社会復帰および自立の促進に必要な支援を行い、さらに発生を予防して国民の「精神的健康」を保持・増進することで推進されている。しかし、「精神保健」は一般にそれほど馴染みのある言葉ではない。最近では、世界保健機関 WHO が提唱する「メンタルヘルス（mental health）」が、精神保健、精神衛生、精神的健康といった言葉を総称するとして、日本でもカタカナ表記で普及している。ここではメンタルヘルスという広い概念の用語を採用する。

WHO（2014）は「メンタルヘルス」について、「精神面の健康のことであり、単に精神障害（精神や行動に特定の症状を呈することで、機能的な障害を伴う状態であり、症状と苦痛を含む機能不全：表9-1）でないことにとどまらず、様々なストレスに対処して、生産的に働くことができ、自己の可能性を実現して社会に貢献するための機能が整っている状態」と定義している。そして、最良の健康に到達すること、およびメンタルヘルスは基本的人権であると宣言している。

(2) 精神障害の現状　世界各地で頻発する戦争・紛争や災害に限らず、ストレス社会とされる現代は、うつ病や不安障害などメンタルヘルスを脅かす問題が生起しやすい環境にある。

WHO（2014）は、世界中の精神障害の深刻さと問題点を提言している（表9-2）。世界の子どもたちの約20%が精神障害や精神的問題を抱えていること、精神的な問題による自殺者が毎年80万人を超えること、精神障害は他の身体的疾患のリスクファクターになるなど、その深刻さに対して私たちの認識と危機感は及んでいない。また、精神障害は正しい知識の定着が遅れていることもあり、当事者とその家族に対するスティグマ（stigma）と当事者が知覚したスティグマが、治療や社会復帰のための支援を遠ざけること、支援のための施設、人的資源、財源が少ないことなど、特有の障壁をいまだに解決できない状況にある。

この状況は日本も例外ではない。精神障害により医療機関にかかった人の数は、大幅に増加する傾向が見られ、2014年では392万人、2017年では400万人を超え、15年ほどで1.5倍の増加が確認できる（図9-1）。中でも、うつ病、統合失調症、不安障害やストレス関連障害の増加が特徴として挙げられる。医療機関での支援を求めることなく、心理社会的なストレスが原因とされる軽度の抑うつで日々悩む人は、さらに多いと推定される。また、成人の5人に1人が不眠に悩んでいるが、水面下では年代・性を問わずもっと多くの人たちが精神的な障害・不調で苦しんでいる。精神障害は、予防が難しく発症・対処の自覚も遅れる傾向があり、実はより身近で、長期にジワジワと日常生活

スティグマ

偏見といった認知から差別的な行動に至るまで、多様な次元を含む包括的概念（樫原他，2014）。

①数多い個人の特徴のうちから一つだけに着目したラベルづけをすること。

②ラベルと否定的評価を結びつけること。

③ラベルづけされた集団を「自分たち」とは異なる集団として捉えること。

④ラベルづけから発生する認知や感情を実際の差別に結びつけること。

表9-1　主な精神障害とその症状・特徴

精神障害	症状・特徴
依存症	特定物質への依存（アルコール、ニコチン、薬物など）や行動嗜癖（ギャンブルなど）をやめたくてもやめられない。やめるとイライラ、不眠、頭痛・吐き気、下痢、手の震え、発汗、頻脈・動悸などの離脱症状を生起する。放置で徐々に悪化し、問題の否認や家族の巻き込みを常態化することで疲弊する。心の弱さに起因する現象ではない。
気分障害・うつ病・双極性障害	気分障害にはうつ病（うつ状態のみ）と双極性障害（躁うつ病：うつ状態と躁状態を数ヶ月・数年間隔で繰り返す）がある。異なる病気で治療法も異なる。両者ともうつ状態では、一日中重苦しい気分に押しつぶされそうになり、不眠、食欲・性欲不振、動悸、めまい、疲弊などの身体症状や否定的思考が表れる。双極性障害での躁状態では、ハイテンションのまま現実離れ・無謀な行動や計画から、家庭崩壊、失業、破産などの社会的損失にまで至ることがある。
強迫性障害	不安障害の一種である。意志に反して頭に浮かぶ考えを払いのけられない強迫観念、ある行為をしないでいられない強迫行為がある。不潔に思い過剰に手を洗う、戸締りを何度も確認するといった不潔恐怖と洗浄、あるいは加害恐怖、確認行為、儀式行為、数字および物の配置・対称性へのこだわりなどが特徴である。
摂食障害	体重や体型の捉え方などから食事行動（量や食べ方）の異常（拒食と過食など）が続き、心身の成長・発達と健康、対人関係、社会生活に深刻な影響を及ぼす病気を総じて摂食障害と呼ぶ。症状から神経性やせ症、神経性過食症、過食性障害などに分類される。栄養障害や嘔吐などから依存症を合併し、万引きや性的奔放、自傷行為や自殺、衝動的な行動に及びやすい。90％は女性で、拒食は10代、過食は20代に多い。
てんかん	てんかん発作（突然の意識喪失と無反応：一過性で数秒から数分）を症状として繰り返す。乳幼児から高齢者まで誰もが発症する可能性がある。脳の一部の神経細胞の異常な電気発射で生じるが、発作終了後は元の状態に回復する。頭部外傷後遺症などの原因がある「症候性てんかん」と、原因不明の「特発性てんかん」がある。約70％は発作を抑制して通常の社会生活を支障なく送れる。
統合失調症	心や考えをまとめることが難しくなる。幻覚（実際にはないものをあるように感じる知覚異常で、自分の悪口やうわさが聞こえるといった幻聴など）や妄想（嫌がらせをされているといった被害妄想や、ネットが自分の情報を流しているといった関係妄想など）による陽性症状と、意欲の低下や感情表現の減少といった陰性症状がある。発症原因は不明、早期治療により回復する可能性が高い。
認知症	脳の障害により認知機能が低下し、日常生活全般に支障をきたす。アルツハイマー型認知症（脳神経の変性や脳の一部萎縮など。主な症状はもの忘れ）、脳血管障害による血管性認知症（脳の障害部位により症状が異なり、一部の認知機能は保持）、その他に幻視、レビー小体型認知症、前頭側頭型認知症がある。2025年には高齢者（65歳以上）の20％が発症と予測されている。加齢によるもの忘れに対して認知症によるもの忘れは、すべてを忘れる（朝ご飯を食べたこと自体）、新しいことを覚えられない、自覚がない、いつもものを探している、生活への支障、症状が進行、という特徴がある。
パーソナリティ障害	認知や感情のコントロール、対人関係などの精神機能の偏りにより、多くの人と異なる反応や行動をする。「性格が悪いこと」を意味しない。うつ病や依存症などの精神障害を合併して、これらに対して背後から悪影響を及ぼす役割を持つ。早期治療で改善する可能性が高い。
発達障害	生まれつき脳の一部に障害を持つ。自閉スペクトラム症（対人場面で、言葉、視線、表情、身振りによるやり取りが苦手、強いこだわりや感覚の敏感さ）、注意欠如・多動症（ADHD：発達年齢に合わない多動性・衝動性、不注意、注意の持続が苦手）、学習症（LD：読む、書く、計算など特定の事柄が困難）、チック症（思わず起こる素早い身体の動きや発声、まばたきなどの運動チックと咳払いなどの音声チック）、吃音（滑らかに話すことができない状態、音の繰り返し、伸び、なかなか話せない）などが含まれる。
パニック障害／不安障害	突然の動悸やめまい、発汗、窒息感、吐き気、手足の震えなどのパニック発作を症状とする。そのために外出できないといった日常生活に支障をきたす。電車など閉鎖空間での発作、発作への予期不安、発作が起きそうな苦手な場所があるという広場恐怖が特徴である。胸が苦しくなり、冷や汗で「死んでしまうかも……」と不安に襲われる。発作が終われば体は元の状態に回復し、死ぬことはない。
PTSD	Post Traumatic Stress Disorder 心的外傷後ストレス障害である。強烈なショック体験、精神的ストレス（自然災害、火事、事故、暴力や犯罪被害など）が心的ダメージとなり、その体験の記憶がフラッシュバックや悪夢のように思い出され、それが続くことで不安や緊張が増強し、つらさのあまり現実感がなくなる。突然の想起、不安や緊張、めまいや頭痛で不眠状態となる。以前にトラウマ体験や児童期の虐待などの逆境体験が複数ある人はPTSDのリスクが高い。

出所）厚生労働省HP（2011）「こころの病気を知る」https://www.mhlw.go.jp/kokoro/know/ を参考に筆者が作成.

に負の影響を及ぼす。その背後には、ストレス社会と呼ばれる環境の変化と、これに対処するライフスキル（Ⅲ章13節を参照）の脆弱性をうかがうことができる。

経済協力開発機構OECD（2014）は、日本の精神医療に関する緊急課題として、高い自殺率、精神科病床数の多さ、長い入院期間を挙げて、その主要な質的弱点を指摘している。OECD諸国で

表9-2　メンタルヘルスに関する10の事実

1. 世界の子どもと青年の約20%が精神障害や精神的問題を抱えている。
   精神障害の約半分は14歳より前に始まる。同様のことは文化を越えて報告されている。精神障害は若者の世界的な障害の主な原因の一つである。
2. 精神障害や物質使用障害（アルコール、大麻、抗不安剤などへの依存症）は、世界の障害者の多数を占める。
3. 世界では、毎年約80万人が自殺で亡くなる。
   自殺は15～29歳の2番目の主要な死因である。精神障害とアルコールの有害な使用が、世界中の多くの自殺の一因となっている。
4. 戦争と災害は、メンタルヘルスと心理社会的安寧に大きな影響を与える。
   精神障害の発生率は危機的事態の後に倍になる傾向がある。
5. 精神障害は、他の疾患（HIV、心血管疾患、糖尿病、意図的な傷害、意図しない傷害など）の重要なリスクファクターである。
6. 患者と家族へのスティグマ（烙印）や差別は、精神障害の治療から遠ざける。
   精神障害の人は、困難で知的ではなく決定できないという偏見がある。これは虐待、拒否、孤立につながり、医療やサポートから排除してしまう。
7. 多くの国々では、精神障害・心理社会的障害を持つ人への人権侵害が繰り返し行われている。
   精神障害を持つ人の権利を適切に保護する法的枠組みを持っている国はほとんどない。
8. メンタルヘルス従事者（精神科医、精神科看護師、ソーシャルワーカーなど）の人的資源は、世界的に大きな偏りがある。
9. メンタルヘルスサービスの普及を妨げる障壁は主に5つある。
   ①公衆衛生政策の欠如と財源不足、②現状のサービス機関、③プライマリ・ケアとの連携欠如、
   ④従事者人材の不足、⑤公衆精神衛生におけるリーダーシップ欠如
10. サービス向上のために割かれる財源は、現状では相対的に控えめである。

出所）WHO HP（2014）を参考に筆者が作成.

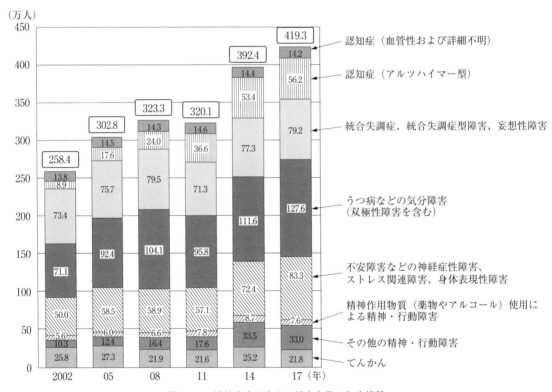

図9-1　精神疾患を有する総患者数の年次推移

注1）2011年の調査では宮城県の一部と福島県を除いている。
注2）精神疾患により医療機関に外来あるいは入院した患者数。近年大幅に増加しており、2017年では400万人を超えている。
出所）厚生労働省（2018）『患者調査』.

は、精神医療を病院から地域医療に移行させる「脱施設化」が主流になっている。これに対して日本では、医療効果が期待され患者が好む患者主体の医療提供が比較的進んでいないと提言している。この対策として厚生労働省（2008）は、児童生徒を含む若年者とその周辺支援者を対象に、精神障害に対する正しい認識、早期発見と強制治療抑制、治療期間の短縮、そして自殺の減少を目指すメンタルヘルス啓発を推進している。このような若者への啓蒙は、精神疾患の初回発症が10代〜20代前半に集中すること、統合失調症の多くは10代早期から精神的不調を抱えていること、早期支援が必要な若年層が最も支援を求めたがらないこと、低年齢ほど自らの精神障害を認識しにくいことといった現状を踏まえた初期予防として重要である。

2　大学生のメンタルヘルス

（1）　精神面の悩み　　青年期の最終段階および大人への移行期間にある大学生は、アイデンティティを確立して、これから続くストレス社会を生き抜くための心理社会的スキルを準備するという発達課題を持つ。しかし、日常生活に支障となる長い精神障害の始まりを作りやすいのもこの時期である。大学生のメンタルヘルスを脅かす課題は、大学生活におけるライフスタイルと関連する。例えば、一人暮らしなどの居住環境、学業などの就学事情、学費やアルバイトが関わる経済的問題、サークル・部活の人間関係や友人・教員との対人関係、異性問題、健康不安、就職・自立といった将来に関わる選択など、これらが4年程度の短い期間に複合して身に迫る。

　大学生の代表的なストレス関連疾患として「スチューデント・アパシー（student apathy）」が挙げられる。これに限らず学生生活における心理社会的な圧力に対して、かなりの大学生は内面に危機的状況を作る。大学生にとって精神障害は稀なことではない。50％前後の大学生は「不明瞭な自

> **スチューデント・アパシー（学生無気力症）**
> まじめな男子学生が、学業に対して慢性的な無気力状態に陥り、関係者の警告にもかかわらず大学に出て来ないで怠惰、無関心、無感動といった状態で非生産的な生活を長期にわたって継続する。しかも抑うつ、不安などの顕著な精神症状が見られず、本人も自らの状態を深刻に捉えることができないため、「さぼり」「怠け」と間違われる。しかし、無気力状態を自らの意志で改善することは不可能であり、一時的な不適応とは異なる（下山, 1996）。

分の将来と低い自信」「漠然とした不安」を認めるという（国立大学法人保健管理施設協議会, 2005）。大学生の約30％は問題のある抑うつ傾向を示し、日常生活に支障を抱えながら学生生活を送る。抑うつは自殺のリスクを高める。死因別死亡率を見ると20歳代は自殺が最も高いことに関連する。青年期の精神的健康度は低く、諸外国の大学生に比べて日本の特に女子学生の自覚的不健康度の高さは際立っている（世界平均男性10.1％；女性13.6％、日本男性38.4％；女性45.7％、神山, 2010）。疲労感などの自覚症状を訴える大学生も増加しており、その傾向は女子学生で強く、短い睡眠などのライフスタイルとともに、慢性的な不健康感が昼間の疲労感に影響している。このようなメンタルヘルスとその自己評価の低さが不登校や引きこもりなどの社会的不適応につながる。

（2）　メンタルヘルス教育　　大学生のメンタルヘルスを維持するためには、これを障害する精神的な問題に対する1次予防（メンタルヘルスが障害される前の教育的アプローチ）および2次予防（メンタルヘルスの診断による低下の兆候への対処）が必要である。まずは1次予防として、メンタルヘルスと精神的な障害の実態と影響、関連要因、対策などの知識提供を主とするメンタルヘルス教育が基礎をなす。そして、主要な精神的問題に対応したLST（ライフスキル・トレーニング、Ⅲ章13節を参照）のプログラムを長期的に行うことで、対処スキル

の向上を図ることも効果的と考えられる。

　ライフスキル向上の取り組みは、ストレス対処など（個人的側面）と、良好なコミュニケーションなど（対人的側面）がある。国内外の大学で、ライフイベントへの対処を通じて将来的に人間的成長を促すような積極的な機能強化が模索されている。

3　ストレス対処とメンタルヘルス

　(1)　ストレスの理解　　ベルナールが提唱した「内部環境の固定性」は、キャノンにより命名された「ホメオスタシス」の概念に発展した。また、キャノンは物理学用語 stress（応力）を医学・生物系用語に転用した。この考え方が、その後にセリエのストレス学説（生体にひずみを生じてホメオスタシスを乱すストレッサー、これに誘起された非特異的な生体防衛反応をストレスと定義）という生物的ストレスの概念につながるのである。最近の生理学や脳科学の研究によりストレス反応の生理的メカニズムや脳内機構が解明されてきた。その理解は重要であるが、私たちのメンタルヘルスのための具体的行動を考えるには、心理的なストレスモデルも役立つ。代表的モデルには、想定するストレッサーの違いから以下の3つが挙げられる。

　①　ホームズとレイの「ライフイベントモデル」　人生上の出来事（家族成員の誕生や死、大きな失敗などのライフイベント）のインパクト（再適応する困難さ）をストレッサーとして評価する。その累積が一定量に達すると様々な障害を起こす。

　②　ラザルスの「ストレスコーピングモデル」　日常生活のいらだち事をストレッサーとして評価する。ストレス反応の要因には、ストレッサーに対する主観的な認知的評価と対処（コーピング）を想定する。認知的評価は1次的評価（環境からの要求が害・脅威・対処努力の必要性をもたらすかという環境の評価）と、2次的評価（その要求に対して適切な対処ができるかという自己の評価）があり、両者の評価バランスにより急性ストレス反応を引き起こす。このストレスに対して採用した対処の失敗が

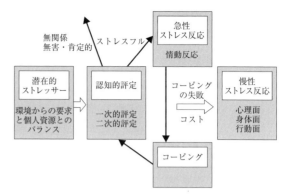

図9-2　ラザルスのストレスコーピングモデル
出所）ラザルス, R. S. 他；本明寛他監訳（2005）『ストレスの心理学—認知的評価と対処の研究』実務教育出版.

認知的評価のバランスを悪化させ、いずれ慢性的なストレスに至ることになる（図9-2）。

　③　カラセックの「デマンド・コントロールモデル」　職場のストレッサーを評価する。仕事の要求度（デマンド）とこれに対する自分の裁量の自由度（コントロール能力）のバランス（後年、周囲からのサポートを第3の変数として追加）の組み合わせが、行動の意欲となるか、心理的緊張を増すかを決める。強いストレスは要求度が高く、自由度が低く、サポートが少ない職場で生起しやすい。

　(2)　運動によるメンタルヘルス　　メンタルヘルスを障害する慢性的なストレスは、認知的評価と対処の仕方によって生起が影響される。この2つの要因に対して運動・スポーツがポジティブな影響力を発揮すると、急性および慢性ストレスのいずれにも抑制効果をもたらす。最近では、このメンタルヘルスのための効果を期待してLSTプログラムに運動を組み込む工夫も行われている。

　体系的な取り組みでなくても、運動刺激そのものに心理的効果が確認されている。例えば、走りやすいと感じるペースのジョギングは、ただ1回の運動にもかかわらず快の増強と不安の低減が見られ、その効果はジョギングを終了した後もしばらく続く（橋本他. 1993）。これが習慣化されると、週1・2回程度の健康運動でも、意欲や活力の低下といった昼間の疲労感を軽減させる。このような運動による心理的恩恵を肯定する研究成果は世

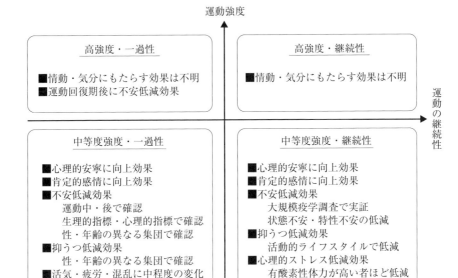

図9-3　運動・身体活動がもたらす情動・気分の効果

出所）ビドル, S.・ムツリ, N.；竹中晃二・橋本公雄監訳（2005）『身体活動の健康心理学』大修館を参考に筆者が作成.

界中で報告されている。それらの報告から導かれた運動（強度と継続性で分類）とストレス（感情反応）との関係を図9-3に整理した。高強度運動の効果については不明な点が多いものの、有酸素性運動とされる中等度の運動は、ポジティブ感情の増強と不安や抑うつといったネガティブ感情の低減に確実な効果をもたらす。さらに、運動の習慣化や活発なライフスタイルの獲得が進むと、これらの効果に加えて、特性不安（不安が増強しやすいというパーソナリティの側面）およびネガティブなストレス反応の低下を促すことを示している。適正な運動やスポーツに限らず、生活そのものに活発な身体活動を組み込むことが精神障害予防およびメンタルヘルスの維持・向上に役立つのである。

（水落文夫）

（引用文献）

樫原潤他（2014）「うつ病罹患者に対するスティグマ的態度の現状と課題—潜在尺度の利用可能性への着目」『心理学評論』57：455-471.

神山潤（2010）『ねむり学入門』新曜社.

国立大学法人保健管理施設協議会（2005）『学生の健康白書2005』.

下山晴彦（1996）「スチューデント・アパシー研究の展望」『教育心理学研究』44：350-363.

橋本公雄他（1993）「快適自己ペース走による感情の変化—運動中および回復期について」『日本体育学会第44回大会号』：213.

厚生労働省（2008）『早期支援・普及啓発の焦点』.
https://www.mhlw.go.jp/shingi/2008/08/dl/s0821-3d_0005.pdf

OECD（2014）Mental health.
http://www.oecd.org/health/mental-health.htm

WHO（2014）Mental health: a state of well-being.
https://www.who.int/features/factfiles/mental_health/

●コラム3

我が国におけるスポーツ施策

（川井良介）

　我が国は、1964年の東京オリンピックの開催を契機に、様々なスポーツ施策を講じてきた。

　1961年、我が国のスポーツ振興に関する施策の基本を明らかにすることを目的とし、「スポーツ振興法」が制定された。2000年には、「スポーツ振興法」に規定されていた「スポーツ振興法基本計画」が約40年遅れで策定され、地域におけるスポーツ環境の整備や充実、国際的な競技力の向上、生涯スポーツおよび競技スポーツと学校体育・スポーツとの連携などが位置づけられた。

　2010年には、「スポーツ振興法」の改正を念頭に、文部科学省より「スポーツ立国戦略」が策定され、新たなスポーツ文化として、「する人」「みる人」「ささえる（育てる）人」という観点からスポーツに触れ、楽しむことができる文化を確立しようと試みている。加えて、ライフステージに応じたスポーツ活動の推進についても取り組みを見せ、この翌年、新たなスポーツの意義として、人と人との交流および地域交流の促進、健康で活力に満ちた長寿社会の実現などを挙げ、活力ある社会の実現および国際社会の調和ある発展に寄与することなどを目的に、ス

ポーツに関する施策の基本となる事項を定めた「スポーツ基本法」が制定された。次年には、今後10年間の我が国におけるスポーツの基本方針を示す「スポーツ基本計画」が策定された。この計画は5年間の計画であり、2012年度～2016年度が第1期、2017年度～2021年度が第2期、現在は「第3期スポーツ基本計画（2022年策定）」が進行中である。この第3期計画では、東京オリンピック・パラリンピック競技大会（東京大会）のスポーツ・レガシーの発展に向けた施策に加えて、①スポーツを「つくる／はぐくむ」、②「あつまり」、スポーツを「ともに」行い、「つながり」を感じる、③スポーツに「誰もがアクセス」できる、という「新たな3つの視点」が示されている（スポーツ庁．2022）。

　我が国においては、2019年のラグビーワールドカップ、2020年の東京オリンピック・パラリンピック競技大会に続いて、2030年の冬季オリンピック・パラリンピックを北海道・札幌に招致しようという機運が高まりを見せている。

（引用文献）

スポーツ庁（2022）『第3期スポーツ基本計画』．

Ⅲ　章

身体活動と心身の機能

10 筋の構造と機能

1 筋の構造と機能

（1）**ヒトの筋**　ヒトの筋は、大きく心筋、平滑筋および骨格筋の3種類に分類することができる。心筋は、心臓を形作っている筋で、収縮・弛緩を繰り返しながら1日に7から8トンの血液を全身に送っている。胃や腸、血管などは平滑筋で構成されており、このため内臓筋と呼ばれることもある。心筋と平滑筋は、自律神経によってコントロールされているため、自分の意思で動かしたり止めたりすることができない（不随意筋という）。

他方、骨格筋は、文字通り骨格（骨）を動かすための筋であり、一般的な成人男性では体重の40%、女性では35%程度の重さを持っている。骨格筋は、脳・脊髄神経の支配下にあるので、意思の力で動かすことができる（随意筋という）。ここでは、身体運動に関わりの深い骨格筋を題材とする。

（2）**骨格筋の微細構造と収縮のメカニズム**
骨格筋は細い線維が束状になった構造をしている。1本の筋線維（＝筋細胞）は、太さが50マイクロメートル、長さは数cmから数十cmである（図10-1）。いくらかの筋線維は筋周膜で包まれ（筋線維束）、全体として筋外膜で包まれて、いわゆる筋肉を形作っている。

筋線維の中には、さらに"筋原線維"が数百から数千詰まっている。この筋原線維をさらに微細に見てみると、"アクチン"と呼ばれる細いフィラメントと、その間に"ミオシン"と呼ばれる太いフィラメントが配置されている（図10-2）。

筋収縮の詳細なメカニズムを表10-1に示した（興奮収縮連関といい、収縮までに要する時間は2ミリ秒程度である）。簡単にまとめると、神経からの信号

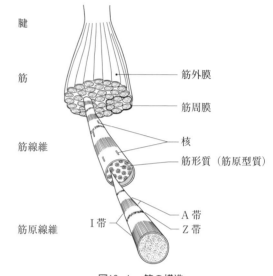

図10-1　筋の構造

出所）Fox, E. L.（1979）*Sports Physiology*, Saunders College Pub.

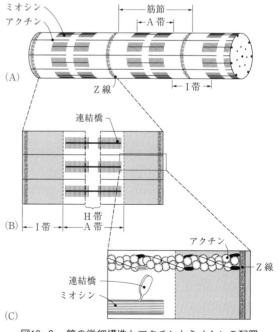

図10-2　筋の微細構造とアクチンとミオシンの配置

出所）Fox, E. L.（1979）*Sports Physiology*, Saunders College Pub.

が送られてくると、カルシウムイオンがクラッチのような働きをして、ミオシンとアクチンを結合させ、ミオシンがアクチンをたぐり寄せるように筋の短縮が起こる。この時発揮される張力が"筋力"である。

（3）　骨格筋の種類　　人体にある骨格筋は400種類とも600種類ともいわれる。基本的には、腱の部分が骨と付着していて、骨格を動かしている。

図10-3aのように、筋の両端がそれぞれ1ヶ所に腱で骨に付着している筋を紡錘筋（線維が平行に走っている筋）という。このうち、一方の腱が2ヶ所の骨に付着している筋は二頭筋、3ヶ所ならば三頭筋、4つに分かれて付着している筋は

"四頭筋"である。例えば、ももの部分にあって、大腿骨を挟んで腱が4ヶ所に付着している筋は、"大腿四頭筋"といい、これは人体で最も大きく強い筋である。また、腱が長く伸び、筋線維の走行が羽のようになっている筋を羽状筋といい（図10-3b）、比較的強い収縮力が必要な場所に配置されている。

腹筋（腹直筋）は、腹部の骨のない部分にあって、大きく平らな形状であることが求められる。このため、収縮時に筋が大きく膨らまないように、筋線維走行の中ほどで（キルティングのように）腱で束ねられている（図10-3b）。このような筋を"多腹筋"という。腹筋のトレーニングで腹部が

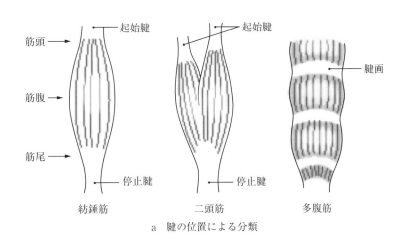

a　腱の位置による分類

表10-1　滑走説に基づく筋肉の収縮メカニズム（興奮収縮連関）

1	トロポミオシンは、アクチンの周りにあってアクチンとミオシンが接合しないようにしている
2	神経からの信号によって、筋の細胞膜に活動電位が生じる
3	活動電位が横行小管に沿って筋小胞体へ至り、筋小胞体からカルシウムイオンを放出させる
4	カルシウムイオンは、トロポニンに結合してトロポニン・トロポミオシン複合体の形を変化させ、トロポミオシンがアクチンから離れる
5	アクチンとミオシンが ATP のエネルギーを使って結合する
6	ミオシンの頭部が動き、アクチンを引っ張るようにして筋収縮が引き起こされる（張力が生じる）
7	カルシウムイオンが正常値まで低下する
8	トロポニンとカルシウムイオンの結合が解除される
9	筋の収縮状態が元に戻る

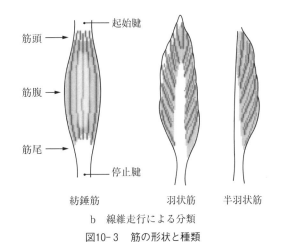

b　線維走行による分類

図10-3　筋の形状と種類

いくつかに割れて見えるようになるのは、筋の部分だけが太くなり、腱の部分が肥大しないことによっている。

（4）　**骨格筋の役割**　骨格筋には、次のような機能がある。

①　**身体を動かすこと**　最も重要な機能は身体を動かすことである。スポーツをすることはもちろん、ペンで文字を書くのも顔の表情を作るのも骨格筋である。

②　**体を支えること**　"気をつけ"の姿勢で直立している時に多少の風に吹かれても同じ姿勢が維持でき、簡単に倒れたりしない。これは、下肢や体幹の筋が反射的に収縮・弛緩して重心の動揺を防いでいるからである。また、骨とともに、内臓や血管を外力から守っている。これらは、"動く"のではなく、"身体を固定する"機能である。

③　**熱を作ること**　骨格筋は収縮時に熱を産生する。このため、激しく運動すると身体の中心部（深部温）は40℃近くになることもある。また、寒い時には"震え"が起こることがあるが、これは、骨格筋を小刻みに収縮・弛緩させて発熱を促す身体防御システム（震え反射）である。

これらの他に、2000年代初頭あたりから、骨格筋は様々な"マイオカイン（骨格筋の収縮によって分泌されるホルモンのような生理活性物質）"を分泌して、骨格筋それ自体や身体機能を制御していることも知られるようになってきた。マイオカインの発見やその働きについての知見は、近年も次々研究報告がなされ、科学の先端ともいえるホットな研究テーマになっている。

② 骨格筋の分類

（1）　**色調による分類：赤筋線維と白筋線維**　筋は、赤みがかった色をしている。これは、ミオグロビン（"マイオ"とか"ミオ"というのは"筋肉の"という意味である）という、血液から酸素を受け取って蓄えておく物質（色素タンパク）があるためである。ミオグロビンは、血液中のヘモグロビン

と同様に、酸素を吸着させる部分に鉄が配置されている。鉄が酸素と吸着（酸素化）すると、強い赤さびの色になるため、ミオグロビンが多い筋線維は相対的に赤色が強くなる。酸素を確保・利用しやすいということは、有酸素代謝が活発に行える（持久力のある）筋線維であることを意味しており、このような特徴を持った筋線維を赤筋線維という。他方、無酸素的な代謝に優れていて、瞬発力があり、ミオグロビンが相対的に少なく、赤色が比較的薄い線維を白筋線維という。

ヒトの筋は、通常、このような赤筋線維と白筋線維が半々くらいで構成されているが、姿勢の維持など持続的な収縮が必要なヒラメ筋（ふくらはぎの深層にある）などは、赤筋線維の割合が多く、外観上全体として濃赤色に見えるため赤筋型、ヒフク筋（ふくらはぎの表層にある）などは瞬発的な能力を持つ白筋型として、その筋自体の特性を表現することもある。

（2）　**収縮特性による分類：遅筋と速筋**　収縮速度が遅く、発揮パワーが比較的小さい筋を遅筋線維（Slow Twitch：ST線維、またはType Ⅰ線維）という。"遅筋線維"は、"赤筋線維"とほぼ同義に用いられ、有酸素代謝能力に富み、疲労しにくいという特徴を持っている。他方、収縮速度が速く、発揮される筋パワーは高いが、疲労しやすく収縮持続時間が短い線維を速筋線維（Fast Twitch：FT線維、またはType Ⅱ線維）といい、分類上、"白筋

表10-2　収縮速度と代謝能力から見た筋線維の分類

種類	遅筋線維	速筋線維	
	type Ⅰ	type Ⅱa	type Ⅱb
色	赤に近い	中間的	薄い赤
ミオグロビン	多い	中間的	少ない
酸化能力	高い	中間的	低い
代謝的評価	Slow Oxidative (SO)	Fast Oxidative Glycolytic (FOG)	Fast Glycolytic (FG)
疲労耐性	つかれにくい	中間的	つかれやすい
肥大しやすさ	しにくい	しやすい	しやすい
収縮スピード	遅い	速い	

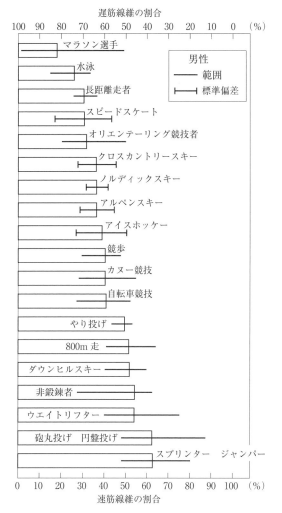

図10-4　競技者の筋線維組成

出所）Donald, K. M. & Fox, E. L. (1988) *The Physiological Basis of Physical Education and Athletics*. 4 th. ed., Wm. C. Brown Publishers.

線維"と同義である。

（3）代謝特性による分類　　遅筋線維は、酸素を利用する能力が高いことから、代謝能力を加味して SO［Slow（収縮スピードが遅く）Oxidative（酸素代謝能力の高い）］線維とも呼ばれる。速筋線維の中には、筋中に蓄えられたグリコーゲンを分解することで ATP を生成する能力の高い FG［Fast（速く収縮し）Glycolytic（解糖能力の高い）］線維と、収縮速度は遅筋線維よりは速いが、速筋線維の中では遅く、酸素摂取能力が高めの FOG［Fast Oxidative Glycolitic（速く、酸素代謝能力も解糖能力もある）］線維と呼ばれる中間的な線維があ

る。FOG 線維、FG 線維は、それぞれ Type Ⅱa 線維、Type Ⅱb 線維とも表記され（表10-2）、近年の分類では、それぞれの中間的特性を持つ Type Ⅱab、Type Ⅱac、Type Ⅱc や Type Ⅰc 線維も僅かに存在していることが知られている。

この他にも、近年の測定手法の進歩によって、線維の構造上の差異と特性の関係が明らかにされ、これまでに挙げた遅筋、速筋線維などの収縮特性の違いは、ミオシンフィラメントを作る遺伝子の違いによるものであることがわかってきた。例えば、収縮速度の遅い順から、MHCⅠ、MHCⅡa、MHCⅡx、MHCⅡb などのように、ミオシン分子の構造による分類も示されている。これらは、高度なスポーツトレーニングやスポーツの資質を考える場合などには重要な指標になる。

3　筋線維組成

前述のように、ヒトの筋は、遅筋線維と速筋線維が半々くらいの割合で構成されているが、個人差も大きい。スポーツ部に所属する学生の筋線維組成は、短距離走の選手では、速筋線維の割合が72.3 %、長距離走者では35.5 %であったことが示されている（勝田他, 1986, 175-180）。

オリンピック入賞レベルの選手を見ると、このような競技特性がもっと顕著になっている。遅筋線維（Ⅰ型ミオシン）と速筋線維（Ⅱ型ミオシン）は、遺伝的に異なったもので、遅筋－速筋間の線維タイプ移行は起こらないとされている。一流競技者の筋線維組成は、ほぼ種目特性に見合った組成になっていることが知られており（図10-4）、筋の特性から元々短距離選手に向いている人や長距離選手に向いている人がいて、よりハイレベルな競技水準では、このような遺伝的素因が無視できないようである。ただし、持久的なトレーニングによって速筋線維の TypeⅡb を TypeⅡa に変え、後天的に筋に持久的能力を獲得させることはできるということもわかってきた。また、動物を使って電気的に筋収縮運動を行わせた実験で、遅筋－

速筋のタイプ移行が認められたという報告もあり、これからの研究の集積によって科学的結論や常識は変わっていくかもしれない。

4　筋力の発揮

（1）**筋力とは**　筋自体に着目すると、次項のように、筋が短くならずに張力を発揮する場合や、伸ばされながら張力を発揮する場合もある。つまり"筋収縮"とは、"筋が短くなること"ではなく、"筋が中心に向かって能動的に力を発揮すること"であり、この時の力が筋力である。体力テストでは、全身の数百に及ぶ筋を代表して、握力の測定によって筋力を評価している。

（2）**筋の収縮のしかた**

①　**等尺性収縮**（isometric contraction）　"筋の長さが変わらない筋収縮"のこと。iso は等しい、metric は長さを意味する。例えば、胸の前で手のひらを合わせ、互いに押し合っている時、大胸筋や上腕二頭筋は長さを変えず張力を発揮している。動かない壁を押している時なども、多くの筋が等尺性収縮をしている。等尺性収縮で行う筋力トレーニング（アイソメトリック・トレーニング）は、筋肥大を生じやすいとされている。

②　**等張性収縮**（isotonic contraction）　筋に対する張力（tone）が等しい収縮のこと。バーベルを持ち上げるような操作で発揮されている筋収縮のタイプである。等張性収縮には、短縮性（concentric contraction）のものと伸張性（eccentric contraction）のものがある。短縮性収縮は、筋が長さを短縮しながら発揮する筋力で、一般的な筋

力トレーニングでの収縮はこのタイプである。

他方、伸張性収縮は、筋を伸展させながら発揮する筋力で、"伸びながら収縮する"タイプである。例えば、肘を屈曲させて重いダンベルを持っているとして、逆の手で肘の角度を開くように強く初動させると、重さに耐え切れなくなって上腕二頭筋が力を発揮している（収縮している）のに引き延ばされていく。このような収縮様式を伸張性収縮といい、筋力増進効果が大きいとされるが、適切なトレーニングプログラムでないと、筋線維の微細な損傷によって、筋肉痛になりやすいともいわれる。

③　**等速性収縮**（isokinetic contraction）　筋の収縮速度を一定に保ちながら筋力を発揮するタイプの収縮である。水泳の時の腕の動きなどのように、抵抗を介した動作で発揮される。この収縮様式でトレーニングを行う際には特別な装置が必要となるが、すべての関節角度で最大筋力を発揮することができることから、行っているスポーツの動作に近い動きや速度でのトレーニングによって、高い効果が期待できる。　　　　　（長澤純一）

（引用文献）

石井直方（2014）『運動に関わる筋肉のしくみ』新星出版社.

勝田茂他（1986）「ニードルバイオプシー法による各種スポーツ選手の筋線維組成および毛細血管分布について」『筑波大学紀要』9：175-180.

長澤純一他（2016）『運動生理学の基礎と応用―健康科学へのアプローチ』NAP.

丸山工作（1998）『筋肉の謎を追って』岩波書店.

横浜市スポーツ医科学センター編（2015）『図解　スポーツトレーニングの基礎理論』西東社.

11 呼吸循環器系

1 運動による呼吸と循環器の反応

日常生活や運動において、呼吸の回数が増えることは誰もが経験することではあるが、それは体内に多くの酸素を取り込むための反応であることはいうまでもない。特に持久性スポーツでは、長い距離をできるだけ速く走り切る能力として、"いかに多くの酸素を体内に取り込み"、取り込まれた酸素を"どのように利用するか"が重要なポイントになる。ここでは、体内に酸素を取り込む呼吸と取り込んだ酸素を体内へ循環する仕組みについての理解を深める。

（1）呼吸と循環の目的　ヒトの生命維持のためには、絶えず酸素と栄養を身体の各組織に供給し、代謝の結果に生じた二酸化炭素と老廃物を除去し続けることが必要である。酸素の取り込みと二酸化炭素の排泄は、肺－血液間のガス交換（肺呼吸あるいは外呼吸）、血液によるガスの運搬（循環）および血液－組織間のガス交換（組織呼吸あるいは内呼吸）によって行われる。運動は活動筋において酸素消費と二酸化炭素生成を増加させる。呼吸・循環系はこのような代謝需要の増大に素早く応答する。すなわち、呼吸と循環の目的は、呼吸器系が肺換気量および排ガス交換の増加を通して、循環器系が心拍出量の増加を通して、運動によって増加した代謝需要を満たすことである。

（2）呼吸器の構造とガス交換　呼吸器は、口および鼻から酸素を取り込み、二酸化炭素を排出する器官である。呼吸器は、口腔、鼻腔、咽頭、喉頭、気管、気管支、そして肺からなる。肺は左右に2つあり、重さは成人男性で約1kgである。肺の中は、細気管支から枝分かれした肺胞と呼ばれる組織がブドウの房のように取り巻いている。

この肺胞は気道から取り込まれた酸素を細胞へ渡し、細胞で排出された二酸化炭素を受け取る役割を担っている。

ガス交換は、肺胞の膜と毛細血管の壁を通して行われ、圧力の高い方から低い方へと圧力勾配（分圧差）に従って移動する。ガス交換によって受け渡された酸素は、血液中の赤血球に含まれるヘモグロビンと結合し、動脈を通って筋や内臓に送られる。酸素と結合した酸素化ヘモグロビンは、肺胞での拡散によって毛細血管に酸素が移動し、その酸素がヘモグロビンとして結合して全身に酸素が送り届けられる。送り届けられた酸素は、必要とされる筋や内臓に酸素を渡し二酸化炭素を受け取る（酸素を放出した脱酸素化ヘモグロビン）（図11-1）。このような組織や細胞内での酸素と二酸化炭素の受け渡しは内呼吸であるのに対して、肺での酸素と二酸化炭素の受け渡しは外呼吸といわれている。

呼吸によって肺胞から血液に取り込まれた酸素は、ほとんどがヘモグロビンに結合し、ヘモグロビンに酸素が取り込まれた割合を酸素飽和度とい

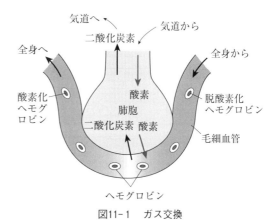

図11-1　ガス交換

出所）中里浩一他（2016）「呼吸器系とスポーツ」『1から学ぶスポーツ生理学（第2版）』NAP：63.

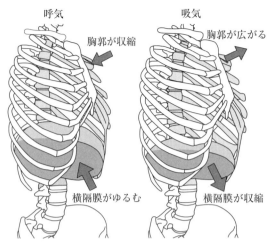

図11-2　呼吸時の呼吸筋の役割

出所）中里浩一他（2016）「呼吸器系とスポーツ」『1から学ぶスポーツ生理学（第2版）』NAP：63.

う。これは、全身にどれだけ酸素が供給されているかを表す指標であり、健康な成人の酸素飽和度は95〜98％であるといわれている。

　呼吸のために肺を動かす筋は呼吸筋と呼ばれ、代表的なものとして横隔膜と肋間筋が挙げられる。ヒトは酸素を多く含む空気を肺に取り込み（吸息）、逆に二酸化炭素を多く含む空気を吐き出している（呼息）。安静時において、吸息は横隔膜と外肋間筋の収縮で始まる。これらの筋の収縮によって胸郭の容積が増大し、胸腔内圧が低下すると、肺内圧が大気圧より低くなり肺は膨張する。その結果、肺内圧が大気圧より低くなり、大気中から肺に空気が流入する。一方、呼息は横隔膜と外肋間筋の弛緩とともに受動的に行われ、吸息の場合とは逆のことが起こる。すなわち、横隔膜と外肋間筋の弛緩によって胸郭容積が減少し、胸腔内圧が肺内圧より大きくなる。その結果、肺は収縮し肺内圧が大気圧より高くなり、肺内の空気は大気中へと呼出される（図11-2）。

　一般的には、横隔膜をよく使う呼吸法を腹式呼吸、肋間筋をよく使う呼吸法を胸式呼吸と呼ぶ。呼吸数は、1分間に15回前後といわれている。

（3）呼吸器系と運動トレーニング　運動時に呼吸数が増えるのは、運動強度が増加すると筋の

活動量が増えるため、多くの酸素が必要になるからである。運動中の呼吸数は1分間に35〜45回程度にまで上昇する。運動中は呼吸の回数とともに、1回に取り込む空気の量（1回換気量）も増加する。運動中の1回換気量は約3L程度まで増加する。このように運動中は、分時換気量も増加する。運動中の1分間の換気量は安静時の15〜25倍にも増加し、90〜150Lもの空気を取り込む。強度の低い有酸素性運動中の換気量は1回換気量の増加の影響を受け、強度の高い有酸素性運動中の換気量は呼吸数の増加の影響を受ける。

　運動中の換気量は運動開始10〜20秒で急激に増加する。その後、換気量は2〜3分かけて緩やかに増加し、4〜5分で落ち着いてくる現象を定常状態といい、取り込んだ酸素が安定して筋活動に供給され、筋活動で利用された酸素が二酸化炭素に変換されて体外に排出されている状態になる。

　運動時は、運動強度に伴って必要とされる酸素需要量が増加することに加え、呼吸数とともに酸素を取り込む量も増える。1分間当たりで体内に取り込むことができる酸素の指標を酸素摂取量といい、疲労困憊まで有酸素運動を続けた時の酸素摂取量の最大値を最大酸素摂取量という。

　酸素摂取量は、運動強度が増加するとともに直線的に増加する。しかし、運動強度を増加し続けても、ある時点で酸素摂取量が増加しなくなる。この時点が最大酸素摂取量であり、L/min（分）、あるいはmL/kg/min（分）で表される。L/minは、1分間に取り込まれた酸素の量を表し（絶対値）、mL/kg/min（分）は、体重1kg当たり1分間に取り込まれた酸素の量を表す（相対値）。つまり、体重の重い人は体に占める筋肉の量が多いため、沢山の酸素を摂取することができる。しかし、体重1kg当たりに換算すると、体重の重さに関係なく同一条件で酸素摂取量を比較することが可能になる。したがって、酸素摂取量は相対値での評価が必要になる。

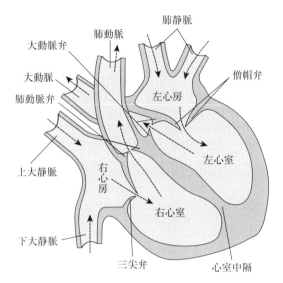

図11-3　心臓の構造

出所）中里浩一他（2016）「循環器系とスポーツ」『1から
　　　学ぶスポーツ生理学（第2版）』NAP：82.

2　運動と循環器

　呼吸によって取り込まれた酸素は、心臓からそれぞれの臓器に送られている。運動中に心拍数が増加することはよく知られているが、その反応はより多くの酸素を末梢へ送り届けるための反応である。また、運動中の酸素の配分はよく利用されている筋肉に優先的に分配される。ここでは、酸素を運搬する循環について理解を深める。

　（1）　**心臓血管系の構造と機能**　　心臓血管系は絶え間なく血液を送り出す心臓（ポンプ）と動・静脈の脈管系からなり、体循環（大循環）と肺循環（小循環）の2系列に分けられる。体循環は、心臓の左心室から動脈血管、毛細血管、静脈血管を経て右心房に戻るまでを指す。この時に大動脈からの動脈血管は、各組織へ酸素や栄養素を血液によって運搬するための導管となる。一方、組織からは二酸化炭素や代謝産物を運搬する血液（静脈血）が静脈血管をたどり、大静脈として心臓（右心房）に至る。右心房に入った静脈血は右心室から肺動脈を経て、肺における二酸化炭素と酸素の交換を行った後に左心房に戻るまでが肺循環である。心臓血管系の役割は酸素と二酸化炭素、栄養関連物質に加えホルモンや白血球、抗体などの運搬だけでなく、体温調節など熱循環も担う（図11-3）。

　（2）　**心臓の外観と冠循環**　　心臓には右心房、右心室、左心房、左心室の4つの部屋がある。この4つの部屋の働きによって全身の循環は調節されている。右心房と右心室は三尖弁によって分けられており、左心房と左心室は僧帽弁によって分けられている。これらの弁は血液の逆流を防いでいる。また、右心房と左心房は、心房中隔という壁で分けられており、右心室と左心室は心室中隔という壁で分けられている（図11-3）。

　心房は心室へ血液を送り込むためのポンプの役割をしている。一方、心室は肺や全身へ血液を送り出すポンプの役割をする。心室の壁は心房に比べて厚く、よく発達している。特に左心室は全身に血液を送らなくてはならないため、筋肉は発達していて厚くなっている（図11-3）。

　（3）　**血管の構造**　　ヒトの体には、動脈、静脈および毛細血管といわれる3種類の血管がある。動脈、静脈および毛細血管をそれぞれ足すと約10万kmもの長さになる（地球2周半）。血管全体を100％とすると、そのうちの95％が毛細血管である。体の表面に見られる青い血管は静脈で、動脈は表面から見えない。

　動脈は、心臓から送り出された血液を全身に運ぶ血管であり、全身の細胞に酸素や栄養分を運ぶ役割がある。最も太い大動脈は左心室から伸びており、直径は2.5cm程度である。動脈は大動脈から上肢（腕）や下肢（足）の動脈へと枝分かれし、最も小さい細動脈へと続く。細動脈の直径は僅か0.3～0.01mm程度である。動脈の壁は中膜の平滑筋が厚く、弾力性に富んでいるため、心臓から勢いよく送り出された血液の衝撃を受け止めることができる。

　静脈は、動脈によって全身に運ばれた血液を心臓に戻す血管であり、二酸化炭素や老廃物などを回収する役割がある。最も太い大静脈には上大静

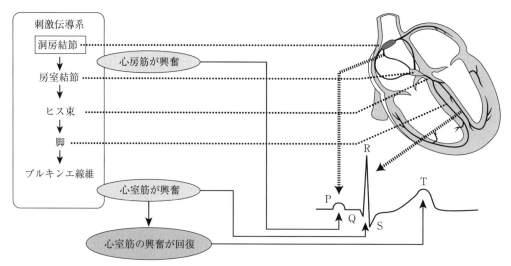

図11-4　心電図
出所）中里浩一他（2016）「循環器系とスポーツ」『1から学ぶスポーツ生理学（第2版）』NAP：87.

脈と下大静脈の2つがあり、ともに右心房に合流する。直径は3cm程度である。静脈は上・下大静脈から上肢（腕）や下肢（足）の静脈へと枝分かれし、最も小さい細静脈へと続く。細静脈の直径は僅か0.5～0.01mm程度である。静脈は動脈のように勢いよく血液が流れていないため、血液の逆流を防止する静脈弁がついている。静脈の壁は動脈に比べて薄く、弾力性も動脈より劣る。

毛細血管は、動脈と静脈から無数に枝分かれした網目状の血管で、直径は0.02～0.005mm程度である。動脈や静脈と異なり、毛細血管は内膜の1層のみによってできていることから、弾力性を調節する平滑筋はない。

（4）　1回拍出量および心拍出量と心周期　　左心室から1回の収縮で全身へ拍出される血液量が、1回拍出量（mL/拍）であり、成人男性で約70mL/拍である。この1回拍出量（mL/拍）と心拍数（拍/分）の積を心拍出量（L/分）と呼ぶ。例えば、安静時心拍数を約60拍/分とすると、安静時心拍出量60拍/分×70mL/拍＝4200mLで、約4L/分になる。

心臓は収縮と弛緩を繰り返すが、その収縮、弛緩の1回分を心周期という。心室が収縮する相（収縮期）と心室が弛緩する相（拡張期）を持つ心周期は、さらに収縮期を等容性収縮期と駆出期に、拡張期を等容性弛緩期と充満期に分けられる。1回拍出量は心室の収縮によるものの、その調節には充満期の終末（心室収縮直前）における心室内の血液量（心室拡張終期容量）が重要である。

（5）　心筋の特性および刺激伝達系と心電図

心臓は自分の意思で動かすことができない臓器で、絶え間なく動いている。心臓は電気信号によって拍動しており、電気信号を伝える経路を刺激伝導系という。この心拍動に伴う電位変化は、体表面から心電図として記録できる。まず、洞房結節に生じた活動電位は心房を興奮させ、P波を形成する。次いで活動電位が房室結節に伝わり心室を興奮させる。Q、R、Sの各波からなるQRS群を見ることになり、続くT波が心室の再分極を表す。一方、心房の再分極電位はQRS群に隠れて見えない。P波から、QRS群、T波に至る一連の心電図波形が心臓の1拍動（図11-4）であり、その1分間当たりの拍動数が心拍数（Heart Rate：HR）である。一般的に、正常成人の安静時心拍数（拍/分）は、60～90拍/分を示し、この心拍数が正常より多い場合を頻脈、少ない場合を徐脈という。

（6）　体循環と血圧調整　　心臓は、収縮して心

臓内の血液を動脈に押し出し、拡張して静脈から血液を受け入れる。心臓が収縮して血液を押し出す時に血管の壁に加わる圧力を収縮期（最高）血圧という。一方、心臓が拡張して血液を受け入れる時に血管の壁に加わる圧力を拡張期（最低）血圧という。このように、心臓の収縮と拡張によって、全身に血液が送られている。収縮期血圧が140mmHg 以上、拡張期血圧が90mmHg 以上で高血圧と判定される（5節 p.19参照）。　　（井川純一）

〔引用文献〕

勝田茂・征矢英昭編集（2015）『運動生理学20講（第3版）』朝倉書店.

金久博昭 日本語版総監修（2010）『NSCA 決定版　ストレングストレーニング＆コンディショニング（第3版）』ブックハウス・エイチディ.

中里浩一他（2016）『1から学ぶスポーツ生理学（第2版）』NAP.

12 脳・神経系

1 脳の構造

脳（図12-1）は、大脳・間脳・脳幹・小脳に分けられる。大脳は、左右2つの大脳半球から構成され、左右の半球は、脳梁と呼ばれる神経繊維で連結されている。間脳は、視床、視床下部、松果体から構成され、大脳に覆われており外部からは見えない。小脳は、左右小脳半球、虫部から構成される。脳幹は、中脳、橋、延髄から構成される。

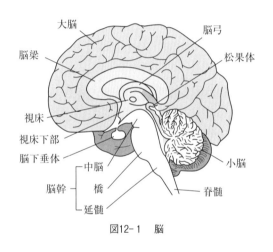

図12-1　脳

（1）大脳皮質とその働き　大脳皮質は、頭頂葉、前頭葉、側頭葉、後頭葉に分けられる（図12-2）。運動を司る機能や感覚を司る機能など機能ごとに一定部位に局在している。

①　**頭頂葉**　末梢から伝わる知覚を分析し統合する。体の位置などに関する空間認識、時間認識などを司っている。

②　**前頭葉**　運動機能や眼球運動などを司る。特に左の前頭葉は言語機能（話す機能）の中心である。さらに記憶、思考、判断、感情に関与している。

側頭葉：聴覚、嗅覚を司る。左側頭葉は言語機能（言葉の理解）を担う。両側側頭葉内部には記憶

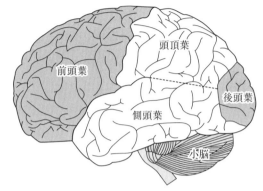

図12-2　大脳皮質の機能局在

に関与する海馬が存在する。

③　**後頭葉**　視覚および視覚に関する記憶を司る。

（2）大脳基底核・大脳辺縁系・間脳　大脳の深部にあり神経細胞の集合体を大脳基底核という。淡蒼球、尾状核、被殻、黒質、視床下核から構成され、筋の緊張などの運動機能を複雑に調整している。

大脳辺縁系（図12-3）は、海馬、扁桃体、帯状回などから構成される。情動や記憶などの機能がある。

間脳（図12-4）は視床と視床下部から構成される。視床は嗅覚以外の感覚情報、小脳からの情報を集め、大脳皮質へ送る中継所である。視床下部は、自律神経の中枢で水分調節、体温、食欲、睡

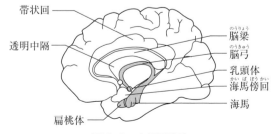

図12-3　大脳辺縁系

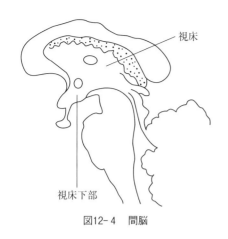

図12- 4 　間脳

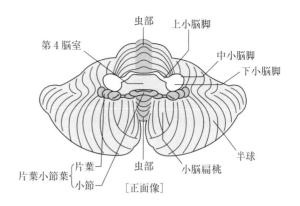

［正面像］

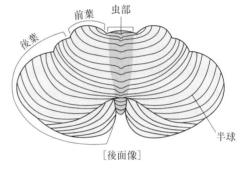

［後面像］

図12- 5 　小脳

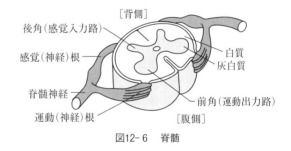

図12- 6 　脊髄

眠、性機能、内分泌機能を調節する。さらに、交感神経や副交感神経を支配する自律神経系の中枢である。

（3）**脳幹**　中脳、橋、延髄をまとめて脳幹と呼ぶ。神経繊維の通路であり運動を指令する遠心性神経と感覚情報を担う求心性神経の通路である。呼吸や血圧など生命維持に大切な部位である（図12- 1 参照）。

（4）**小脳**　脳幹部の後部に存在し、上小脳脚、中小脳脚、下小脳脚で脳幹と連結している。小脳（図12- 5 ）は平衡感覚の中枢であり、運動の調整を行っている。重要なことは小脳が運動を記憶する部位であることである。片葉小節葉は平衡感覚（前庭機能）を担っている。小脳虫部は姿勢の保持に関与している。小脳半球は四肢の細かい運動の調節を行っている。

（5）**脊髄**　脊髄（図12- 6 ）は延髄につながる中枢神経組織で脊柱管の中にある。脊髄は頸髄神経 8 本、胸髄神経12本、腰髄神経 5 本、仙髄神経 5 本、尾髄神経 1 本が各々対をなして存在している。すなわち31対の脊髄神経によって構成されている。

脊椎骨は頸椎 7 個、胸椎12個、腰椎 5 個、仙骨 5 個、尾骨 1 個から構成されている。

脊髄は、硬膜、くも膜、軟膜で覆われ、脊椎骨は硬膜の外にある。

脊髄は、白質と灰白質から構成される。脊髄の

前根は運動神経に関与し、中枢神経からの指令を骨格筋に伝える。脊髄後根は感覚神経に関与し、末梢からの感覚刺激を中枢に伝える入り口となっている。

２　髄液の循環

脳脊髄液（髄液）は両側側脳室、第 3 脳室、第 4 脳室にある脈絡叢で生成され、第 4 脳室のルシュカ孔とマジャンディ孔からくも膜下腔に流出する（図12- 7 ）。髄液は脳表を循環し、くも膜顆粒から静脈洞に吸収される。髄液量は130〜150mL であり、一日の産生量は500〜700mL で、一日 3 〜 4 回入れ替わる。髄液には、身体に加

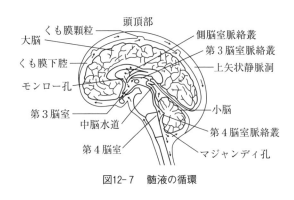

図12-7　髄液の循環

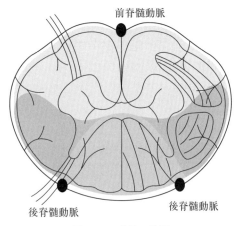

図12-9　脊髄の動脈

わった衝撃が、直接脳や脊髄に加わらないようにする、緩衝作用がある。

③　脳の血管系

　脳には内頸動脈系と椎骨動脈系が血流を供給している。

　(1)　**内頸動脈系**　　左右1対あり、大脳半球の大部分に血液を供給している。その源は総頸動脈である。頭蓋内で前大脳動脈と中大脳動脈に分岐する。左右の前大脳動脈は前交通動脈で連結されている。前大脳動脈は前頭葉、頭頂葉の内側を走行している。中大脳動脈は前頭葉、側頭葉、頭頂葉の外側に血液を供給し、大脳の最も広範囲に血流を供給している。

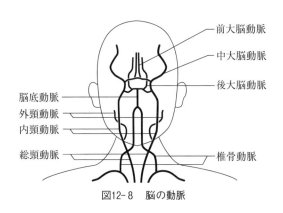

図12-8　脳の動脈

　(2)　**椎骨動脈**　　左右1対あり、後頭蓋窩と後頭葉の大部分を栄養している。脳幹の前面で合流し脳底動脈となり、再び分岐し左右の後大脳動脈となり、後頭葉と側頭葉底部を栄養している。

　(3)　**脊髄の血管系**　　脊髄は、椎骨動脈、肋間動脈などから出た脊髄枝によって血液が供給されている。脊髄枝は、前根動脈と後根動脈に分岐し、前根動脈は前脊髄動脈に、後根動脈は左右の後脊髄動脈に合流する（図12-9）。

④　脳・脊髄の神経

　(1)　**中枢神経と末梢神経の分布**　　中枢神経は前述した脳と脊髄を指す。末梢神経には脳から直接出入りする脳神経12対と脊髄から出入りする脊髄神経がある。

　(2)　**末梢神経の機能**　　脳神経（図12-10）の大部分は脳幹部（中脳、橋、延髄）から出ており12対ある。末梢神経には体性神経系と自律神経系がある。

　(3)　**体性神経系**　　求心性神経と遠心性神経がある。求心性神経は感覚神経とも呼ばれ、末梢神経から中枢神経へ向かう神経を指している。感覚器からの情報を中枢神経へ伝達する。遠心性神経は運動神経とも呼ばれ、中枢神経から末梢神経へ情報を伝達する。中枢神経からの運動指令を骨格筋に伝える働きをしている。

　(4)　**自律神経系**　　自律神経系（図12-11）は自分の意思に関係なく、心臓、消化管などの機能を調節する。緊張状態では心拍数が増え、血圧が上昇し、発汗する。一方、消化管の働きは減弱し、膀胱が拡張する。これらは交感神経系によって調

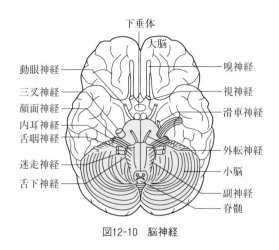

図12-10　脳神経

節されている。逆に、平常時やリラックスした状態では、心拍数が減弱し、血圧は低下する。消化管は蠕動運動が亢進し、膀胱は縮小し排尿が起こる。これらは副交感神経系によって調節されている。　　　　　　　　　　　　　　（櫛　英彦）

（引用文献）

社会福祉学習双書編集委員会編（2014）『医学一般（第5版）』社会福祉法人全国社会福祉協議会.

福祉臨床シリーズ編集委員会編（2015）『人体の構造と機能及び疾病（第3版）』弘文堂.

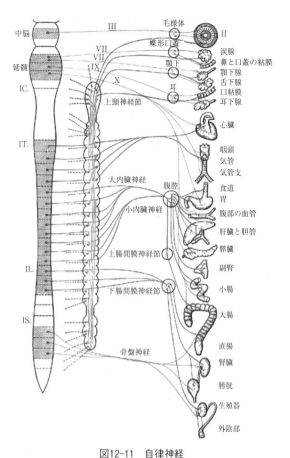

図12-11　自律神経

出所）Wikipedia「自律神経系」.

13 心理社会的な機能

1 「こころ」とライフスキル

(1) こころとは 人間の行動の背後には、好みや意図があり、行動を生起させ行動の仕方を規定する「こころ（心）」と呼ばれるものがあると、私たちは考えている。すなわち、こころは人間の精神活動（知情意として知られる思考、判断、記憶、創造、感情、欲求など）の元となり、行動を推測・理解するための概念として、成熟や学習によって少しずつ機能変化するものと考えられている。例えば、乳幼児でも身体や感情のレベルで他者と交流ができる。他者の表情や行動から感情状態を感じ取り、その感情状態を共有する感情的共感を発達させる。生後3ヶ月の赤ちゃんは養育者と感情的な一体感を持つ。1歳までにはお互いに意図を認知して、それに応じた行動をとることができるようになる。このような共感性の生起と変化には、表情認知から感情状態の知覚という生得的な機構による影響がある一方、その後は文化や社会に依存した規則の学習にも影響される。いずれもその背景に機能変化するこころの働きを想定するのである。

「こころはどこにある？」というこころの知覚（場所探し）に関する論争は、古代ギリシャの時代まで遡ることができる。万学の祖と呼ばれる哲学者アリストテレスは心臓と考え、医聖ヒポクラテスは脳にあると主張した（森, 2010）。そして、心身二元論を提唱した近代哲学の祖デカルトは「心は身体のどこかにあるのではなく、身体全体にみなぎるもの」として、身体とは別の存在と捉えている。東洋でも、漢字の「心」は心臓の象形から成り立ったものであり（図13-1）、古代中国では心臓の鼓動と精神作用を結びつけ、心は胸部（心

「心臓」の象形

古くから、心臓は生命活動の源であるとともに、精神活動を行う場所とされていた。心臓の意味から「こころ」の活動の意味に使われるようになる。

図13-1 漢字「心」の成り立ちから「こころ」の意味へ
出所）「心の成り立ち物語」https://www.excite.co.jp/news/article/TokyoFm/ および唐汉（2002）『汉字密码』学林出版社を参考に筆者が作成.

臓）に宿ると考えられていた。中古以前の日本語の「こころ」も心臓を意味する言葉であり、その後に臓器としての意味が薄れ、漢語の「心（しん）」が当てられてから「心の臓」そして「心臓」になったとされる。

こころは多義的で抽象的な概念である。日本心理学会は、異論があることを前提としながら、こころの場所探しに関する見解を2つの立場から以下のように示している（森, 2010）。現代に生きる私たちもヒポクラテスと同様にこころの機能を脳が担っていることを認識している。還元主義の立場からは、特定の精神活動と対応して活性化する脳の特定部位があること、脳細胞の破壊や変質により精神機能の消失や低下があることなど、近年の目覚ましい脳科学の進歩は、こころとは脳であるという主張を強く支持している。一方で、哲学者ギルバート・ライルは、「こころの場所探しは、大学を構成する建造物と大学という機能を同一視するようなカテゴリーミステイク」と比喩した。この機能主義の立場からの見解では、こころとは脳というハードウェアを基盤として成立するソフトウェアであるとみなす。こころは身体-環境にまたがる機能システムであり、物理的実体としての脳はこのシステムを構成する一部として、中心

的な役割を果すと解釈される。

　現在でも立場の違いから、「こころ」は様々に解釈される概念である。ここでは、こころの機能的側面に注目して、私たちが生活する環境の中でよりよく生きるために必要なライフスキルを概観する。

　（2）ライフスキルの枠組み　ライフスキル（life skills）は、心理社会的スキルのうちの日常生活に関わるスキルであり、どの時代・文化・社会においても、よりよく生きるために必要な「生きる力」といえる。世界保健機関WHO（1997）は、ライフスキルについて「日常生活の中で生じる様々な問題や要求に対して、建設的かつ効果的に対処するために必要な能力」と定義し、10の具体的な下位スキルを提示している（図13-2）。

　WHOの定義は国際的に認知された解釈である

が、それに加えて「学習により向上」「個人的な能力」「様々な問題解決に般化されるスキル」「健康の保持・増進に重要な役割」「精神保健（メンタルヘルス、Ⅱ章9節を参照）やQOL（Quality of Life）の向上に必要」、そして「精神的な成長と社会性を促すスキル」であることなど、その枠組みや関連要因を理解する定義が加えられている。

　これらの定義は、いずれも広範なライフスキルを特定するものではないが、家の掃除や車の運転で発揮される生活のための実用的な能力というより、心理社会的能力に限定された概念という解釈では共通している（上野，2008b）。例えば、メディアから得られる情報の正誤を探ったり、収集した情報から創造的に発想したり、他者とコミュニケーションをとるために、相手の話を傾聴して共感する。このような適応的行動を導く能力こそ、

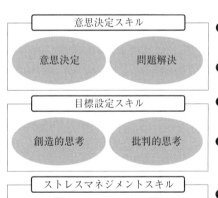
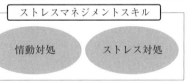

●意思決定　　生活に関する決定を建設的に行うスキル。様々な選択肢と決定がもたらす影響を評価し、主体的な意思決定を行うことにより望ましい結果を得る。
●問題解決　　日常の問題を建設的に処理するスキル。問題があることとその原因を認識して、解決のための合理的な方略を選択することができる。

●創造的思考　　行動や思考がもたらす様々な結果について考えるスキル。意思決定と問題解決を助ける。直接経験しないことを考えるアイデアを生み出す。
●批判的思考　　情報や経験を客観的に分析するスキル。価値観、集団の圧力、メディアなど、人々の態度や行動に影響する要因を認識し評価することができる。

●情動対処　　自分や他者の情動を認識して情動に適切に対処するスキル。情動が行動にどのように影響するかを知ることができる。
●ストレス対処　　日常生活のストレッサーを理解し、ストレスのレベルを調節するスキル。ストレッサーに適切に対処してリラックスすることができる。

●自己認識　　自分自身の性格、長所と短所、欲求などを客観的に理解するスキル。
●共感性　　他者の気持ちを想像し理解するスキル。自分が知らない状況に置かれている人の生き方でも、それを心に描くことができる。共感性を持つことで人々を支え勇気づけることができる。

●効果的コミュニケーション　　文化や状況に応じた方法で、言語的または非言語的に自分を表現するスキル。意見・要望・欲求・恐れの表明やアドバイス・援助を求めることができる。
●対人関係　　好ましい方法で人と接触するスキル。関係の構築、関係の維持、関係の解消をすることもできる。

図13-2　WHOが示したライフスキルの要素

出所）鳥羽賢二（2011）「スポーツ選手のライフスキル教育の必要性」『びわこ成蹊スポーツ大学研究紀要』8：179-180および嘉瀬貴祥他（2016）「青年・成人用ライフスキル尺度（LSSAA）の作成」『心理学研究』87：546-555を参考に筆者が作成.

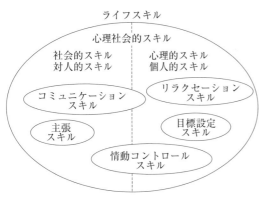

ライフスキル

心理社会的スキル

社会的スキル
対人的スキル

心理的スキル
個人的スキル

コミュニケーション
スキル

リラクセーション
スキル

主張
スキル

目標設定
スキル

情動コントロール
スキル

図13-3　ライフスキルに関する用語の位置づけ
出所）上野耕平（2008a）「スポーツ活動への参加を通じ
たライフスキルの獲得に関する研究展望」『鳥取
大学生涯教育総合センター研究紀要』4：65-82.

様々な状況で必要とされる般化可能なライフスキルといえる。

　ライフスキル向上の取り組みは、情動やストレスの対処といった個人的側面と、良好なコミュニケーションや人間関係を促す対人的側面がある（嘉瀬他，2016）。すなわち、ライフスキルは個人レベルの「心理的スキル（psychological skills）」と、対人関係に関わる「社会的スキル（social skills）」の2つの下位概念で構成される（図13-3）。このうち、心理的スキルは、狭義のメンタルトレーニング（Ⅳ章19節を参照）の対象となるようなスキルであり、仕事や学業を含む日常生活における個人レベルのストレスマネジメントや様々なパフォーマンス発揮に不可欠なものである。このスキルの向上には、問題解決型の認知変容によるポジティブな感情・行動の促進やメンタルヘルスを高める効果がある。一方で、社会的スキルの具体的な下位スキルには、コミュニケーションスキルを中心に対人場面で展開されるスキルが含まれる。他者との関わり合いで身につけたスキルであり、このスキルの向上には、協同的環境での問題行動を減少させ、他者との関係をより良好に構築する効果がある。

②　スポーツによるライフスキルの獲得

（1）　ライフスキルの現状と取り組み　　ライフ

スキルは、一般的に発育期の若者を中心に獲得される能力と認識されている。世界各地で社会問題となっている飲酒、喫煙、薬物乱用、抑うつ、無防備な性行為と妊娠、虐待といった危機的状況を防ぐには、早い時期にライフスキルを身につけることが推奨される。また、学校教育の現場では、いじめ、不登校、非行の増加が久しく問題視されている。これらの問題の根底には、例えばコミュニケーションの不足がある。コミュニケーションや人間関係がうまくいかないことは、生まれながらの素質と諦めてしまいがちである。今では、コミュニケーションや人間関係の上手下手は変化していく「スキル（技能）」として捉えるようになった。問題の原因を安易に性格に求めるのではなく、スキルが低いと捉えれば、学習による解決が可能という発想が生じる。この動向を背景に、ライフスキル向上を狙いとしたライフスキル・トレーニング（LST：Life Skills Training）が開発され、主に児童生徒を対象とした教育機関で行われている（教育機関ではライフスキル教育と呼ばれる）。

　ライフスキルに関わる問題は子どもだけのものではない。社会に出た大人の自殺、早期離職、ニート、引きこもり、過労、ハラスメントが社会現象として取り上げられている。その背景に職業ストレスに対する対処不全など、未成熟なライフスキルによる社会的な不適応があり、それらが社会構造の変化に伴い深刻化しているのである。

　ライフスキルを高めるLSTは、1980年代になって実践的に行われるようになった。例えば、権威的に説いても抑制効果が低かった青少年の禁煙に関して、知識提供に加えて情動対処、主張およびコミュニケーションスキルなどのライフスキル向上を狙いとしたトレーニングを組み込んだ体系的な喫煙予防プログラムが開発・提供された。その結果、周囲からの喫煙の誘いやタバコ広告に上手に対処し、対処できた達成感が適応的な自己概念を高めることに効果があることを実証したのである（Botvin, et al., 1980）。このLSTのプログラ

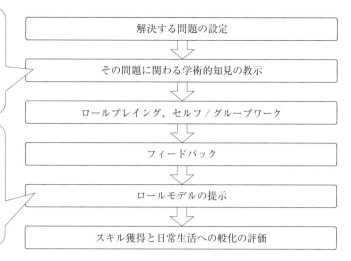

ロールプレイング（役割演技）は、現実に起こる場面を想定して、複数の人がそれぞれ役を演じ、疑似体験を通じて、ある事柄が実際に起こった時に適切に対応できるようにする。

ロールモデルは、自分にとって具体的な行動や考え方の模範となる人物のこと。人は誰でも無意識のうちに「あの人のようになりたい」というロールモデルを選び、その影響を受けながら成長する。

社会的学習理論：一般に他者の影響を受けて、習慣、態度、価値観、行動を習得していく学習。その中心的概念であるモデリングは、模倣や同一視により他者の行動やその結果をモデル（手本）として観察することで、行動に変化が生ずる現象。
「1. 注意過程（観察対象に注意を向ける）」→「2. 保持過程（対象の行動の内容を記憶する）」→「3. 運動再生過程（実際にその行動を模倣してみる）」→「4. 動機づけ過程（学習した行動を遂行する動機づけを高める）」の4つのプロセスによって成立する。

図13-4　一般的な LST プログラムの構成
出所）嘉瀬貴祥（2016）「大学生におけるライフスキルと精神的健康の関連―リスク要因としての攻撃性に注目して」博士学位論文および「心理学用語の学習」https://psychologist.x0.com/terms/ を参考に筆者が作成.

ムは、飲酒・薬物乱用などの問題行動や、他の領域のメンタルヘルスなどにも適用され、問題行動の予防・低減に大きな成果をもたらしている。最近の指導場面では、バンデュラ（1979）が提唱した社会的学習理論に基づき、図13-4 に示したような手順で教育的なトレーニングを行うことが一般的になっている。その場合、いわゆる不健康行動の予防・減少だけでなく、ライフイベントへの対処を通じて将来的に人間的成長を促すような積極的な機能強化が模索されている。

　(2)　**ライフスキルとスポーツ活動**　ライフスキルの向上が日常生活だけでなく、スポーツ活動によい影響を及ぼすことは想定できる。逆に、発育期のスポーツ活動はライフスキルの獲得を促進するのであろうか。スポーツ場面で学習された心理社会的スキルは、日常場面に般化されることでライフスキル獲得となる（杉山他. 2008）。
　この時期のスポーツ活動の形態は、学校体育授業および学内外の運動部活動・スポーツ系サーク

ル活動が主なものであり、習慣的運動の中心的な機会になっている。そのうち運動部参加による長期の組織的スポーツ活動は、日常場面を含むライフスキル全般の獲得に概ね好影響を及ぼしているようである。例えば、中学生から大学生では、運動部所属＞文化部所属＞無所属の順にライフスキルが高く、それに運動実施量、経験年数、競技レベルが関与するという肯定的な報告が多い。集団の目的や規範が明確でフォーマルな傾向が強い環境ほど、繰り広げられる濃密な人間関係における協同・葛藤・危機を契機に、次第に日常生活でも役立つライフスキルを獲得していくようである。そして、獲得されたライフスキルにより、スポーツ活動での円滑な社会的活動や高いパフォーマンスが実現するという好循環が成立する（図13-5）。
　なお、主にスポーツ競技環境で起こる体罰やハラスメントなど、スポーツ集団での活動がスポーツ選手の心理社会的側面に与える負の影響が危惧されている。運動部やスポーツクラブにおける活

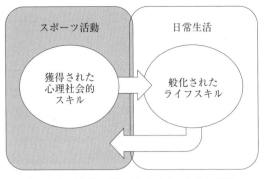

図13-5　スポーツ活動とライフスキルの関係

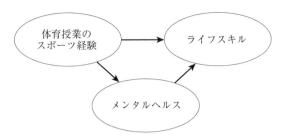

図13-6　スポーツ経験とライフスキルの因果モデル
出所）島本好平・石井源信（2007）「スポーツ経験とライフスキルの因果モデル構成の試み」『スポーツ心理学研究』34：1-9.

動には、ライフスキル獲得につながる経験が内包されているが、これに参加しただけでライフスキルが獲得されるわけではない。特に競技性の強い活動では、勝利至上主義、大会必勝主義、練習による過労の慢性化などが、他者理解の欠如、他者への攻撃、自由な活動の制限、日常生活の破綻、ひいては健全なライフスキル発達を阻害することも推測される。

　運動部活動と比べて体育授業は、限られた時間と集団内で実施される。また、協同的環境の構築が優先されるため、道徳性、責任感、集団への同一性感などの対人的スキルを学習できる場と認識されている（上野，2008a）。しかし、獲得された心理社会的スキルが日常生活でも役立つライフスキルへ般化されているかはいまだに不明な点が多い。そのため、ライフスキルとして般化させる方策として、LSTで行うような適切な介入を行うこと、あるいはライフスキル獲得につながる媒介要因を授業で高めることが挙げられる。例えば、体育授業によって現状の満足感といったポジティブな心理的要因が高まり、不安、抑うつといったネガティブな要因が抑制される。このメンタルヘルスへの効果を強調する授業が個人的スキルおよび対人的スキルの向上につながる（図13-6）。

　スポーツを通じて身体的スキルのみならず般化されたライフスキルを獲得するには、活動に参加するだけでは不十分であり、そこでどのような経験をどのくらい積み重ねたかが重要である。スポーツでライフスキルや人間的成長を目指すのであれば、目的に応じた構成的なスポーツ活動の実施が不可欠である（上野，2008b）。　　（水落文夫）

（引用文献）

上野耕平（2008a）「スポーツ活動への参加を通じたライフスキルの獲得に関する研究展望」『鳥取大学生涯教育総合センター研究紀要』4：65-82.

上野耕平（2008b）「体育・スポーツ心理学領域におけるライフスキル研究の背景」『鳥取大学教育センター紀要』5：175-184.

嘉瀬貴祥他（2016）「青年・成人用ライフスキル尺度（LSSAA）の作成」『心理学研究』87：546-555.

杉山佳生（2008）「学校体育授業を通じたライフスキル教育の現状と展望」『健康科学』30：1-9.

WHO：川畑徹朗他監訳（1997）『WHOライフスキル教育プログラム』大修館書店.

バンデュラ，A.；原野広太郎監訳（1979）『社会的学習理論』金子書房.

森直久（2010）「心はどこにあるのですか？」日本心理学会『心理学ワールド』50.

Botvin, G. J. et al. (1980) Preventing the onset of Cigarette Smoking through Life Skills Training, *Preventive Medicine*, 9：135-143.

14　運動不足がもたらすもの

1　身体活動

　「最近、運動不足だなぁ」と思う人も少なくないだろう。だが、ここでいう運動とは何を示しているのであろうか。この場合、余暇時間や体育授業において実施する体育・スポーツ活動を思い浮べることが多いのではないだろうか。そうした意図的な働きかけで行われる運動の他にも人は移動・生活行動・労働などの身体活動をしている。運動の負荷や時間にはこれらの身体活動も含めて身体活動量として考える必要がある。したがって、日常の身体活動量によって余暇に行う運動の必要性が異なる。

　だが、日常の身体活動や運動の負荷・量が適切に確保されなければ、身体的、精神的、社会的な側面に影響を及ぼすことが知られている。

2　身体的側面

　運動不足を逆説的に捉えれば、運動による効用を得ることができていないともいえる。運動の効用についてアメリカ保健福祉省（U.S. Department of Health and Human Services, 1996）は、全身の血液循環の改善による心疾患の危険性を減らす、血液中の脂質（HDL コレステロール、トリグリセライドなど）の構成を改善、高血圧の予防・改善、肥満防止につながる基礎代謝の向上、骨量の減少防止などを示している。これらの効用が十分に得られないために、生活習慣病の有病率が高まることは、周知の事実であろう。

　こうした運動不足が着目されたのは近代になってからである。かつてロンドンの2階建てバスで働く乗務員（運転手、車掌）の心筋梗塞発作を起こした人数を調査した結果、運転者が最も発作を起

こしていることが判明した。ロンドンバスで働く車掌は、自動発券機などがなく1階と2階の往復を繰り返していたが、運転手は長時間座り続けていたために、身体を動かす機会が限りなく少なかった。このことの蓄積が発症の起因となっていた。こうした限られた業種で生じた事例が、近年の社会構造の変化に伴う労働・生活習慣の変化によって同型の問題が日本全体の健康課題となっている。

　また、運動の習慣が適切に形成されなければ、前述の循環器等の疾患の他、運動器にも影響を及ぼす。運動器とは、「身体運動に関わる骨・筋・関節・神経等の総称」であり、それぞれが連携して働いているため、どれかが一つでも悪影響を及ぼせば適切な身体運動が困難となる。

　日本整形外科学会は健康寿命を低下させる自立度の低下、寝たきりの最たる原因が運動器の障害であることを示している。若年期の運動習慣のない生活や活動量の低下（過剰な運動も含む）は、将来的な骨粗鬆症や変形性関節、変形性脊椎症等の発症リスクを高める。これらが発症することで関節可動域の制限、柔軟性低下、姿勢変化、筋力低下、バランス能力の低下等が生じる。こうした運動器の障害のために「立つ」「歩く」といった移動機能も低下することが、先の健康寿命に影響を及ぼしている。なお、2007年より、この運動器の障害による移動機能の低下した状態は、「ロコモティブシンドローム（locomotive syndrome：運動器症候群）」と呼ばれている。

　運動器が健康の根幹であることを理解した上で、長期間健康的に保つためにも若年期からの適切な運動習慣の形成が求められる。

3 精神的・心理的側面

前述の通り、運動の効用は精神的・心理的側面にも影響を及ぼす。具体的には、睡眠障害の改善や、ストレスの緩和、うつ状態からの離脱等がある。

厚生労働省から2014年に示された「健康づくりのための睡眠指針」の9項には定期的な運動がよい睡眠をもたらすことが記されている。運動と睡眠については、これまでの研究知見から、総睡眠時間、入眠、睡眠効率、ノンレム睡眠（入眠時に直後に訪れる睡眠）への効果が報告されている。また、身体活動がストレス反応の低減に寄与する報告や精神疾患の診療に用いられた報告もある。前者の例では、1992年には国際スポーツ心理学会が「運動が状態不安の低減をもたらす」などの運動とストレスの低減に関する見解を示している。実際に、低強度・短時間のストレッチ運動の実施が体温変動、ストレス反応軽減、気分改善をもたらした研究結果（日本うつ病学会, 2019）も報告されている。

後者においては、日本うつ病学会治療ガイドライン「大うつ病性障害」（日本うつ病学会, 2019）には、運動を行うことが可能な患者、精通した担当者、実施マニュアルに基づく、という条件下ではあるが運動療法が用いられた報告が掲載されている。そこでは、「運動の頻度については、一定した見解はほとんどないが、週に3回以上の運動が望まれ、また強度は中等度のものを一定時間継続することが推奨される」という。

このように運動がメンタルヘルスに貢献することが示唆されているが、いずれも運動をすれば直ちに改善するのではなく、実施内容、期間、方法、さらには対象や状態によって対応が異なることに留意したい。

4 能力的側面

運動不足は、身体活動量の不足の他、「動きかた」も含まれる。特に幼少期から多様な動きかたが確保されていなければ、運動で育成されるはずの諸能力の充足することができない。ここでいう多様な動きとは、いろいろな動きの機能を組み合わせて秩序化されている状態を指す。これは「動作コオーディネーション能力」といわれ、あらゆる運動に共通する基本的な能力であると考えられた。マイネルとシュナーベル（1991）は、この能力を「目標や目的を目指して、動作、そしてその基礎となっている感覚運動過程を組織化すること」と示した。そして、ヒルツ（Hirtz）は動作コオーディネーション能力を成立させる能力を5つ（反応能力・バランス能力・リズム化能力・定位能力・分化能力）定位している（18節 p.76参照）。特に、運動実施において重要な能力とされる分化能力や定位能力の不足は、傷害発生やその重症化を招くことが懸念される。前者は、自らの身体や用具を正確に操作する能力であるため、かばったりするなどの回避行動が困難な場合が想定される。また、後者は、決められた場所や動いている相手・物体の状態（位置、方向、距離、速さなど）に対して、予測性を伴いながら素早く正確に時空間を把握する能力であるため、衝突の予測が困難であることが考えられる。こうした日常の様々な状況に対応できる諸能力の育成は、生涯を通じる健康を保持増進する上で肝要である。

運動不足を解消するには、運動による効用を得ることが必要である。さらに、運動はスポーツ等の参加に加えて身体活動といった幅広い概念であるため、日常から意図的に働きかけなければならない。だが運動を長期的に継続するためには、個人の努力に任せるのではなく、周囲の仲間と活動するなどのコミュニティや大学、スポーツクラブや公共施設などの環境を活用することが大切である。

（伊佐野龍司）

（引用文献）

永松俊哉他（2012）「低強度・短時間のストレッチ運動が深部体温、ストレス反応、および気分に及ぼす影響」

『体力研究』110：1 - 7 .

マイネル, K. K. ・シュナーベル, G.；綿引勝美訳（1991）『動作学—スポーツ運動学』新体育社.

日本うつ病学会（2019）『日本うつ病学会治療ガイドライン Ⅱ　うつ病（DSM- 5 ）／大うつ病性障害2016』：33.

https://www.secretariat.ne.jp/jsmd/iinkai/katsudou/data/20190724.pdf

U. S. Department of Health and Human Services（1996）Physical Activity and Health: A Report of the Surgeon General.

https://www.cdc.gov/nccdphp/sgr/pdf/sgrfull.pdf

●コラム4

日本大学学生の体力　　　　　　　　　　（髙橋正則）

　表は、大学新入生1000名（男子569名、女子431名）を対象とした体力テストの結果である。身長や体重、BMI（Body Mass Index：肥満度を表す体格指数で標準は22）で示される体格は、男女ともに全国平均値（19歳）とほぼ同じであるが、体力の機能的側面はどうであろうか。

　実際、握力（筋力）、立ち幅とび（筋パワー）、反復横とび（敏捷性）、上体起こし（筋持久力）、長座体前屈（柔軟性）の全測定項目で全国平均値（19歳）をやや下回っていた。文部科学省によると、青少年の体力は昭和60年代よりも依然として低下傾向にあるものの、最近10年では徐々に回復傾向を示しているそうである。しかし、本学新入生の体力はいまだ低いままのようである。

　そこで、骨の強さに影響する骨密度に着目してみたところ、体力テスト結果とは反対に19歳の基準値よりも高値を示した。この骨密度が体力や生活習慣とどのような関係があるのかについて、①男女とも、握力、立ち幅とび、反復横とび、上体起こしで、また女子では加えて長座体前屈で骨密度と正の相関がある、②男女とも、運動部または体育系サークルに所属している者は、文化系サークルや何も所属していない者よりも骨密度が高い、③男子では「健康に気をつけている」者は「どちらともいえない」者よりも、また女子ではダイエットを「現在している」者はダイエット経験のない者よりも骨密度が高い、④男女とも、小学校・中学校・高等学校で継続した運動経験を持つ者は骨密度が高い、⑤女子では、骨密度が高い群は低い群よりも睡眠時間が長い、という結果であった。つまり、本学の学生は生涯の最大骨量に到達する時期に十分な骨密度を有していることから、運動習慣等の見直しができれば、体力の向上がより期待できるのである。

表　大学生の体力

測定項目	男子（569名）		女子（431名）	
	日大生	全国平均	日大生	全国平均
身長（cm）	171.6	171.4	157.9	158.2
体重（kg）	63.5	63.2	51.4	51.9
BMI	21.6	21.5	20.6	20.8
握力（kg）	43.4	44.2	25.6	27.2
立ち幅とび（cm）	226.6	230.4	166.5	171.4
反復横とび（回）	55.2	57.6	46.0	46.8
上体起こし（回）	29.6	30.5	21.4	22.7
長座体前屈（cm）	49.2	49.8	46.2	47.7
閉眼片足立ち（秒）	57.4	－	54.0	－
骨密度（m/s）	1567.5	－	1565.3	－

注1）平均年齢は男子18.4歳、女子18.5歳。
注2）全国平均は19歳の値（文部科学省平成20年度体力・運動能力調査の概要）。

（引用文献）
髙橋正則他（2009）「大学新入生の超音波法による骨密度と体力および生活習慣との関係」『桜門体育学研究』44(1)：1-14.

Ⅳ　章

身体トレーニングの科学

15 体力とは何か

1 「体力」という語

「国の盛衰は、国民の精神が充実しているか否かによる。国民の精神の充実度は国民の体力に大きく関係する。そして、国民の体力は国民一人ひとり及び関係する機関・団体等が体育に関して、その重要性をどのように認識しているかによる」。

これは、嘉納治五郎（講道館柔道の創始者、日本体育の父とも呼ばれる）が、日本人のオリンピック初参加を大きな目的として「大日本体育協会」を創立（1911年）した際の趣意書の一節である。日本で「体力」という語が公的に使われるようになったのはこの頃からで、この時の「体力」は、競技をするための身体の力として捉えられていた。

2 「体力」の定義

東京大学教授であった福田邦三は、教養科目の教科書『體育學通論』（1939年）において、スポーツや身体運動時に発揮される身体作業力を「行動体力」、暑い・寒い、高圧・低圧などへの対応力、あるいは風邪をひきにくいなどといった、環境変化があっても身体機能を一定に保つ力を「防衛体力」として体力の概念を提示した。日本体育学会では、体力を「人が日常生活や不測の事態に余裕を持って対応するためにたえず保持すべき作業力および抵抗力」（第10回大会1967）とし、近年では、スポーツ活動の時に発揮されるような、外向きの「体のたくましさ」と、免疫系に代表されるような、内向きの「生存力」を合わせ、「人間の活動や生存の基礎となる身体的能力」（池上．1990）といった身体的総合力が「体力」と考えられるようになっている。

他方、例えば集中力に欠ける時に「学力」テストを受けてもよい成績が期待できないように、100m 走を10秒で走ることができる能力があったところで、全く気力が乗らない時にはよいパフォーマンスが期待できない。つまり、「体力」の表現は、「気力」や「強いメンタル」のような精神性と分離できないので、精神力も体力の一部であるという考え方もある。「精神力」は体力なのか、については現在でも論争があり、教育学のフィールドでは精神力が含まれるという見解が多く、医学フィールドの研究者は身体の力に限定すべきであるという傾向にあるようである。

3 行動体力を構成するもの

(1) 運動を起こすのに必要な力　運動を行う原動力は、筋によるものであり、自動車ではエンジンに相当する。筋の力を評価するには、2つの方法がある。

① **筋力（筋力発揮の最大値）**　骨格筋が収縮することによって発揮される力を筋力という。測定は、国際単位系では N（ニュートン）で表記されることになっているが、慣習的に kg（キログラム）などで測定されている（1 kg=9.8066N）。体力テストの項目としては、全身のいろいろな部分の筋力を代表して、握力によって測定されている。

筋力はこの他に、筋収縮の様式の違いで測定されることがある。例えば、手のひらを身体の前で合わせ拝むようなポーズをして、両手を強く押しつける力発揮をした時、あるいは動かない壁を同じ姿勢で押し続けている時、大胸筋（胸の筋肉）や上腕二頭筋（力こぶのできる筋）は、強く収縮しているが筋自体の長さは変わっていない。このような収縮のスタイルを等尺性収縮（アイソメトリック収縮：アイソとは"等しい"、メトリックは"長さ"を

意味する）といい、数秒間力を発揮した時の力の最大値が計測される（等尺性筋力）。アイソメトリックスで筋をトレーニングすると筋肥大を生じやすいといわれている。

② **筋パワー**（一定時間内の最大努力で発揮される力）　筋力を発揮する時に骨格の動きを伴う時、例えばベンチプレスをしている時を想定すると、肘を曲げた状態でバーベルのバーを握り、肘を伸ばしてバーベルを持ち上げたとすると、動いた距離と重さの積として、物理的な「仕事量」を計算することができる。筋にとっては、開始から挙上まで同じ重さに対して張力発揮をしているので、このような収縮様式を等張性筋収縮（アイソトーニック収縮：トーニックとは"張力（tone）の"という意味である）という。

さて、このバーベル挙上動作で、バーベルを1秒で1回挙げた時と、1秒で2回挙げた時では仕事"率"は倍違う。単なる筋力の最大値ではなく、ある時間の中で、どのくらい沢山筋力を発揮できるかという筋力発揮の指標を筋パワーといい、「力×移動距離／時間」として「仕事率」が計算される。ここで、移動距離／時間は速度のことなので、「力×速度」とも表せる。単位となる時間は、1秒だったり1分だったり、あるいは一瞬という時間だったりするが、この決められた時間の中でどれだけ沢山の筋力発揮ができるかが筋パワーの指標である。一瞬で爆発的な筋力発揮が行える人は筋パワーの高い人ということになるが、こういう人は、テニスのサービスのスピードが速い人であり、野球でホームランを打てる人であり、強いシュートを放てる人である。体力テストでは、立ち幅とびやハンドボール投げで測定されている。

(2) 運動を持続するのに必要な力　運動を継続する力を"持久力"といい、大きく2つの要素からなっている。

① **筋持久力**（筋力発揮の持続性）　身体の一部の筋に着目して、その筋をどれだけ長く収縮させ続けられるかという筋力発揮の持久力を筋持久力

という。例えば、腕立て伏せが何回できるかなどがこれに当たる。詳細にいうと、水平に腕を上げて、水を満たしたバケツを何分間保持できるかというものを静的筋持久力、腹筋運動が100回、200回できるなどといった身体の動きを伴うものを動的筋持久力という。体力テストでは、上体起こしによって測定されている。

② **全身持久力**（呼吸・循環系の能力）　一般にいわれる「持久力」は全身持久力のことを指し、全身をどれだけ長い時間動かし続けられるかということを意味している。全身持久力は、酸素を利用したエネルギー産生、いわゆる有酸素代謝の能力がどれだけ高いかによって決まる。図15-1のように、実際に運動している筋肉が空気中の酸素を受け取ってエネルギーを産生するまでに、呼吸器系、血液、循環器系および代謝系と、きわめて多くの臓器や機能を経由している。この中には、肺や心臓、血管など、生命に直接関わるような重要

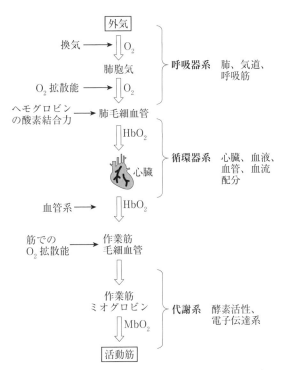

HbO_2：酸素と結びついたヘモグロビン、MbO_2 酸素を受け取ったミオグロビン

図15-1　酸素が活動筋に届けられるまでの経路
出所）筆者作成.

な臓器が多く含まれており、このうちのどこかに機能が低下したところがあっても、全身持久力は高められない。言い換えると、全身持久力を高めるような運動・トレーニングは、健康あるいは生命に関わりの深い臓器や組織の能力を高めることを意味するわけで、これが"運動が身体によい"本質的な理由といっていい。体力テストでは、20mシャトルラン、あるいは年齢区分によって持久走（1000m、1500m）または急歩で測定されている。

(3)　運動をコントロールするのに必要な力

　素早い動きや華麗な身のこなしができる能力を、"調整力"という。調整力は、スポーツ技能の基礎となる身体能力で、主として脳脊髄神経系と筋の統合的な能力を反映している。

　① **平衡性**（バランス）　身体の空間把握力や姿勢制御能力をいう。反射的な身体コントロールによって表現される体力要素で、機能中枢は小脳にある。体操競技のY字バランスなど、重心の移動を伴わないものを静的バランス、平均台における宙返りの安定性など重心移動を伴う動作の安定性を動的バランスという。あらゆるスポーツで必要とされる能力だが、特に体操競技、ダンス、サーフィンおよびスキーのようなスポーツでは競技力の優劣に大きく関係する。

　加齢に伴って低下しやすい体力要素で、70歳代では20歳代の2割程度にまで低下しているとのデータも見られる。青年の体力テストには項目がないが、中高年以上で、閉眼片足立ち（腰に両手を置き、目をつぶって片足で何秒間同じ姿勢が維持できるかという測定）などで測定されている。

　② **敏捷性**（アジリティ）　動作の素早さ、反復速度に関する能力を意味する。速い動作が必要な運動に共通して関与する体力要素で、刺激に対してそれを感知し（反応時間）、筋を適切に素早く収縮させる能力（筋収縮スピード）の統合的能力といえる。走運動でトップスピードに至る時間の早さ、ダンスなどでの素早い位置や体位の移動、ラケッ

ト系のスポーツでは、俊敏にホームポジションに戻る身体操作などの場面に反映される体力要素であり、体力テストでは、反復横とびで測定されている。

　③ **巧緻性**（スキル）　動作の巧みさ、あるいは身体操作の技術を表す。動作を目的に合わせて巧みに行う能力である。サッカーやバレーボールで、ドリブルをしながら多人数の敵をかわしていくといった、"上手な身のこなし"などに反映される。視覚情報、自分の姿勢や身体の状態および相手の動きの予測といった状況把握（入力系）および動作の正確さ、素早さおよび持続性など（出力系）の統合的能力であり、特に出力系は、ポジショニング（位置感覚）、グレーディング（力の適切さ）、タイミング（力を出す時期）およびリプロダクション（再現力）などと表現される。以上は、状況を関知し、大脳皮質連合野（前頭前野）、大脳皮質運動野から脊髄、運動神経を経由して適切な筋肉が収縮するという一連の反応系で、スポーツトレーニングで高められる身体能力の本体といえよう。体力テストでは、簡便に、ボール投げで巧緻性が測定されている。

　④ **柔軟性**（フレキシビリティ）　身体の柔らかさを示す指標で、具体的には、関節の可動域の大きさならびに筋の伸展性によっている。運動場面では、動作の大きさ、しなやかさや障害予防に関連し、あらゆるスポーツ活動で要求される体力要素である。いわゆるストレッチングのような伸展性を静的柔軟性、ジョギングしながら体幹を左右に伸展させる時のような場合を、動的柔軟性という。体力テストでは長座体前屈で測定されている。

4　身体を守る体力：防衛体力

　外部環境の変化に対して身体を守る能力が防衛体力である。行動体力とは異なり、防衛体力は、身体トレーニングで高められるかどうか不明な点も多い。ストレスになる外部環境には、物理化学的なもの、生物的なもの、生理的なものおよび精

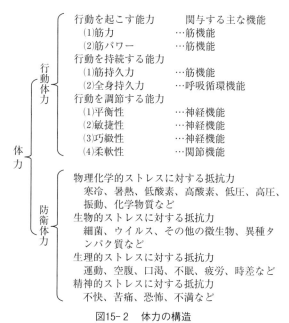

図15-2　体力の構造
出所）池上晴夫（1990）『新版　運動処方』朝倉書店.

神的なものがある（図15-2）。これらに対する強さは、免疫系、内分泌系ならびに自律神経系の適応能力に依存していると考えられる。例えば、甲子園を目指す野球のように、暑熱ストレスの高い環境でトレーニングを積むことによって、発汗の能力を増し、血流の配分変容の応答が高まれば、暑熱環境下で行われるスポーツの競技成績がよくなるということはあるだろう。とはいえ、倫理的な問題もあって、「これだけの暑熱下でトレーニングするとこれだけ強くなる」という関係性を科学的に証明することは難しい。

　激しいトレーニングを行うと、むしろ免疫系の能力が落ちる、というのは確かなようである。身体を守る能力の破綻は健康を大きく害することも考えられるので、防衛体力に着目した能力向上のトレーニングには、医師か十分に医学的な知識を持った第三者の管理下で行われる必要があるだろう。

5　健康関連体力

　スポーツ競技に強くなるためには、身体運動能力の基盤である行動体力のすべての要素を高いレ

ベルで維持することが必要である（フィジカルが強いという言い方をすることもある）。これまでの医学・体力科学の多くの研究結果から、このような体力を高めるためには、①2日に1回程度、②中等度以上の持久的運動を③20〜50分程度行う必要があることが示されてきた。

　継続的な身体運動が健康の維持に重要な意味があることについては議論の余地はないとしても、上記①〜③のような運動を続けるのは、一般的な社会人には時間的にも内容的にも敷居が高い。そこで、1980年代の終わり頃から、運動不足に起因した病気にならないようにするには、最低限どういった体力が必要なのかについての議論が進み、特に「健康関連体力」（図15-3）に注目して運動プログラムが組み立てられるべきであるという考え方が注目されるようになった。これらは、健康を支えるのに必要な身体の適応状態を作ることを目的として、「身体運動（exercise）の実施」から「身体活動（activity）の増加」と発想を変えて、日常の健康維持・管理に組み込んでいくという考え方によっている。　　　　　（長澤純一）

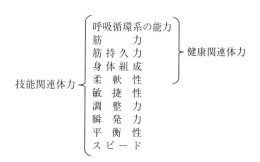

図15-3　健康関連体力と技能関連体力
出所）筆者作成.

（引用文献）

池上晴夫（1990）『新版　運動処方』朝倉書店.
石河利寛（2000）『健康・体力のための運動生理学』杏林書院.
長澤純一編（2007）『体力とはなにか』NAP.
日本体力医学会体力科学編集委員会訳（2018）『運動処方の指針（第8版）』南江堂.

筋力を強くするには

1 筋力トレーニングの基礎知識

(1) 筋力とは 筋力（muscular strength）の定義は、生理学的に見て筋の両端間（筋の起始部から停止部までの腱‐筋‐腱）の直線的出力のことをいう。例えば、短縮性運動では、筋が収縮する走行に沿って直線的に引っ張ることで、関節運動が起こる。関節運動は回転運動となるため、筋力は運動力学的に見て関節の回転出力（あるいは回転モーメント・トルク）といえる。

(2) 最大筋力の決定要因 最大筋力（最大随意筋力）は、自らの意思で発揮可能な最大の筋力のことをいう。最大筋力を決定する要因は、筋断面積（筋線維の断面積×筋線維数）や筋線維のタイプ（Type Ⅰ, Ⅱa, Ⅱb）といった筋の構成要素と、上位中枢である大脳の興奮水準が挙げられる。随意的に最大努力で筋を収縮させても、上位中枢神経に抑制がかかっているため、筋が有する100％の張力を発揮できるわけではない。最大筋力は、どれだけの運動神経とそれに支配される筋線維群が同時に働くかという、参加運動単位数に依存しているといえる。上位中枢神経の抑制がかかっている状態を心理的限界といい、起床直後や筋疲労の状態では大脳の覚醒レベルが低い。このような状態では、心理的限界域が低下し、発揮可能な最大筋力も低下する。神経抑制がかかっていない状態を生理的限界といい、心理的限界が生理的限界を超えて最大筋力を発揮することはない。筋力を強くするには、生理的限界と心理的限界のいずれの要因も引き上げていく必要がある。

(3) 筋力とパワーの違い 筋力トレーニングを実施する際、どのような筋の特性を向上させたいのかを考慮しなければならない。最大筋力を高めたいのか、爆発的な力発揮のためのパワーを高めたいのか、繰り返し実施可能な持久力を高めたいのか、目的に応じてトレーニング計画を立てる必要がある。筋の特性の中でも、特に「筋力」と「パワー」は混同されやすい。筋力は、力（物体にどれだけの力を加えられるか）そのものである。これに対しパワーは、力に速度要因が加わり（どれだけの力をどれだけの速度で発揮できるか）、単位時間当たりに発揮した仕事量と定義される。ここでいう仕事とは、「物体に加えた力」と「力の作用方向に物体が移動した距離」の積である。一般的に、力はニュートン（N）、仕事はジュール（J：ニュートン×メートル）、パワーはワット（W：ジュール÷

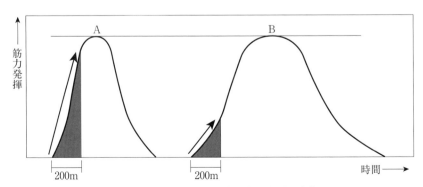

図16-1 筋力とパワー、力の立ち上がり速度

秒）が単位として用いられている。力、仕事、パワーをまとめると、以下のように定義できる。

$$力＝質量×加速度$$

$$仕事＝力×距離$$

$$パワー＝仕事÷時間$$

　例として、力発揮の開始から200ミリ秒（0.2秒）までに発揮した仕事量は図16-1のグレーで示された面積となる。この場合、AとBでは発揮した筋力は同じであるにもかからず、Aの方が高いパワーを発揮したといえる。これに関連して、力の立ち上がり速度（Rate of Force Development：RFD）も重要な筋力特性の一つである。RFDは安静状態から最大筋力を発揮した際の力の立ち上がりを表している。最大筋力を高めるような高重量負荷の筋力トレーニングを行うよりも、運動速度を速めて爆発的な力発揮を促すようなトレーニングを行った方が、RFDも単位時間当たりの仕事量も向上することが知られている。

（4）筋肥大のためのトレーニング　筋力と筋断面積には比例関係があるため、筋力を強くするには筋肥大が重要となる。筋肥大には一定期間を要するため、短期的に筋力の向上が得られるのは、参加運動単位数の増加など神経系の適応によるものである。基本的に、負荷強度の高い筋力トレーニングによって筋線維組成が変化して筋容積が大きくなる。この容積の増加は主に筋線維の肥大によるところが大きく、筋たんぱく質合成に関わる男性ホルモンや成長ホルモンが筋肥大を促進させる。男性ホルモン、成長ホルモンの濃度上昇に効果的なトレーニング実施方法を示す（表16-1）。

２　プログラムデザイン

（1）トレーニング変数　筋力を効果的に強くする上で重要なトレーニングの原理・原則がある（Ⅴ章23節を参照）。これに従って、具体的にトレーニングを計画する際に考慮すべき変数には、以下が挙げられる。

１）ニーズ分析　トレーニングを実施する者の競技種目特性や体力特性、希望、目標などの情報を整理して分析する。どのような筋力特性を必要としており、競技においてどのように生かしていきたいのか、筋力トレーニングの目的を明確にし、目的に基づいた目標設定と計画を作成する。

２）エクササイズの選択　筋力トレーニングは、主要なコアエクササイズと、補助エクササイズに分けられる。

①　コアエクササイズ　複数の大筋群を動員させる多関節エクササイズであり、ベンチプレスやデッドリフト、スクワットなどが該当する。高負荷となるエクササイズが多いため、安全かつ効果的に実施する上で1回最大挙上重量（1RM：Repetition Maximum）を測定する必要がある。

②　補助エクササイズ　単一の小筋群を動員させる単関節エクササイズであり、レッグエクステンションやレッグカール、バイセップスカールなどが該当する。

　コアエクササイズは多関節運動であり、スポーツ動作に似た動作が多い。このため、スポーツパフォーマンスに応用しやすく、優先度が高いエクササイズといえる。補助エクササイズは単関節運動のためスポーツパフォーマンスの向上には不向きだが、筋を個別に強化することが可能である。

３）エクササイズの順序　1回のトレーニング

表16-1　筋肥大のためのトレーニング

［男性ホルモン濃度を上昇させるための方略］
・大筋群のエクササイズ（デッドリフト、パワークリーン、スクワットなど）
・高重量の負荷（1RM*の85～95％）
・複数のセット、複数のエクササイズによる中～高量のトレーニング
・セット間の短い休息時間（30秒～1分間）
・2年もしくはそれ以上のレジスタンストレーニングの経験
　*1RM：1 repetition maximum, 1回最大挙上重量

［成長ホルモン濃度を上昇させるための方略］
・乳酸濃度を上昇させ、酸-塩基バランスを乱すワークアウト（高強度で短い休息時間）
・トレーニング前後の炭水化物、タンパク質の補給

出所）金久博昭監修（2010）『ストレングストレーニング＆コンディショニング（第3版）』ブックハウスHD：70.

表16-2　トレーニング目標に基づくトレーニング変数の設定

トレーニング目標		負荷（% 1RM）	反復回数	セット数	休息時間
筋力	コアエクササイズ	≧85	≦6	2〜6	2〜5分
	補助エクササイズ	≧80	≦8	1〜3	2〜5分
パワー	1回の最大努力	80〜90	1〜2	3〜5	2〜5分
	複数の最大努力	75〜85	3〜5	3〜5	2〜5分
筋肥大		67〜85	6〜12	3〜6	30秒〜1.5分
筋持久力		≦67	≧12	2〜3	≦30秒

出所）小山貴之編（2015）『アスレティックケア』NAP：15.

セッションを作成する上で注意すべき事項として、エクササイズの順序がある。使用する筋や部位が偏ると、一部の筋の過剰な疲労の蓄積を生じ、続いて行うエクササイズの質の低下を招く恐れがある。筋力トレーニングの順序を一定の原則で実施することで、より高い効果が期待できる。以下にトレーニングの順序を決定するための原則を挙げる。

①高い集中力やテクニックが要求されるパワー系のエクササイズ（スナッチ、パワークリーン、プッシュジャークなど）から先に行う。

②コアエクササイズから補助エクササイズの順序で行う。同様に、大筋群のエクササイズから小筋群のエクササイズの順序で行う。

③上半身と下半身のエクササイズを交互に行う。

④プッシュ系のエクササイズ（ベンチプレス、トライセップスエクステンション、レッグエクステンションなど）とプル系のエクササイズ（ラットプルダウン、ベントオーバーロウ、レッグカールなど）を交互に行う。

⑤主働筋と拮抗筋のエクササイズを交互に行う（スーパーセット法）。例えば、大腿四頭筋を強化するレッグエクステンションの後に、ハムストリングスを強化するレッグカールを行う。

4）エクササイズの負荷と反復回数　エクササイズの負荷は、一般的に挙上重量と反復回数を意味する。挙上重量の設定は、筋力を強くする上で以降に挙げるトレーニング変数の中で最も重要な要素である。挙上重量の設定は、目的を最大筋力の向上、パワーの向上、筋肥大、筋持久力の向上

のいずれにするかによって、適刺激となる負荷レベルが異なる。表16-2に一般的な負荷レベルを挙げる。負荷を設定する上で、1RMを知ることの意義は大きい。負荷は通常、1RMに対する比率として設定される。およそ負荷（% 1RM）に応じて反復可能な回数は決まっている。表16-3は負荷と反復回数の対応表である。例として、筋力のコアエクササイズで用いる負荷設定（85% 1RM）では、反復回数を6回と設定することが望ましい。

5）エクササイズの量　1回のトレーニングセッションで挙上した総重量をトレーニング量とする。トレーニング量は、挙上重量×反復回数×セット数によって求める。例えば、デッドリフトを120kgで10回、3セット行ったとする。これを週に3回行うと、以下のように計算できる。

表16-3　負荷（% 1RM）と反復回数の関係

負荷（% 1RM）	反復可能な回数
100	1
95	2
93	3
90	4
87	5
85	6
83	7
80	8
77	9
75	10
70	11
67	12
65	15
60	20

120kg ×10回 =1200kg（1セットのトレーニング量）

1200kg×3セット =3600kg（1セッションのトレーニング量）

3600kg×週3回 =10800kg（週のトレーニング量）

6）エクササイズの休息時間　セット間やエクササイズ間に休息時間を設定することで、適切な回復をしながらエクササイズを繰り返すことができる。休息時間は内分泌系のホルモン濃度の変化にも関係しており、トレーニングの目標によって異なる。トレーニングの負荷、反復回数、セット数、休息時間のまとめを表16-2に示す。

（2）1RMの測定方法　1RMの比率を用いてトレーニング負荷を決定するためには、1RMを可能な限り正確に測定しなければいけない。1RMの測定方法には、3つの方法が主に用いられている。

1）1RM実測値（直接測定）　軽い重量でのウォームアップから、2～3回反復可能な重量を特定するため、2～4分の休息を挟みながら一定の割合で重量を増やしていく。次に1RMを試行し、同じく休息を挟みながら、成功した場合は重量を増やし、失敗した場合は重量を減らして再試行する。適切なテクニックで1回挙上できる最大の重量を特定する。

2）nRM測定　主に10RMが用いられる。1RMの実測値測定と同様に、休息を挟みながら重量を増減させて10RMを特定する。nRMの重量から1RMを推定する表を用いるか推定式を用いて推定1RMを求める。この方法では1RMのような高負荷重量を持ち上げることなく1RMを推定できるため、怪我の発生などのリスクが低く、より安全に実施できる。

3）速度を基準とした推定1RM　1RMはその日の体調等に影響を受けやすく、数ヶ月前に測定した1RMと日々の1RMとは大きく異なることが知られている。その日の1RMに合わせてトレーニング負荷を設定する方がより効果的といえる。安全で簡便に実施可能な推定1RMの測定方法として、速度を基準とした方法がある（図16-2）。従来の1RM直接測定を用いて1RMの何%の重量を用いてトレーニングを行うかを決定する手法を Percentage Based Training（PBT）と呼ぶのに対し、速度を基準とした推定1RMを測定し、挙上速度に応じたトレーニング負荷の調整を行う手法を Velocity Based Training（VBT）という。近年では、速度計測機器（加速度計など）の普及により VBT の手法を用いて筋力トレーニングを実施する競技者が増えており、今後の筋力トレーニング方法のスタンダードとして期待されている。　　　　　　　　　　　（小山貴之）

（引用文献）

金久博昭監修（2010）『ストレングストレーニング&コンディショニング（第3版）』ブックハウス HD : 70.

小山貴之編（2015）『アスレティックケア』NAP.

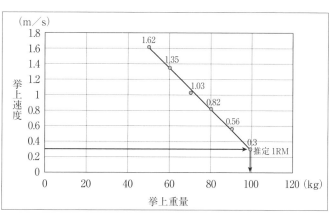

負荷（kg）	最大速度（m/s）
50	1.62
60	1.35
70	1.03
80	0.82
90	0.56
推定1RM=（91.2）	0.30

5段階の負荷とオールアウト時の各最大速度を計測し、表計算ソフトを用いて最小二乗法（エクセルでは数式「TREND」）で推定1RMを求める。

図16-2　速度を基準とした推定1RMの算出

17 　持久力を強くするには

1 　持久力とは

　持久性スポーツといえば、マラソンやトライアスロン、クロスカントリースキーが挙げられる。これらのスポーツでは、長時間にわたって運動を継続することが求められる。「持久力」を明確に定義することは困難であるが（図17-1）、このような持久性スポーツのパフォーマンスという観点から考えると、例えば、陸上競技長距離走では、最大酸素摂取量（$\dot{V}O_2max$）、乳酸性作業閾値、走の経済性の3つでパフォーマンスが決定されるといわれている。$\dot{V}O_2max$ と乳酸性作業閾値はエネルギー供給能力に関する指標であり、長時間にわたって筋にエネルギーを供給し続ける能力が持久力に強く関係していると考えることができる。もう一つの要因である走の経済性には、エネルギーを筋収縮に変換する効率や動作などが含まれる。その他にも、疲労の影響など、様々な要因が影響しているが、ここではエネルギー供給能力を持久力と捉え、それを高める方法について考えていく。

　運動の際に使用されるエネルギーは、3つのエネルギー供給系のうち、有酸素系から供給されるものがほとんどである。有酸素系からのエネルギー供給量は、身体に取り込まれた酸素の量、つまり、酸素摂取量（$\dot{V}O_2$）から推定することができる。$\dot{V}O_2max$ とは、$\dot{V}O_2$ の最大値であり、有酸素系から供給できるエネルギーの最大値と捉えることができる。

　持久力に優れる者は高い $\dot{V}O_2max$ を有するとよくいわれるが、これは有酸素系からのエネルギー供給能力が高いことを意味するのであり、

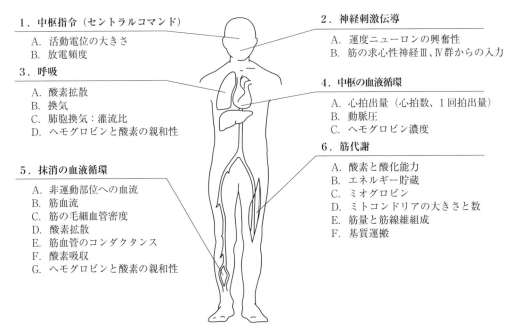

図17-1 　持久性運動に及ぼす生理学的要因

出所）Saltin, B. & Rowell, L. B.（1980）Functional Adaptations to Physical Activity and Inactivity, *Federation Proceedings*, 39：1506-1513.

$\dot{V}O_2$max が低い者と比較して、運動を続けるためにエネルギーを供給することが相対的に容易であると考えることができる。成人男性の $\dot{V}O_2$max は、約45 mL/kg/min であるのに対して、持久性スポーツのトップアスリートでは70 mL/kg/min 以上の値を示し、80 mL/kg/min を超える者もいる。持久系スポーツのトレーニングを行っていない人にとって、酸素摂取量が40 mL/kg/min に達する運動は最大強度の運動といえ、これを長時間続けることは難しいが、持久性スポーツのトップアスリートにとっては $\dot{V}O_2$max の60％程度の強度の運動であり、長時間持続できることも納得できる。

2　持久力の測定と評価

持久力を $\dot{V}O_2$max のみで判断することはできないが、持久力の目安となることは先に述べた通りであり、オリンピックから子どもや高齢者まで様々な人々を対象に測定されてきた。このデータを元に個人の持久力を評価するための基準値が作成されている（表17-1）。この表を参照することで、個人の持久力がどの程度のものであるか評価することができるが、$\dot{V}O_2$max を直接測定することは容易ではない。そこで、体力テストとして行っている運動から $\dot{V}O_2$max を簡単に推定する方法を紹介する。

①　12分間走　12分間で走った距離（X）を元に次の式を用いて $\dot{V}O_2$max（mL/kg/min）を推定する。

$$\dot{V}O_2max = (X - 50.49) \div 44.73$$

例えば、走った距離が2000mだった場合、$\dot{V}O_2$max の推定値は43.6 mL/kg/min となる。

②　20m シャトルラン　新体力テストで行われる20m シャトルランは、

8.5 km/h の速度から開始し、1分ごとに速度が0.5 km/h ずつ漸増する方法である。この方法で実施した20m シャトルランに往復回数を用いて次の式で $\dot{V}O_2$max（mL/kg/min）を推定する。

$$\dot{V}O_2max = 6.492X - 33.847$$

ここで、X には最高走行速度を代入する。例えば、新体力テストの20m シャトルランで、記録が80回であった場合、12km/h であり、$\dot{V}O_2$max の推定値は44.1 mL/kg/min となる。

このようにして推定した $\dot{V}O_2$max を表17-1に当てはめて考えると自身の体力を簡単に評価することができる。

表17-1　19歳以上の男（上表）・女（下表）の $\dot{V}O_2$max（mL/kg/min）の体力評価区分の基準値

（男子）

Age (years)	Category						
	Very Poor	Poor	Average	Good	Very good	Excellent	Super
19	～36.2	36.3～40.1	40.2～48.0	48.1～51.9	52.0～64.9	65.0～74.9	75.0～
20～24	～35.2	35.3～39.1	39.2～47.0	47.1～50.9	51.0～64.9	65.0～74.9	75.0～
25～29	～33.7	33.8～37.6	37.7～45.5	45.6～49.4	49.5～59.9	60.0～69.9	70.0～
30～34	～32.2	32.3～36.1	36.2～44.0	44.1～47.9	48.0～52.5	52.6～59.7	59.8～
35～39	～30.7	30.8～34.5	34.6～42.5	42.6～46.4	46.5～51.2	51.3～58.4	58.5～
40～44	～29.1	29.2～33.0	33.1～40.9	41.0～44.8	44.9～49.8	49.9～57.0	57.1～
45～49	～27.6	27.7～31.5	31.6～39.4	39.5～43.3	43.4～48.4	48.5～55.6	55.7～
50～54	～26.1	26.2～30.0	30.1～37.9	38.0～41.8	41.9～47.1	47.2～54.2	55.3～
55～59	～24.6	24.7～28.5	28.6～36.4	36.5～40.3	40.4～45.7	45.8～52.9	53.0～
60～64	～23.0	23.1～27.0	27.1～34.9	35.0～38.8	38.9～44.3	44.4～51.5	51.6～
65～69	～21.6	21.7～25.5	25.6～33.4	33.5～37.3	37.4～42.9	43.0～50.1	50.2～
70～	～20.1	20.2～24.0	24.1～31.9	32.0～35.8	35.9～41.6	41.7～48.8	48.9～

（女子）

Age (years)	Category						
	Very Poor	Poor	Average	Good	Very good	Excellent	Super
19	～29.8	29.9～32.6	32.7～38.2	38.3～40.9	41.0～52.9	53.0～59.9	60.0～
20～24	～28.7	28.8～31.4	31.5～37.0	37.1～39.7	39.8～52.9	53.0～59.9	60.0～
25～29	～27.0	27.1～29.7	29.8～35.3	35.4～38.0	38.1～50.9	51.0～57.9	58.0～
30～34	～25.3	25.4～28.0	28.1～33.6	33.7～36.3	36.4～40.9	41.0～46.9	47.0～
35～39	～23.6	23.7～26.3	26.4～31.9	32.0～34.7	34.8～39.4	39.5～45.4	45.5～
40～44	～21.9	22.0～24.7	24.8～30.2	30.3～33.0	33.1～36.9	37.0～42.9	43.0～
45～49	～20.2	20.3～23.0	23.1～28.5	28.6～31.3	31.4～35.3	35.5～41.4	41.5～
50～54	～18.5	18.6～21.3	21.4～26.9	27.0～29.6	29.7～32.9	33.0～38.4	38.5～
55～59	～16.8	16.6～19.6	19.7～25.2	25.3～27.9	28.0～31.4	31.5～37.9	38.0～
60～64	～15.2	15.3～17.9	18.0～23.5	23.6～26.2	26.3～29.4	29.5～35.4	35.5～
65～69	～13.5	13.6～16.2	16.3～21.8	21.9～24.5	24.6～26.9	27.0～33.9	34.0～
70～	～11.8	11.9～14.5	14.6～20.1	20.2～22.8	22.9～24.9	25.0～31.9	32.0～

出所）小林寛道（1982）『日本人のエアロビック・パワー——加齢による体力推移とトレーニングの影響』杏林書院：125-156.

③　持久力を向上するためのトレーニング

(1)　低強度長時間運動　最も一般的な持久力を向上するためのトレーニングとして、低強度長時間運動が挙げられる。長い距離をゆっくりと走るLSD（Long Slow Distance）はその代表例である。このようなトレーニングは持久性スポーツのトレーニングとして古くから行われてきた。トレーニング効果を検証した研究によると、VO_2maxの45％程度の強度で1回50分の運動を週に3回実施することがVO_2max向上のために妥当なトレーニングであることが報告されている。このような低強度長時間運動は、この後に紹介するトレーニングと比較すると、強度が低いために誰にでも実施しやすく、怪我のリスクが小さいことがメリットである。ただし、トレーニングを開始した直後はトレーニング効果よりも身体がその運動に慣れるまで任意の強度や時間、頻度を選択し、徐々に妥当なトレーニング条件に合致するように調整していくことが必要である（山地, 2001）。

(2)　インターバルトレーニング　インターバルトレーニングとは、高強度運動を繰り返し行い、その間に低強度運動や休息を挟むトレーニングである。このトレーニングは、ヘルシンキオリンピックで長距離3冠を達成したエミール・ザトペックが考案したといわれている。一口にインターバルトレーニングといっても、その運動強度や運動時間など様々である。近年注目されているものの一つに「高強度インターバルトレーニング（High-intensity Interval Training：HIT）」というものがある。その中でも「タバタプロトコル（Tabata protocol）」は世界的に知られている。

　タバタプロトコルのベースは自転車ペダリング運動であり、VO_2maxの170％の強度で20秒間、続いて10秒間の休息を6～7セット繰り返し行うものであり、これだけで疲労困憊に至るトレーニングである。このトレーニングを週に4回ずつ、6週間行うとVO_2maxが約10％向上し、無酸素性のエネルギー供給能力も約40％向上したという報告がある。タバタプロトコルの強度と時間は、有酸素性と無酸素性のエネルギー供給系の両方に最大の負荷をかけるように設定されているためである。そのため、低強度長時間運動とは異なり、これら両方のエネルギー供給系を同時に強化できることが特徴的である。この他にも、様々な時間と強度のトレーニング方法が考案されており、HITは10分の1のトレーニング量、3分の1の時間で伝統的な持久トレーニングと同等の効果が得られるとの報告もある。

　このようにインターバルトレーニングはメリットばかりのように思えるが、運動強度が高いため、誰でも簡単に実施できるとは言い難く、怪我のリスクも伝統的な持久トレーニングと比較すると高いことは否めない。その一方で、自身の体力や目的に合わせて、自転車ペダリング運動ではなく、ランニングやスクワットで実施されたり、強度をやや低く設定して実施されたりしている。

(3)　サーキットトレーニング　いくつかのエクササイズをセットし、それを次から次へと行っていくトレーニングを「サーキットトレーニング」という。サーキットトレーニングでは、それぞれのステーションごとにエクササイズが割り当てられ、それを順に移動していくものである。様々なエクササイズを組み合わせることで、不適切な局所的疲労を抑え、様々な筋群を刺激するように構成する。さらに、強度と回数やステーション数、休息時間など、設定は多様であり、目的に応じて設定することができる。このようなトレーニングの特性から、持久力だけでなく、体力全般を発達させる方法として認められている（Martin & Coe, 2002）。ただし、サーキットトレーニングでは、低強度長時間運動と比較してVO_2maxの向上は小さいことも報告されている（山地, 2001）。

（関慶太郎）

（引用文献）

山地啓司（2001）『改訂　最大酸素摂取量の科学』杏林書

院.

Martin, D. E. & Coe, P. N.；征矢英昭・尾縣貢監訳（2002）『中長距離ランナーの科学的トレーニング』大修館書店.

Mujika, U.：長谷川博監訳（2015）『エンデュランストレーニングの科学―持久力向上のための理論と実践』NAP.

●コラム5

日本大学・競技スポーツ部　　　　　　　（城間修平）

　競技スポーツ部とは、勝敗を争うことを主とする、スポーツ活動を行う人間たちが集まることで成立する大学内の組織である。一般の競技集団はスポーツにおいて勝利を追求することを存在理由とするが、競技スポーツ部は、大学内に組織するため、教育と勝利の双方を追求していく。競技集団の場合、個人はこの競技集団を手段として自己実現を図ることができるが、逆説的にその競技集団の目的のシナリオ（勝利追求）実現のための手段と化すことが指摘されている（日本体育学会，2006）。

　日本大学における競技スポーツ部の歴史は長い。現在設置されている34部の中で最も古い歴史を持つボート部は1905年に創部され、その他の競技部20部が1941年以前（太平洋戦争勃発前）に創部され70年以上の伝統を築いている。このような、競技スポーツ組織では、アスリートの育成・勝利追求はもちろんのこと、人間形成といった教育にも力を注いでいる。前者に着目すると、輩出してきたオリンピック選手は、これまでに延べ450人を超え、金メダル21個、銀メダル27個、銅メダル40個、入賞者94名を数える。また、オリンピック種目ではないスポーツにおいても、世界選手権出場など輝かしい成果を残している。

　また、後者の教育的側面では、各部での指導はもちろん、組織的に選手のリーダーシップ等の育成に

も尽力している。例えば、各競技部の組織力を強化して個人および団体で活躍し、社会に出ても通用する人材の育成を目的として、毎年、各部の主将と総務を担う学生を対象に「キャプテン・総務研修会」を開催している。キャプテンは、チームの中心として選手たちをまとめ、チームを勝利に導くためのリーダーシップを発揮する必要があり、また総務（マネージャー）は、チーム運営に欠かせないスケジュール管理や所属連盟等との連携など、多様な仕事がある。そうした責務を確実に果たせるように、キャプテンにはリーダーとして必要な「心構え」や「考え方」、および「自ら学び、自ら考え、自ら行動する」というリーダーシップを、また総務には期待される「役割」を知り、必要な「心構え」とスキルを身につけるよう望まれている。

　また、学生はアスリートとの二足の草鞋を履くため学業・競技・キャリア・プライベートなど多様な心理的な負荷がある。そのため日本大学では、「学生相談窓口」を設置し、専門家による支援体制も組織化されている。

　現在の競技スポーツ部は、学生の活動を大学組織全体で支援する体制が組まれている。

（引用文献）

日本体育学会監修（2006）『最新スポーツ科学事典』平凡社.

18 調整力を高めるには

1 調整力とは

　調整力とは、人間が身体運動を行う時、その身体に作用する様々な外的あるいは内的な力と四肢、胴体あるいは頭部の動きを時間的ベクトル的に効率よく組み合わせることで、その運動目的を効果的に達成しようとする能力である。

　日本において調整力は、体力の一要素である神経系の運動能力として捉えられているが、コーディネーション能力の理論的、実践的研究が先駆的に行われているドイツではマイネルの運動学を基盤に進められてきた。また、この調整力は、身体動作の流れを一定にし、それに関わる要因の組み合わせを安定させようとする「運動操作能力」、外的な変化に対し、身体動作の流れを変化させ、身体各機能の調整を図る「運動適応変換能力」、そしてそれらを自己に取り入れようとする「運動学習能力」の3つに分類される。さらに、それらの能力は運動操作能力と運動適応変換能力の両方に関係するバランス能力、定位能力、リズム化能力、運動操作能力に関係する運動連結（結合）能力、分化能力、運動適応変換能力に関係する反応能力、変換能力といった7つに分類されている。なお、これらの能力は競技スポーツや学校体育等の想定により構造的なモデルが複数提示されている。ここでは、コーディネーション能力理論研究を整理した加納に倣い Zimmermann の構造モデルを示す（図18-1）。

2 調整力を支える能力

　調整力を支える能力は、以下の通りに示されている（日本体育学会，2006）。

　①　**運動結合（連結）能力**（coordination ability）
　与えられた運動課題を達成するために、身体各部分の動きを協調させ、効果的に全体の動きを組み立てていく能力とされている。この能力では、運動を同時または時間差を持って組み合わせることや、環境変化に対して身体各部分の動きを対応させながら達成することができるかどうかが重要とされ、リズム化能力とも密接に関係している。動作連係の難易度は対称的な動作が最も低く様々なリズムで行う非同期的な両側動作が最も高くなる。当該能力は、中枢および末梢神経系の発達に大きく影響されるため、男子では反応能力、女子ではリズム化能力とともに、早い時期からその発達が見られることが報告されている。

　②　**分化能力**（differentiation ability; kinaesthesia ability）　運動感覚能力ともいわれ、与えられた運動課題を効率よく達成するため、運動感覚に基づく内的モデルと比較しながら、身体各部の動きやその位相を協調させ、動作を正確かつ効果的に行う能力とされている。この能力は感覚器からの情報に基づき、力や時間の調節に基づく身体全体に関わる動き、身体各部分における動き、環境の変

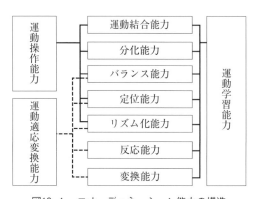

図18-1　コーディネーション能力の構造
出所）加納裕久（2016）「幼児期におけるコーディネーション研究の理論的基礎」『人間発達学研究』7．

化に対応しながら行う動きを正確に行うことを担っている。また、身体運動が持つ準備局面・主要局面・終末局面を適切かつスムーズに結びつけることも、この能力が担っている。分化能力は7歳から10歳頃に急激に発達し、13歳頃にほぼ最高レベルに達することが報告されている。

③　バランス能力（balance control ability）　全身の平衡を維持したり、運動中に崩れた平衡を素早く効率的に回復させるといった位置を制御する能力とされている。この能力には、前庭感覚、視覚、体性感覚が協調して関与し、静的および動的なバランスの維持を担っている。なお、この能力は7歳から13歳頃に急激に発達するが、運動経験の有無やその経帯面にも大きく影響される。

④　定位能力（orientation ability）　周囲の環境や対象物あるいは人間との関係の中で、その姿勢や動作を時間的・空間的に素早く適切に変化させる能力とされている。このように定位とは、状況に対応して、身体の位置や方向を定めるため、頭部と他の部位の位置関係や動きの関係、味方や相手の位置関係などの認知と修正を当該能力は担っている。ラグビーなど身体がグラウンドに接地し、次の動きに移行して方向が把握されるのも当該能力が関係している。なお、定位能力は7歳から9歳および13歳から16歳頃に著しく発達し、男女における能力差は、思春期以降、顕著に見られるようになることが報告されている。

⑤　リズム化能力（rhythmic ability）　あるリズムに基づく身体運動を正確に再現したり、与えられた課題や環境に応じて、自分でリズムを作り、それを表現したりする能力とされている。この能力は、あるリズムに基づく運動課題を達成したり、変化する環境に対応したりするためには、末梢からの求心性情報によって有効なリズムを認知し、適切なタイミングで力を発揮することを担う。このようなリズム化能力は、女子の方が男子より2年ほど早く発達するものの、最終的には男子が女子を上回ることが報告されている。しかし、活発

に運動をしている女子は、男子を上回ることもある。

⑥　反応能力（reaction ability）　信号となる刺激に素早く反応し、その刺激の情報に基づいて適切な動作を行う能力とされている。刺激に対して素早い反応が求められるだけでなく、運動の目的に応じたタイミング・速度で反応することも、この能力は担っている。なお、このような能力は7歳か10歳頃に急速に発達し、成人前期に最高レベルに到達する。思春期以降、男女差は大きくなるが、それには身体活動の有無が大きく影響することが報告されている。

⑦　変換能力（motor change ability）　周囲の状況の変化を様々な感覚器を通して認知し、その次に起こるべき状況を予測することで、中枢のプログラムを変化させ、適切な行動をとる能力とされている。例えば、サッカーのボールや相手に対応するための素早いプレーの変換、急激な方向転換などを担うのが当該能力となる。

3　調整力を高める代表的なトレーニング

調整力を強くするためには、筋力や持久力といった身体によって生み出される生理学的あるいは力学的エネルギーを、意識的（能動的）に対象となる技術へと効率よく変換していくためのトレーニングが必要とされている。したがって調整力トレーニングでは、同一条件下での反復練習ではなく、常に多様性と変動性を持った練習の中で、それまで獲得してきた動作の組み立てを壊し、より不安定な環境にも対応できるような新しい組み立てを構築するよう心身の調整を行うことが求められている。それによって、より不安定な環境の中でも、より有効な秩序を持った効果的な動作を行えるように身体動作を発達させることにつながることが指摘されている。

その代表的なトレーニングとして「コオーディネーショントレーニング」がある。動作コオーディネーションは目標や目的を目指して、動作や

その基礎となっている感覚運動過程を組織化することである。前項に示した能力について１つの運動で１つの能力のみを孤立させて形成することは避ける必要がある。そのためには、形成したい能力を狙いながら、多種多様な練習運動が利用されなければならない。その具体例としてコオーディネーション能力の育成を目的とした運動の例を表18-1に示す。

これらは、小学生や初学者を中心とした運動例であり、より高度な内容を求める場合は、その運動をすべて取り上げることはできないため、以下では、コオーディネーション能力を形成する上で

表18-1　コオーディネーション能力の形成運動例

能力	運動例
運動結合能力	・ドリブル：二つのボールを同時やリズムを変えてドリブル ・クロール：腕はクロール、足はドルフィン、平泳ぎなど
分化能力	・タオルギャザー：足の指で引き寄せる、仲間に渡す、リレーする、引っ張り合う ・フラフープを回す：腰、足、腕 ・お手玉 ・色々なボールの投げ方で的を狙う
バランス能力	・立位バランス（開眼・閉眼）、押し相撲、ケンケン相撲、そんきょ相撲 ・平均台：渡る、両端から歩きすれ違う ・バランスボール：座ってバウンド、１人や複数人でバランスをとる
定位能力	・リーダー探し：決められた空間を自由に動いている途中、合図が出されたらリーダーを探して並ぶ「並ぶ位置（後ろ・前・横）」、「並ぶ姿勢」を変化 ・鬼ごっこ：しっぽ取りや複数鬼などの変化 ・目隠し移動：人・物・場所などの移動先を変化
リズム化能力	・リズムジャンプ：グーチョキパー、マリオネット ・けんけんぱ：テンポを変える、足を置く位置を指定（左右・両足）
反応能力	・ジャンケンタッチ：座位で手を繋いでジャンケンし、勝ちが負けの手をたたく。うつ伏せでジャンケンし、勝ちがラインまで逃げて、負けが追いかける。 ・ボールキャッチ：２人組で互いに同時パス・互いに上に投げ上げ、相手のボールをノーバウンドでキャッチ
変換能力	・二人一組で片手をつなぎながらドリブル：リズムを同時や変える、相手を変える、手を変える

出所）上田憲嗣（2014）「体つくり運動とコオーディネーショントレーニング」『体育科教育』62(11).

必要な考え方を示す。

①　**動作の実施の仕方を変化させる**　身体部位の動作を変化させたり、スキル全体を変化させたりすることである。例えば、いつもと反対の向きでの実施や、動作のテンポ、半径、力の使用に変化をつけることなどがある。また、動作を様々な音楽のリズムの元で実施することも考えられる。特定のリズムを反復したり、特定のリズムに対して適切な動作を発見したりするなどしてリズム化能力の形成に結びつける。

②　**外部条件を変化させる**　外部条件を変化させて動作の実施を難しくする方法として、用具の配置や高さを変えたり、いろいろな大きさや重さのボールの使用することである。また、バランス保持時には支持面の高さを変えたりバランス姿勢を変化させたりすること、様々なグラウンドの形状の選択やパートナーを切り替えることも外部条件の変化に当たる。

③　**動作スキルを結合する**　これは動作のスキルを結びつけて実施することである。例えば、ボールを投げたり捕ったりすることを走ったりとんだりしながら行うことなどがこれに該当する。なお、この方法を使う場合、利用するスキルの高いレベルを要するため実施者に適した動作の組み合わせなど留意が必要である。

④　**最大テンポでの練習**　この方法では、特に反応能力、連結能力と定位能力を高めるために使用される。この能力は、球技や対人スポーツで重要となるが、最高の動作スピードではなく、むしろ目的にあった動作のスピードが重要となる。例えば、ボールのキャッチとパス、スナップ、パンチなどを特定の信号に反応して実施するような運動が考えられる。

⑤　**情報受容を変化させる**　視覚、聴覚、平衡感覚、触覚、運動筋肉感覚情報の受容と処理は動作の制御に大変重要となる。そして、自分の動作を絶えず意識してコントロールし、制御することをトレーニングでは求めていく。例えば、動作の

実施に変化をつける上で視覚的なコントロールを改善するために鏡の採用、目隠しなど視覚情報を制御することなどがある。これはバランス能力の練習に利用されるが他の能力にも役立てることができる。

　以上の方法は運動のコオーディネーションを高めるために結びつけることも可能である。動作の実施の変化と外部条件を難しくすることを同時に行うなどが考えられる。目的に応じてそのバリエーションを増やしていくことが大切となる。

　その他の調整力を高める方法として、「アジリティ（agility：敏捷性）トレーニング」がある。これは、全身もしくはその一部分を素早く加速・減速させたり方向転換させたりする敏捷性あるいは運動協調と柔軟性に基づく巧みさを高めるために用いられる。敏捷性は、動作開始時とその切り替え時の素早さ（反応および変換能力）と筋の短縮速度によって成り立つため、多くの運動に欠かすことができない。このトレーニングを実施する場合、ラダー、ミニハードル、ボックス、コーン、ゴムチューブ等を用いて、瞬間的な加速と減速を繰り返し、様々な方向への動作が採用されている。

　例えば、コーンを正方形に設置し、縦はダッシュ、横はサイドステップ移動などの組み合わせや対角線を利用したターン方法など走法を工夫して動作を変化させることや、設置するコーンの間隔を長くしたり短くしたりして、同じジグザグ走でも動作に変化させることも可能である。ボックスを使用した場合には、ボックスに片方の足を順番に乗せて、順番に降りること（スプリットステップジャンプ）や両足同時に乗って、同時に降りることを20秒間続けるなど様々な方法がある。さらに、ボックスからジャンプして降りることを利用して、筋を一旦伸張させた後に短縮させることを

引き起こし、反動的および爆発的なパワー発揮能力の向上を図る方法（プライオメトリクス）がある。バスケットボール選手にリバウンド・ドロップジャンプを用いたトレーニングを行わせた後に、方向転換走を実施した結果、記録が有意に短縮していた報告がある。このように、敏捷性の向上を企図した疾走能力の向上に向けた研究も多数報告されている。

　以上のように本節では調整力を支える能力とその具体的な育成にコオーディネーショントレーニングやアジリティトレーニングを紹介した。だが、動作コオーディネーションの獲得は調整力の向上に限らない。先行研究によると体力（全身持久力や筋持久力）・運動能力とも関連があることが報告されている。また、子どもの動作コオーディネーションの獲得は身体活動・運動習慣の予測因子となっていることが報告されており、スポーツなどの身体活動に親しむ資質の一つとして考えられている。さらに、Ⅲ章14節「運動不足」においては、怪我の予防とも関連づけられている。これらは調整力を運動遂行のための手段としてではなく、生涯を通じる健康と安全に必要な能力として位置づけることを示唆している。　　　　　（大嶽真人）

（引用文献）

上田憲嗣（2014）「体つくり運動とコオーディネーショントレーニング」『体育科教育』62(11)：34-37.

上田憲嗣他（2019）「児童期における動作コオーディネーションと体力の関係」『トレーニング科学』31(1)：45-52.

加納裕久（2016）「幼児期におけるコオーディネーション研究の理論的基礎」『人間発達学研究』7：51-64.

日本体育学会監修（2006）『最新スポーツ科学事典』平凡社.

マイネル，K. K.・シュナーベル，G.；綿引勝美訳（1991）『動作学―スポーツ運動学』新体育社.

Alaz, P.（2001）*SAQ SOCCER*, A & C Black.

19 スポーツとメンタルトレーニング

1 メンタルトレーニングとは

(1) メンタルトレーニング（Mental Training : MT）への期待　スポーツを行う人を悩ませる心の問題は人それぞれである。優秀なスポーツ選手とそうでない選手、ジュニア選手とシニア選手、学生選手と社会人選手、気の強い人と弱い人、競技志向・レクリエーション志向・健康志向のそれぞれでスポーツを行う人など、年代、立場、性格、目的などが違っても、スポーツ活動にまつわる悩みは尽きない。例えば、スポーツ選手が大切な試合で実力を発揮することは容易ではない。それはオリンピックで入賞するようなエリート選手でさえ起きる。「私はそんなことない、今までだって問題はなかった」と語る「絶対王者」と称された体操選手も、自分が作り出したオリンピックの魔物（心の乱れ）に惑わされ、金メダルがかかる演技で大失敗をしている。スポーツ選手の実力発揮を邪魔するものとして心理的要因は無視できない（図19-1）。

　スポーツを行う人が、自らの社会的欲求や知的欲求に基づき、活動の場を自分の価値が脅かされる状況として認知すると、過度な緊張、および不安、嫌悪、混乱などの不快な感情が喚起され、呼吸や心拍が亢進して、プレーへの集中が阻害され、体がフリーズしてパフォーマンスが低下する。スポーツ選手の実力発揮や競技力向上を支えるものは、身体的要素だけではない（図19-2）。心理的要素を機能させるMTによる強化とコンディショニングが有効となる。

　スポーツ選手は、練習や大会といった競技課題だけでなく、それぞれの年代や社会的な環境による課題を抱えている。例えば、学業・仕事・家庭との両立や理解、経済的な負担、競技活動の継続、スポーツチームや所属・支援集団での対人関係などである。これらは日常・競技ストレッサーとなって慢性的な心理的ストレスを形成することになる。そして、ストレスの対処がうまくいかないと、負傷頻発、バーンアウト、摂食異常、そしてスポーツ活動からのドロップアウトといった問題行動に発展することもある。これらの精神的な健康を脅かすような課題に対しては、うまく対処するためのスキルを身につけておくことが大切である。MTは選手、指導者、審判、あるいは支援者など、スポーツに関わる多くの人のメンタルヘルスに役立つ。

(2) MTの位置づけ　MTは、欧米を中心に行われている心理的スキルトレーニング

図19-1　パフォーマンスを狂わす心理的な問題

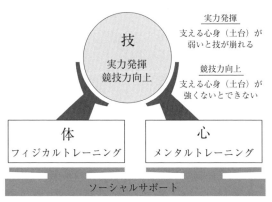

図19-2　実力発揮と競技力向上を支えるもの

（psychological skills training）と同義に用いられる。心理的スキルは、パフォーマンス向上のために学習によって身につけた技能である（Ⅲ章13節を参照）。スポーツ選手は、実力発揮と競技力向上、およびそれらを支える日常・競技生活の充実のために様々な心理面の取り組みを行っている。取り組みは心理的スキルのトレーニングに限らない。マートン（1993）は、スポーツを行う人の問題となる行動を、神経症や精神障害などの心理的問題を抱えた「異常な行動」の時から、優秀な選手が過大なストレスに直面しながら競技成績を達成するために高い心理的スキルを必要とするような「優れた行動」が求められている時までの連続体上に位置づけている（図19-3）。

　そして、「異常な行動」から「普通の行動」までの領域では主に臨床的アプローチ、それらの問題を抱えていない「普通の行動」から「優れた行動」までの領域では教育的アプローチが主な取り組みとなる。前者は阻害要因となる障害を消去する取り組み、後者は達成要因となるスキルを強化する取り組みと大まかに考えてよい。

　MTは教育的アプローチの中心的なものとされる。欧米では、MTを身体的な要素に関わらないすべてのトレーニングとして、ピークパフォーマンスとウェルネスを導くための準備とする考え方が浸透している。したがって、MTは、競技力向上を目指すスポーツ選手に限らず、教育、パフォーミングアーツ、ビジネスの方面でパフォーマンスを向上させたい人、あるいは健康を保持・増進したい人のために、前向きな展望や計画、目標設定、注意・集中、イメージ、自信、感情コントロール、チームワーク、リーダーシップ、ストレス対処など、目的に応じて幅広く心理的スキルを育成することと捉えられる。このMTの対象となる心理的スキルは、社会的スキルとともにライフスキル（Ⅲ章13節を参照）を構成する。すなわち、すべての人がよりよく生きるために高めるべきスキルといえる。このような視点からMTを概観すると、スポーツ選手のために開発・発展してきたMTは、スポーツの枠を超えてスポーツに関わっていない一般の人たちにも心理的な恩恵をもたらすことが期待される。日本でも近年では、仕事や対人関係でストレスに悩まされる人、いざという時に持てる能力を発揮したい人、専門性の高い職業に従事する人など、多くの人が自分を心理的にマネジメントするために、MTによって効率的に心理面の強化を図っている。

　（3）　SMTの枠組み　　MTはスポーツの枠を超えて広く利用されるようになったため、スポーツにおけるMTを特にスポーツメンタルトレーニング（SMT：Sport Mental Training）と呼ぶようになった。日本スポーツ心理学会（2016）では、SMTを「アスリートをはじめとするスポーツ活動に携わる者が、競技力向上ならびに実力発揮のために必要な心理的スキルを習得することを目的とした、スポーツ心理学の理論に基づく体系的で教育的な活動」と定義し、競技力向上・実力発揮に加えて、心身の健康や人間的成長も視野に入れた活動としている。これまで、スポーツ選手の競技パフォーマンスを阻害する心理的要因を、的確に調整する心理的スキルの強化がSMTの役割と認識されてきた。徳永（2010）は、この狭義の役割の対象となる心理的スキルを、12の要素に具体的に分類して、その評価尺度を作成している（表19-1）。スポーツ選手は競技力向上と実力発揮の

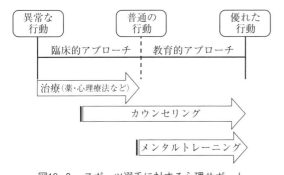

図19-3　スポーツ選手に対する心理サポート
出所）マートン，R.：猪俣公宏監訳（1993）『コーチング・マニュアル　メンタルトレーニング（第4版）』大修館書店を参考に筆者が作成.

ためには、SMTによってこれらの心理的スキルを高める必要がある。実際に、多くのスポーツ種目で、地方大会、全国大会、国際大会と競技レベルが高い選手ほど、これらの心理的スキルを評価した総合得点の高い傾向が認められている。

　最近では、これらに加えて選手の日常的な生活レベルにおけるメンタルヘルスや社会性の促進といった広義のSMTの役割が認められるようになった。SMTは、スポーツ選手のバーンアウトやドロップアウト、傷害や対人関係による日常・競技ストレス、体罰・不登校・ハラスメントなど、スポーツ活動に関わる特有の心理的・社会的問題に対する予防・対処策としての機能も期待されている。

表19-1　競技力向上・実力発揮に必要な心理的スキル

5つの因子	12の下位尺度				競技力向上・実力発揮の観点から
競技意欲	忍耐力	闘争心	自己実現意欲	勝利意欲	基礎的スキル
精神の安定・集中	自己コントロール能力	リラックス能力	集中力		パフォーマンススキル
自信	自信	決断力			基礎的スキル
作戦能力	予測力	判断力			パフォーマンススキル
協調性	協調性				促進的スキル

忍耐力：がまん強さ、ねばり強さ、困難に耐える強さ
闘争心：大切な試合での闘志やファイト、燃えることや興奮
自己実現意欲：可能性への挑戦、主体性、自主性
勝利意欲：勝ちたい気持ち、負けず嫌い
自己コントロール能力：自己管理、いつものプレー、過緊張がない、気持ちの切りかえ
リラックス能力：不安・プレッシャー・過緊張がない精神的なリラックス
集中力：落ち着き、冷静さ、注意の集中
自信：能力・実力発揮・目標達成への自信
決断力：思いきり、すばやい決断、失敗を恐れない決断
予測力：作戦の的中、作戦の切りかえ、先をよめる力
判断力：的確・冷静・すばやい判断
協調性：チームワーク、団結心、協力、励まし
出所）徳永幹雄（2010）『ベストプレイのメンタルトレーニング（改訂版）』大修館書店.

2　SMTの実際

（1）**トレーニングの流れ**　日本の体系的なSMTの歴史は他国に比べて決して浅くはない。その始まりは1960年代であり、「あがり」の防止に関心を持って、自律訓練法などの臨床心理学的技法を用いた対処型トレーニングが指導されていた。その後は、学習・行動理論を基盤とした心理技法中心にプログラム化されたトレーニングが中心となる（図19-4）。すなわち、自ら心理的問題を解決できるように、適正な心理技法（テクニッ

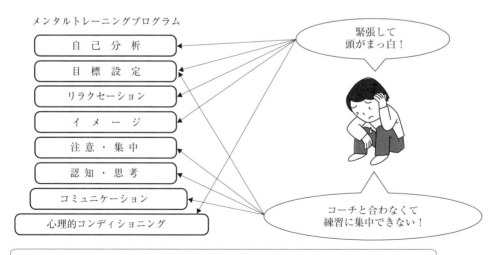

図19-4　トレーニングプログラムの構成

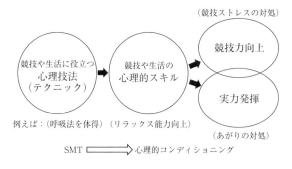

競技力向上や実力発揮のために、「テクニック」を身につけて「心理的スキル」を向上させ、日常・競技の様々な場面で自己コントロールを実践して、心理的な成長を促す

図19-5　SMT とコンディショニングの流れ

ク）を身につけることを通して必要な心理的スキルを高める。この SMT による心理面の強化は日々の継続的なトレーニングによって醸成される。例えば、呼吸法のテクニックを習得して、いつでもリラックスできる能力（心理的スキル）を高め（学習）、この心理的スキルを実際の試合でのあがりや日々の日常・競技ストレスに対する予防・対処（心理的コンディショニング）に用いる（図19-5）。リラックスするためのスキルは日常生活でも応用可能になるため、結果的に SMT は、エリートスポーツ選手だけでなく、スポーツ愛好家や健康スポーツ志向の人たちなど、スポーツに関わるすべ

ての人の様々な心理的問題に活用できることとなる。

（2）　トレーニングの具体例　それぞれの心理的スキルを強化するために様々な心理技法が開発されている。その中ですべての人のパフォーマンスやメンタルヘルスに貢献するリラクセーションを例にトレーニングの方法を紹介する。リラクセーションは身体の緊張や覚醒を和らげ、心を落ち着かせて余裕を作ることに貢献する。主な役割は、①過緊張からの脱出（パフォーマンス向上のため）、②ストレスの緩和（円滑な練習や生活のため）、③次の段階の MT を効果的に行う心理状態の形成（鮮明なイメージ想起などのため）の3つである。

　その心理技法には、「スマイル」「パワーポーズ」「セルフトーク」など、すでに日常生活の中でリラックス効果が周知されている一回性の仕草をスポーツ状況に合わせて洗練したものや、「呼吸調整法」「自律訓練法」「漸進的筋弛緩法」「マインドフルネス」のように、生体の調整を担う自律神経活動に働きかけるための作法を身につけるものがある。ここでは、作法が容易でありながら、高いリラックス効果が実証されている「呼吸調整

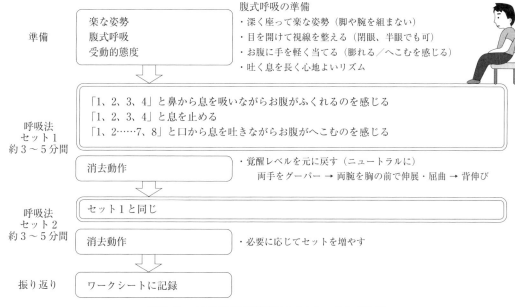

図19-6　1回の呼吸調整法によるトレーニング手順

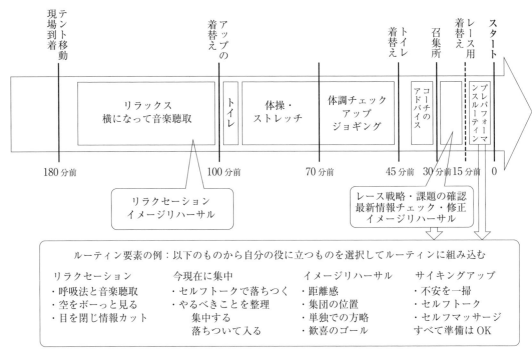

図19-7　ある駅伝チームメンバーのレース会場でのルーティンワークとプレパフォーマンスルーティン

法」を例に挙げる。

　呼吸は心拍と同様に、寝ていても律動的に起きる不随意な生理活動であり、その動きは自律神経によって調整されている。したがって、状況をプレッシャーと認知すると交感神経系が亢進して緊張状態が形成され、心拍数が上昇して呼吸が速く不規則になる。心拍数を自らの意思で増減できないが、呼吸数を意図して増減することはできる。このように呼吸は随意的にも調整できるため、自律神経に働きかけられる数少ない窓口といえる。「呼吸調整法」は、呼吸が潜在的に持つリラックス効果を最大限に生かすために洗練されたものである。

　1回の呼吸法によるトレーニングは、「準備」、「呼吸調整」と「消去動作」のセット、「振り返り」で構成される（図19-6）。呼吸のリズムは、息を吸う相4秒、止める相4秒、吐く相8秒が目安である。1分間に4回程度のゆっくりした呼吸リズムであり、これを約3〜5分間繰り返し、その後に消去動作を行って覚醒状態をニュートラルに戻す。呼吸法と消去動作を1セットとして、

通常2・3セットを繰り返し、最後にトレーニングのできばえと気づいたことなどを記録に残す。リラックス感を得るための吐く時間を十分に長くすることが鍵となる。スポーツの大会や試合では、仰向けでリラクセーションを行う状況は想定できない。そこで、どんな姿勢でも、どんな時でも、どんな場所でも、どんな状況でも、短い時間でリラックスできるようにスキルを高めなければならない。

　(3) コンディショニングに組み込む　最高のパフォーマンスが発揮できた多くの選手は、試合前に「落ち着いている」「集中している」「自信がある」「軽い緊張」「結果が気にならない」などの心理状態を体験している。これらの心理状態は、一般にフローやゾーンと呼ばれ、例えば、ルーティンワーク（自分で決めた行動パターン）とプレパフォーマンスルーティン（プレー直前の動作と思考の儀式）などにより生起確率が高くなる。

　ある駅伝選手たちのレース前のルーティンの概要（図19-7）を見ると、日々のSMTにより身につけたテクニックが様々に組み込まれていること

がわかる。選手により組み込み方は異なるものの、習熟した心理的スキルを基礎とした心理的コンディショニングは実力発揮に欠かせない。

（水落文夫）

（引用文献）

徳永幹雄（2010）『ベストプレイのメンタルトレーニング（改訂版）』大修館書店.

日本スポーツ心理学会（2016）『スポーツメンタルトレーニング教本（3訂版）』大修館書店.

マートン，R.：猪俣公宏監訳（1993）『コーチング・マニュアル　メンタルトレーニング（第4版）』大修館書店.

20 　バイオメカニクス

1 　バイオメカニクスとは

　バイオメカニクス（biomechanics）とは、生体を意味するバイオ（bio）と力学を意味するメカニクス（mechanics）が複合してできた科学であり、あらゆる生物の運動を力学的観点から研究する学問である。バイオメカニクスの対象は、体育・スポーツにおける人の動作をはじめ、関節や骨の変形、口腔インプラント、さらにはカンガルーのジャンプなど、広い範囲に及び、これらの中でも体育やスポーツにおける運動や人などを主要な対象とするものを「スポーツバイオメカニクス」と呼んでいる。

　スポーツバイオメカニクスでは、運動技術のメカニズムの究明から、動作の原理や原則の究明、さらには体育授業やスポーツ教育の実践に役立つ情報を提供している。また、効果的なトレーニング法の開発やスポーツ施設・用具の設計、スポーツ障害の原因究明や予防にも役立つことが知られている。

2 　動作分析

（1）　**キネマティクス**　　キネマティクスでは、

図20-1　短距離走の分析

身体各部の位置や速度、関節の角度や角速度など運動の状態を表す情報を取り扱う。こういった情報は、ハイスピードカメラを用いて人の動作を撮影し、身体の分析点（例えば、膝や肩などの関節中心）の座標を読み取り、これを元に算出する。キネマティクス分析はバイオメカニクスの中でも最も基礎的な手法であり、身体運動の分析に欠かすことのできないものである（図20-1）。

　人の運動は3次元空間内で行われているが、ウォーキングやランニング、ジャンプといった運動は2次元運動と捉えることができるため、これらの運動を対象とする場合には2次元で分析されることが多い。2次元での分析は、カメラ1台で測定が行えるため、実験環境だけでなく、実際の試合の動作分析にも用いやすく、特に陸上競技の短距離走や走り幅とびなど、2次元運動と捉えることのできる種目で多くの有益な知見を提供してきた。

　一方で、野球のバッティングやゴルフのスイングのように身体が回転するような運動やランニングのような運動でも体幹のひねりなどを考慮する場合には3次元で分析を行う必要がある。3次元で分析する場合には、複数台のカメラが必要になることや、測定後の分析作業量が膨大になるため、複雑な運動の研究はあまりなされていなかった。しかし、最近ではモーションキャプチャシステムと呼ばれる装置を使用することで、3次元的な複雑な動作の分析も容易になってきている。

　（2）　**キネティクス**　　キネティクスでは、映像から読み取れる情報（位置や速度など）に加えて、運動が引き起こされた原因までを取り扱う。具体的には、関節まわりの筋が発揮した力や身体に作用した力などである。このようなキネティクス的

分析を行うためには、先述のキネマティクスの情報に加えて、身体に作用した力（外力）を測定する必要がある。ほとんどの運動では、足が地面と接しているため、地面と足の間で作用している力を測定し、運動方程式を解いていくことで、関節に作用した力や関節まわりのトルクなどの内力を推定することができる。

③　合理的な動作の特徴

（1）　成人スプリンターにおける合理的な短距離走の動作　短距離走は、多くの人が経験したことのある運動であり、身近な運動であると考えられる。スポーツバイオメカニクスの研究対象としてもそれは例外ではなく、短距離走の動作に関する知見は、子どもからオリンピックで活躍するような一流選手まで非常に幅広い人々を対象にした知見が蓄積されている。一般的な短距離走は、「ももを高く上げる」「回復脚（地面についていない脚）の膝関節を屈曲させる」「脚を前へ大きく振り出す」などと指導されることが多いが、大学短距離選手から世界一流選手までの男女71名を対象にした研究で得られた、疾走速度の高い者の動作の特徴は次のようなものであった。まず、もも上げの高さ（大腿部と鉛直線がなす角度）は疾走速度に関係なくほぼ一定であった。また、回復脚の膝関節は疾走速度の高い者ほど伸展している傾向を示した。一方、支持脚（地面についている脚）では、疾走速度が高い者ほど膝関節や足関節の伸展角変位が小さく、脚全体（股関節から足関節を結んだ線で表される）のスウィング速度が大きかった。図20-2は、これらの知見を元に作成された合理的な支持脚の動作のモデルである。図20-2の左のモデルでは膝関節が伸展した場合を、右のモデルは伸展しなかった場合を示している。支持脚の足関節や膝関節の伸展は身体の推進に貢献するかのように考えられがちであるが、実際には身体の上下動の原因となるばかりか、股関節の伸展による推進を妨げる可能性がある。支持期において膝関

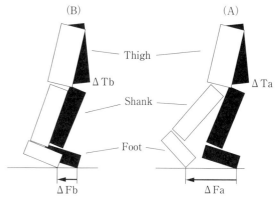

図20-2　合理的な支持脚の動作モデル
出所）伊藤章（2003）「短距離走に関する研究―コーチングに役立つ科学的根拠を求めて」『体育学研究』48（4）.

節の角度が変化しないとすると、股関節の伸展はそのまま脚全体のスウィングとなり、膝関節を伸展した時よりも推進に貢献するといわれている。

（2）　子どもにおける合理的な短距離走の動作

　子どもが対象となる場合、合理的とされる短距離走の動作は成人のそれとは少し異なったものになる。支持脚全体のスウィング速度が大きいことや回復脚の前方への振り戻しが速いことなどは成人と共通している。一方、子どもでは疾走能力の高い者ほど回復脚のもも上げが高く、膝関節はより屈曲していた。これらは成人の動作との最大の相違点であり、同じ短距離走でも成人と子どもでは動作の特徴が必ずしも類似しているとは限らない。このような成人と子どもにおける動作の特徴の相違は、身体の発達、筋力の違いによるものと考えられる。　　　　　　　　　（関慶太郎）

（引用文献）

阿江通良・藤井範久（2002）『スポーツバイオメカニクス20講』朝倉書店.

伊藤章（2003）「短距離走に関する研究―コーチングに役立つ科学的根拠を求めて」『体育学研究』48（4）：355-367.

加藤謙一他（2001）「優れた小学生スプリンターにおける疾走動作の特徴」『体育学研究』46（2）：179-194.

Winter, D. A.；長野明紀・吉岡伸輔訳（2011）『バイオメカニクス　人体運動の力学と制御』ラウンドフラット.

21 スポーツとコーチング

1 指導者と選手（学習者）

『最新スポーツ科学事典』によると、指導者について「指導者には教える、伝える、運営する、開発する、支えるなどの様々な役割がある。スポーツ指導の分野でも、それぞれの領域で専門性が高まり、新たな広がりを見せたり、人々とスポーツの関係が多様化したりして、指導者に求められる能力も広範な分野へと変化している」と明記されている。また、広義には「運動者のスポーツ活動に直接関わり、安全確保しながら効果的にスポーツ技術や楽しみ方・マナーなどを指導する運動指導者と、直接スポーツ活動には関わらないが、スポーツ事業を計画し、実施するための組織を図り、実施した結果を評価するといったマネジメント機能を果たす組織指導者がある」とし、狭義には「スポーツ活動に直接関わり、安全確保しながら効果的にスポーツ技術や楽しみ方・マナーなどを指導する運動（実技）指導者のことを指す」と明記されている。このように指導者は、単に運動を教えるだけでなく、安全、運営、管理など身体活動以外にもそれに関連する知識を身につける必要があることがわかる。

　運動指導場面での指導者と選手（学習者）の関係は、指導者はうまくさせたい、少しでも成績を上げさせてあげたいと願い練習やトレーニングの指導を行い、選手はうまくなりたい、少しでも成績を上げたいと願い練習やトレーニングに励む。このように指導者と選手（学習者）相互に、向上心を持って練習やトレーニングに取り組むことが、うまくさせる・うまくなるや成績を上げさせる・成績を上げるために非常に大切ことである。そのためには、指導者と選手（学習者）の関係は、一方的に指導する・指導されるのではなく、恒常的にコミュニケーションをとり、お互いに思考していることを共有し合い、何がベストなのかを考え練習やトレーニングに取り組むことが大切である。

2 コーチとコーチング

　運動指導場面において、指導する人をコーチ、指導することをコーチングという言葉で表現している。コーチは英単語で「coach」と書く。coach の意味を広辞苑で調べると、名詞として「Ａ：（公式儀式用または鉄道以前に用いられた）四輪大型馬車／（長距離用バス）」や「Ｂ：（競技・演技などの）コーチ、指導員／（受験準備などのための）個人［家庭］教師」、動詞として、「人・グループを（個人的に）指導する、コーチする」と明記され、さらにＡとＢの解説として、「Ａ：ハンガリーの町 Kocs から、最初にこの馬車が造られたとされる／Ｂ：指導者が被指導者を運ぶ道具とみた比喩から」と明記されている。また、色々な書籍にもcoach という単語は、馬車を表し、イギリスにおいて家庭教師を意味する言葉として用いられ、その後、教育するや教える、指導するという意味を持つようになったとされている。このように、乗客を目的地まで的確に送り届けるプロフェッショナルな馬車の運転者は、その目的地がどこにあり、どのルートを通ればいいのか、どのような行程（ペースや休憩など）を立てればいいのかなど、目的地に行くまでの様々な情報を知らなければ、客を無事に目的地まで送り届けることができない。運動を教えるコーチも同じように、選手の目指すゴール（目的地）へ的確に送り届けるためには、それが選手のゴールとして妥当なのか、また、そこに選手を届けるために何をすべきか、どのよう

な練習を行えばいいのか、どのような計画を立てればいいのかなど、目指すゴールに関わる様々な情報を収集し、さらにその情報に関して熟知していなければならないのである。つまり、コーチと選手はゴール（目的地）について話し合い、その情報の中から選手に合うものを取捨選択して、選手の目指すゴール（目的地）を確実に達成できる練習・トレーニングを行うことが大切である。

3　コーチングに必要な要素

　日本コーチング学会が発刊した『コーチング学への招待』という書籍に、コーチは選手の目標達成までの支援を行うこととした場合、様々な要求に応えられるようにしておく必要がある。さらに、コーチの役割は多岐にわたるものの、コーチの重要な任務は、選手のやる気やパフォーマンスを向上させることであると示している。また、パフォーマンスの向上とは、順位などの競技成績といった数字の向上を端的に示すが、これ以外に選手（学習者）をコーチングすることで、できなかったことができるようになるといった有能さの向上や、少しずつ動きがよくなってくるといった、質の向上の変化を起こすことも含まれる。この有能さの向上、つまりできなかったことができるようになることは、結果、競技成績向上の可能性が高まることと考えることもでき、勝利至上主義的なコーチング防止にもつながるのではないか。また、コーチは有能さ（Competence）以外に自信（Confidence）、関係性（Connection）、人間性（Character）を育んでいく必要があるともいわれている。この4つは、4 C's と呼ばれて、グッドコーチ（図21-1参照）が育成するグッドプレー

　スポーツに関わる全ての人々が、「7つの提言」を参考にし、新しい時代にふさわしい、正しいコーチングを実現することを期待します。
1. 暴力やあらゆるハラスメントの根絶に全力を尽くしましょう。
　暴力やハラスメントを行使するコーチングからは、グッドプレーヤーは決して生まれないことを深く自覚するとともに、コーチング技術やスポーツ医・科学に立脚したスポーツ指導を実践することを決意し、スポーツの現場における暴力やあらゆるハラスメントの根絶に全力を尽くすことが必要です。
2. 自らの「人間力」を高めましょう。
　コーチングが社会的活動であることを常に自覚し、自己をコントロールしながらプレーヤーの成長をサポートするため、グッドコーチに求められるリーダーシップ、コミュニケーションスキル、論理的思考力、規範意識、忍耐力、克己心等の「人間力」を高めることが必要です。
3. 常に学び続けましょう。
　自らの経験だけに基づいたコーチングから脱却し、国内外のスポーツを取り巻く環境に対応した効果的なコーチングを実践するため、最新の指導内容や指導法の習得に努め、競技横断的な知識・技能や、例えば、国際コーチング・エクセレンス評議会（ICCE）等におけるコーチングの国際的な情報を収集し、常に学び続けることが必要です。
4. プレーヤーのことを最優先に考えましょう。
　プレーヤーの人格及びニーズや資質を尊重し、相互の信頼関係を築き、常に効果的なコミュニケーションにより、スポーツの価値や目的、トレーニング効果等についての共通認識の下、公平なコーチングを行うことが必要です。
5. 自立したプレーヤーを育てましょう。
　スポーツは、プレーヤーが年齢、性別、障害の有無に関わらず、その適性及び健康状態に応じて、安全に自主的かつ自律的に実践するものであることを自覚し、自ら考え、自ら工夫する、自立したプレーヤーとして育成することが必要です。
6. 社会に開かれたコーチングに努めましょう。
　コーチング環境を改善・充実するため、プレーヤーを取り巻くコーチ、家族、マネジャー、トレーナー、医師、教員等の様々な関係者（アントラージュ）と課題を共有し、社会に開かれたコーチングを行うことが必要です。
7. コーチの社会的信頼を高めましょう。
　新しい時代にふさわしい、正しいコーチングを実践することを通して、スポーツそのものの価値やインテグリティ（高潔性）を高めるとともに、スポーツを通じて社会に貢献する人材を継続して育成・輩出することにより、コーチの社会的な信頼を高めることが必要です。

平成27年3月13日
コーチング推進コンソーシアム

図21-1　グッドコーチに向けた「7つの提言」

出所）文部科学省 HP.

ヤー像として役立つといわれている。また、選手に4C'sを育んでいくためにコーチに図21-2のような知識が必要であるとされている。（水島宏一）

・専門的知識（professional knowledge）
　→当該スポーツや指導などに関する知識
・対他者の知識（interpersonal knowledge）
　→人間関係を円滑にするために必要な知識
・対自己の知識（intrapersonal knowledge）
　→自己認識および省察する知識
・宣言的知識（declarative knowledge）
　→言葉で表現する知識
・手続的知識（procedural knowledge）
　→何かができる知識

図21-2　4C'sを育むために必要な知識

（引用文献）

日本コーチング学会（2017）『コーチング学への招待』大修館書店.

日本体育学会監修（2006）『最新スポーツ科学事典』平凡社.

伊藤雅充（2017）「コーチが変われば環境が変わり　環境が変われば選手が変わる．～指導者のあるべき姿とは～」競技力向上　テクニカルサポート事業 WEB マガジン.
https://www.tef.or.jp/sports-science/magazine/index.jsp

文部科学省（2013）『スポーツ指導者の資質能力向上のための有識者会議（タスクフォース）報告書』.
http://www.mext.go.jp/b_menu/shingi/chousa/sports/017/toushin/__icsFiles/afieldfile/2014/06/12/1337250_01.pdf

22　コンディショニング・テーパーリング

1　コンディションを整えることとは？

コンディションとは、一般的には「状態」「状況」などの意味があるが、スポーツにおいては、運動実施者自身の状態、すなわち「体調」や、運動環境（会場）の気温や湿度など「状態」を指す。ここでは、運動を実施する人の体調について焦点を当てる。

（1）**コンディションの良し悪しで何が変わるのか？**　コンディションの良し悪しを整えることを「コンディショニング」という。例えば水泳競技では、体調管理はもちろん、それによって「水を捉える感覚」に違いが出てくることが、国内トップクラスの選手を対象とした調査から明らかにされており、こういったこともコンディショニングとしている。また、短距離走や跳躍競技などでは、鍛錬期と試合期では腱の弾性が異なると経験的にいわれている。ある短距離種目の五輪メダリストは、試合前の調整（テーパー：練習量を減少させ疲労を抜いていう）のことを「バネを貯める時期」と表現する者もいる。腱は鍛錬すればするほど弾性は低下するが、休ませると弾性は回復するので、「バネを貯める」とは、この弾性が回復するプロセスのことを指すと推察される。

近年は「カーボローディング」といった栄養学的手法で、筋エネルギー源となるグリコーゲンの貯蔵量を増やして、試合に挑むなどの手段もとられており、これもコンディショニングの手法の一つであるといえる。

このように、スポーツ選手は試合前のコンディションを、意図的に操りながら、試合でのベストパフォーマンスを発揮しようとしている。

スポーツ選手のみならず、一般的にもコンディショニングは重要である。大切な就職試験や面接、大事な仕事やゼミの発表会など、体調を崩せない場面、実力発揮したい場面は、スポーツ選手でなくとも多々存在する。

この節では、スポーツ選手の行っている手法を参考に、コンディションを上手に調整するために必要な情報や、誰もが取り入れられるコンディショニングを示したいと考えている。

（2）**コンディショニングを阻害する要因**　コンディショニングが重要なことは理解していても、なかなかそれらを実施するに至らないこともある。コンディション調整とは、練習量の調整、食事量や栄養バランスの調整、休養時間と休養方法の調整となるが、阻害要因は様々である。

練習量の調整についての詳細は3項（テーパーリング）で述べるが、「練習をすればするほど効果が上がる」という誤認識や、「締め切り前に（勉強や練習を）詰め込む」という計画性のなさが、試合前に思い切って練習量を減らしたり、休養するという正しい行動の阻害要因となる。

「運動スキル（技能）の定着」の面から見ると、ある課題のスキルを定着させるためには、そのプロセス中に一定期間「混乱期（試行錯誤の状態）」があった後に、急にスキル習得の「ブレイクスルー」が起こる（図22-1、右側）。そのためには単に練習を積むだけでなく、練習から4時間以上の時間経過が必要とされており、さらに睡眠をとるとパフォーマンスは向上するともいわれている。勉強もスポーツも、やればやるほどうまくなるわけではなく、一定以上の休養時間が必要である。巷でよく見られる「一夜漬け」よりも、前日にしっかり寝ることが大事なのである。この阻害要因をなくすためには、試合前、大事なイベント前

体力トレーニング

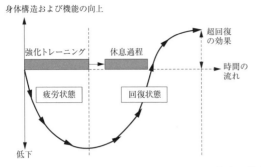

練習（技術トレーニング）

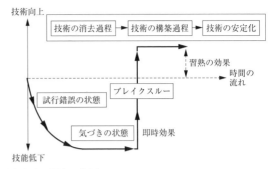

図22-1　体力、技術が変容する過程の相違

注）左が体力の超回復を示したモデル。右は運動スキル習得までの状態を示したモデル。効果の上がり方は異なるが、いずれも休養が適応に影響を及ぼす。

出所）図子浩二（2003）「スポーツ練習による動きが変容する要因—体力要因と技術要因に関する相互関係」『バイオメカニクス研究』7：303-312.

に、しっかり睡眠時間を確保できるよう、前もって練習や学習を積む時期を決めて、計画的に進めることが必要である。

　栄養バランスの調整の阻害要因は、個々の好き嫌いであったり、「試合前はトンカツ（勝つ）」といった迷信に捉われ過ぎたり、「いざ勝負」の時にエナジードリンクに頼ったりするマインドであろう。本書の31節（p.129）を参考に、最高のパフォーマンスを発揮するために、合目的的な食事調整を考えて実践していただきたい。

　休養時間と休養方法については次項（1）で詳細を述べるが、完全に身体や心を休める「消極的休養」と、ウォーキングなど有酸素運動を挟みながら休む「積極的休養」があり、スポーツ選手は合宿などの鍛錬期では前者を、試合期（試合前）には、完全に休むと身体がなまるため、後者の休養スタイルをとるようにしている選手が多く見られる。このような休養方法がまだ一般的でないのは、多くの人が「休養」というと、すべて「消極的休養」と認識しているからだと思われる。

　また、休養の重要性を理解しつつなかなか実行に移せないのは、例えばスポーツ選手であれば、試合から逆算してトレーニングや休養日をタイミングよく入れることを、計画的に行えるのに対し、我々は「働き方改革」が実施されているとはいえ、週2日、土曜日曜のオフ……といった形で休養日

が定着している者は、それほど多くない。

　ただ今後は、我が国の学校部活動も「週休2日」が義務づけられるなど、適切に、しかも意図的にうまく休養を挟むことで、パフォーマンスの向上が促せるので、積極的・消極的休養を意図的・戦略的に使いこなせるようにする方が、望ましい。

② コンディションの整え方

　コンディショニング法としては、超回復のタイミングを作ることが、前提条件となる。超回復（図22-1、左側）という概念は、図示した通り、一旦疲労した状態に身体を追い込んだ後、休息過程を与えることで身体適応が起こり、以前より高いレベルで運動を行うことができることを指す。種目や試合での運動時間などによって、このスパンがどの程度の長さになるかは異なるが、このプロセスを頭に置いた状態で、休養の種類やタイミングを考慮する。

　（1）**積極的休養と消極的休養**　前項で述べた通り、積極的休養は、軽い運動を挟みながら休養することで、消極的休養は、極論すればベッドレストのような、完全に身体を休ませることを指す。

　スポーツ選手は、その身体機能の向上のために故障寸前まで身体を追い込むため、そのまま連続してトレーニングを行うと、スポーツ障害に陥っ

たり、パフォーマンス低下に陥る。そのため、例えばプロ野球の冬季キャンプ（一般的・専門的準備期）では、3勤1休（3日練習して1日休養）のようなリズムで、定期的に完全休養日を設けるのが一般的である。また場合によっては、その休養日にゆっくり入浴したりマッサージなどを受けたりし、身体の疲労回復に務める。

一方で、ラグビーワールドカップのような、1ヶ月程度の長期にわたり、毎週のようにベストコンディションで挑む必要がある場合は、完全休養ではなく、走るのをやめて筋力トレーニングだけを実施する日とか、練習自体をオフにして、試合のある地域の子どもたちとイベントで接しながら、完全に休むのではなく、気分転換をしつつ軽く身体を動かすような休養のとり方を実施している。

我々も同じで、時期や仕事量に応じて、どの時期に「消極的休養」を用い、どの時期に「積極的休養」を用いるかを、意図的にコントロールできるようになるのが望ましい。特に積極的休養では、様々な気分転換のアクティビティ（例えば映画鑑賞や観劇、コンサート、スポーツイベントの観戦など）を導入することで、感性を豊かにし、様々な情報・刺激を受けることができ、単に仕事のパフォーマンス向上のみならず、豊な人間性を育むことに役立つだろう。

(2)　コンディショニングに使える簡単な指標

コンディショニングの指標としては、以下のようなものが挙げられる。

①　**睡眠時間**　厳密には睡眠の深さや入眠の速度などが指標化されているが、一般的には毎日の睡眠時間をモニタリングできる程度でよい。近年ではスマートフォンアプリで睡眠状態を計測できるので、より詳細に睡眠状態を管理したい場合は、そういったアプリを利用することをお勧めする。

②　**食欲**　スポーツ選手のオーバートレーニングや、私たちでも「うつ」など心的疾患の初期には、食欲の減退が起こるため、主観的数値でよい

ので指標化していくことを勧める。

③　**便の状態**　消化・吸収に重要な役割を果たす胃や調など「内蔵のコンディション」を知る重要な指標で、色、形、量、硬さなどを観察し、普段と異なる場合はどこかの調子が変化していることを疑う。

④　**尿色**　疲労が強かったり暑熱・乾燥環境下で睡眠中に脱水が亢進している場合は、朝の尿でも濃い黄色の尿が見られる。過労が続くと血尿なども見られるようになる。起床後だけでなく、暑熱環境下では練習中のトイレで尿色を観察し、スポーツドリンクの種類や摂取タイミングなどの策を講じることは、コンディション低下を避けるために重要である。

⑤　**気分状態**　「疲労が蓄積するとイライラしやすくなる」ことからわかる通り、気分もコンディション（心理的コンディションともいう）により左右されることから、気分状態を数値化しモニタリングして、コンディションの良し悪しを知る手がかりにする。

③　テーパーリングとは？

(1)　テーパーリングとは何か　テーパーリングとは直訳すると「先細り」となる。スポーツの場合は、ある目標とする試合に向けて、コンディションを最高の状態にするために、トレーニングによって適応された身体・スキルの状態を損ねずに、トレーニング量・質やトレーニング時間を「先細らせる（減少させる）」ことを指す。それにより疲労などのバイアスを極力抜き去り、心理的・身体的に最高のパフォーマンスを発揮できるよう準備することである。

(2)　テーパーリングの効果　一般的には、テーパーリングにより試合でのパフォーマンスは数％向上するとされている。その要因としては、テーパーリングにより心身の疲労が低減され、それが筋出力や集中力、認知機能などに好影響を及ぼすと考えられている。

しかし、単にトレーニング量を低減させることで、パフォーマンスが向上するわけではない。冒頭に述べた通り、「トレーニングに適応された身体・スキルを損ねずに」ということが重要で、そこには、テーパーリング中の運動強度の調整が重要となる。

(3) テーパーリングの期間と方法　テーパーリングは、試合期に通常3週間程度かけて、徐々に（あるいは段階的に）トレーニングの質や量を低減させていく。その間に、それまでのトレーニングで作り上げたパフォーマンスを、疲労を抜くことでより高度化させていくことが、テーパーリングの意義である。そのためには、テーパーリング期間中に高強度運動を一定程度行う必要があるが、強度や頻度については、個々のそれまでのトレーニング過程や、回復の早さにより異なるが、様々

な実践報告や教科書的事例を見ると、総じて3日に1回程度の頻度で、運動・休息含めて、3分から10分以内で終えるような高強度トレーニングを入れているようである。これらは一見すると、高い専門的な知識や経験が求められるようにも見られるが、例えば校内マラソン大会や球技大会、マスターズの陸上や水泳など、趣味の一環として楽しむスポーツでも、導入・応用できるので、是非そういった「身近な大一番」でのコンディショニングに役立ててもらいたい。　　　（野口智博）

(引用文献)

尾縣貢他（2019）「グッドコーチに求められる医・科学的知識」『Reference Book』公益財団法人日本スポーツ協会：138.
特定非営利活動法人NSCAジャパン（2011）『パーソナルトレーナーのための基礎知識』NSCAジャパン.

V　章

運動とスポーツの実践

23　身体トレーニングの原理・原則

1　身体トレーニングの基礎

（1）トレーニングの定義　トレーニングとは、スポーツパフォーマンスの向上を目的とした思考や一連の行為のすべてを指しており、単に体力向上のためのトレーニングのみを意味しているわけではない。スポーツパフォーマンス向上を目的とするトレーニングでは、体力的側面、心理的側面、技術的側面、戦術的側面など、多角的な側面から強化を図る必要がある。これらの各側面において、トレーニングを効果的に実施するには、基本的な原則に沿ってプログラムを作成する必要がある。本節で扱う体力的側面における身体トレーニングは、「運動刺激に対する身体の適応性を利用し、意志力を含めて人体の形態、機能などスポーツ能力をより強化、発達させる過程」と定義される。体力には、行動を起こし、持続させ、調整するための行動体力と、生命維持に必要な防衛体力があ

る。それぞれの体力要素を効果的に強化するには、適切な負荷強度や負荷量、負荷方法で運動刺激を身体に加える必要がある。

（2）トレーニングの原理・原則　基本的なトレーニングの原理は4つあり（特異性、過負荷、可逆性、適時性）、身体トレーニングの効果を獲得する上で順守すべき理論である。また、身体トレーニングだけでなく、心理や技術、戦術などトレーニング全般においてより効果を高めるために推奨される原則として、5つの原則（全面性、意識性、漸進性、個別性、反復性）がある。トレーニングは、これら原理・原則に従いながら各側面の能力向上を図り、得られたスポーツパフォーマンスを最大限に発揮できるようにコンディショニングを行っていく一連の過程といえる（図23-1）。

2　トレーニングの原理

（1）特異性の原理　生体に特定の刺激を与え

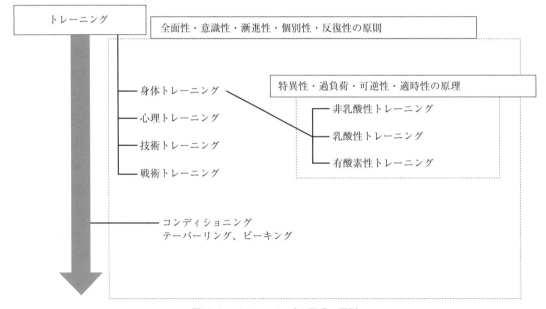

図23-1　トレーニングの原理・原則

ると、特定の組織・器官がその刺激に反応し、適応が起こって変化する。この原理は、"Specific Adaptation to Imposed Demand"（SAID：課せられた要求に対する特異的な適応）とも呼ばれる。筋肥大を目的としたトレーニングを行う場合、筋を効果的に肥大させるための運動刺激を与える必要がある。有酸素系能力を向上させるには、呼吸循環器系の組織・器官に刺激を与える必要がある。敏捷性の向上にはアジリティトレーニング、柔軟性の向上にはストレッチングといったように、特定の体力要素を強化するには、特定の刺激を与えるようなトレーニングプログラムでないと効果が得られない。例えば、ジャンプ力向上を図る目的で筋力トレーニングを行う場合、高重量の負荷で動作速度が遅くなるようなバーベルスクワットを行っても適刺激とはならず、瞬発的な力発揮が必要なジャンプ力向上には役に立たない。この場合、速い動作速度が得られるような重量で可能な限り速くスクワットを行うトレーニング（speed-strength）が適刺激となる。

トレーニングプログラムの作成に当たり考慮するべき特異性として、エネルギー代謝とバイオメカニクスがある。エネルギー代謝には、非乳酸性機構である ATP-CP 系と、乳酸性機構である解糖系、酸素を利用して ATP を再合成する有酸素系がある。短時間で爆発的なエネルギー発揮を必要とするような投擲や短距離種目、ウエイトリフティングなどの競技では、ATP-CP 系と解糖系代謝の貢献度が高く、マラソンなど長距離種目では、有酸素系代謝の貢献度が高い。スポーツパフォーマンスの向上を図るためのトレーニングプログラムには、これら競技種目ごとのエネルギー代謝を考慮しなければならない。バイオメカニクス的観点から考慮することとして、競技種目ごとに頻回に行う特徴的な動作がある。サッカーやバスケットボールなどの球技では、加速、減速を伴う走動作に加えて跳動作や方向転換など急激な重心移動が求められる。このような競技では、敏捷性の向上を図るアジリティトレーニングが必要となる。相撲やラグビーでは当たり動作があり、相手を押す行為が頻回にある。このような競技では、ベンチプレスなどのプッシュ系のエクササイズが必要となる。競技種目特性と特徴的な動作の能力向上を図るという観点から、特異的なトレーニングプログラムとなるようにする。

（2） **過負荷の原理**　日常的に身体に加わる負荷には、重力と日常生活動作が挙げられる。身体活動を行うには重力に抗した力発揮が必要である

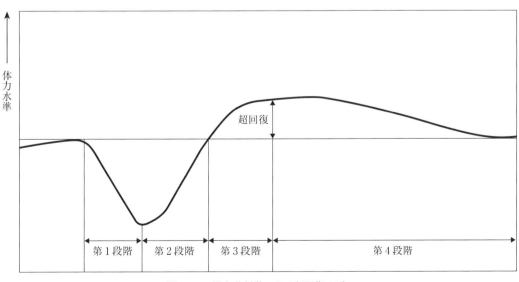

図23-2　過負荷刺激による超回復モデル

が、普段から重力を労苦として感じずに活動ができるのは、身体が重力という刺激に適応している証拠である。日常生活動作の多くは、運動強度が最大筋力の30％以下とされており、この負荷では身体への刺激効果は少ない。筋力を強化するには、最低でも最大筋力の60％以上の負荷刺激を与える必要がある。身体トレーニングの効果を得るには、運動刺激が少なくとも通常の日常生活で使用されるレベル以上の過負荷でなければならない。これを過負荷の原理といい、オーバーロードの原理とも呼ばれる。

　過負荷を加えることで得られる効果の機序は、超回復として説明できる。トレーニングのような刺激を身体に与えると、一時的に疲労して体力水準は低下するが、適切な休息をとることにより以前の水準よりも回復する（超回復）。超回復は大きく4段階ある（図23-2）。

　第1段階：過負荷の運動刺激による疲労で特定の体力要素の機能が低下する。使用したエネルギー代謝系のエネルギーが枯渇する。

　第2段階：適切な休息により、枯渇したエネルギーの回復や損傷した筋線維の修復が行われる。

　第3段階：適切な休息により、体力要素の機能レベルが以前の水準よりも回復する（超回復）。

　第4段階：超回復の効果が得られて以降、再び適切な過負荷を与えなければ、超回復の効果は消失して元の体力水準に戻る。

(3)　可逆性の原理　トレーニングの効果は永続的に続くものではなく、トレーニングを中止すれば効果が徐々に消失する。これは、図23-2の超回復モデルにおける第4段階を指している。トレーニングの中止による効果の消失時期は、体力要素により異なる。筋力は8〜9週間の運動休止により低下するが、2週間程度の休止では低下しないとの報告がある。持久力の低下は2週間で9％、5週間で20％低下することが報告されている。トレーニングを中止しなくても、過負荷の運動刺激を受けていない組織・器官へのトレーニ

ング効果は徐々に消失することも留意する必要がある。例えば、一定期間の筋力トレーニングの後、筋力トレーニングを中止して有酸素系トレーニングを開始した場合、筋力に対するトレーニング効果は徐々に消失することになる。トレーニングプログラムは、トレーニング効果の消失時期を考慮して運動間隔を適切に計画しなければならない。

(4)　適時性の原理　トレーニングの効果は、各年代によって異なる。運動刺激を与えれば誰でも同じように効果が得られるわけではない。特に発育発達期においては、年齢や成長に応じて体力要素ごとに異なる発達過程をたどる。このため、各体力要素の発達のスパート期をうまく捉えてトレーニングを行うことで、より高い効果が得られる。一般的に、発育発達の程度はスキャモンの発育曲線で示される（図23-3）。これは、成熟時点である20歳時の発育レベルを100として、各年齢での値を比率として示したものである。

①　一般型　全身の外形値を示しており、身長

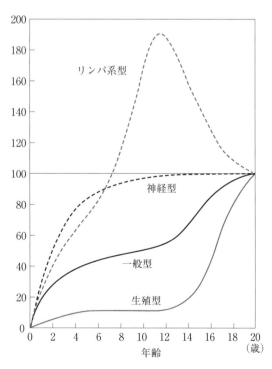

図23-3　スキャモンの発育曲線
出所）日本スポーツ協会編（2007）『公認アスレティックトレーナー専門科目テキスト6　予防とコンディショニング』文光堂：63.

や体重、臓器などの発育の曲線である。乳幼児期から休息に発育し、学童期には緩やかな曲線となり、12歳頃以降から再び急速な発育をたどる。

②　**神経型**　出生直後から急速に発育し、幼児の間に20歳時の80%程度まで発育する。

③　**リンパ系型**　免疫機能に関わるリンパ節や扁桃の発育で、20歳時のレベルを超えて12歳頃までにピークに達し、その後下降して20歳時のレベルに収束する。

④　**生殖型**　睾丸、卵巣、子宮など生殖器の発育を示す。発育に伴い男性ホルモンと女性ホルモンの分泌が増加し、性差が現れる。

　発育の特徴として、神経型のスパート期は早く、器械体操など神経系のトレーニングは幼児期から行うことで得られる効果は高い。筋の発達は一般型に相当するため、発育の緩やかな学童期にどれだけ筋力トレーニングを行っても得られる効果は少ない。発育の程度には性差や個人差があるため、実際には一年間の身長の伸びを年単位でグラフ化することで個別に成長速度のピーク（Peak Height Velocity：PHV）を迎える時期が推測できる。PHVの年齢以降では男性ホルモンの分泌が活発となり、たんぱく質の合成が促進されて筋の発達に適した年齢となるため、筋力トレーニングによる効果が期待できる。

3　トレーニングの原則

（1）　**全面性の原則**　各体力要素を偏ることなく全般的に強化することで、基礎的な体力を向上させる。また、競技種目に必要な専門的体力を偏ることなく向上させる。高度なスポーツパフォーマンスは、十分な基礎的体力を土台にして競技に特化した専門的体力があり、専門的体力に基づいて高度な技術がある。このピラミッドが崩れると、一部に過剰な負荷が加わったり、疲労によりパフォーマンスが低下したりするなど、怪我の要因にもなる。このため、身体全体をバランスよくトレーニングすることで、基礎的・専門的な体力要

素をオールラウンドに向上させていくことが重要である。さらに、全面性の原則は、体力的側面を鍛える身体トレーニングだけでなく、心理、技術、戦術などのトレーニングも含めて総合的にトレーニングすることが重要であることも意味している。

（2）　**意識性の原則**　目的意識や意欲が高ければ、トレーニング効果が期待できる。これから行うトレーニングは何のために行うのか、この体力要素が向上するとスポーツパフォーマンスにどのようなよい影響がもたらされるか、いまどの筋に対して負荷をかけているのか、使用している筋の収縮感覚が意識できるかなど、トレーニングの目的を十分に理解し、自身のスポーツパフォーマンスの向上に何がどのように必要なのかを自覚することが重要である。スポーツ指導者は、競技者に一方的にトレーニングを指示してはいけない。競技者がトレーニングの目的を理解できるように説明し、目的意識を持ったトレーニングを進められるように促すべきである。

（3）　**漸進性の原則**　特異性の原理、過負荷の原理に基づいて、ある一定の過負荷でトレーニングを続けた場合、超回復により体力水準が向上すると実施していた運動強度が相対的に弱まり、それ以上のトレーニング効果が得られにくくなる。このため、体力水準の向上に伴って、トレーニングの強度や量を漸進的に増加させる必要がある。トレーニング課題も難易度の低いものから開始し、体力水準の向上に合わせて漸進的に難易度を高くする。体力レベルの低い者やフォームが未熟な者に対して、トレーニングの初期から高強度の負荷をかけることは、効果が得られないだけでなく怪我を発生させる危険性が非常に高い。このため、トレーニングの実施に当たっては、本来目標とする運動強度よりも低い強度から開始し、段階的に強度や難易度を上げていくように留意する。効率的に効果の高いトレーニングを実施するには、いかに競技者個々の体力レベルを適切に評価し、適切な過負荷となるような運動処方ができるかが重

要である。

（4）**個別性の原則**　体力レベルには、当然ながら個人差がある。集団チームに対して全員に同一の負荷でトレーニングを実施した場合、適刺激で高い効果が得られる者もいれば、負荷が低過ぎて効果が得られない者もいれば、オーバートレーニングとなりコンディションを崩す者もいる。体力レベル以外にも考慮すべき要因として、年齢や性別、体格、技術レベル、全般的な健康状態、精神的要因、怪我の既往、路面状態、天候など、競技者自身の内的要因や外的要因、環境要因、社会的要因といった様々な要因がある。トレーニングは、こうした個々の状態に合わせて個別的なプログラムを作成しなければならない。

　個別性の原則の例外として、集団で同一負荷のトレーニングを行う利点がある。スポーツ指導者の視点から、同一負荷でトレーニングを実施することで、個々の体力レベルの差を明確に判断できる。例えば、12分間走を全員で行えば、走行距離の差から体力レベルの優劣がつく。これは体力レベルの評価としては有用であるが、実際にトレーニングの処方は個々の状態に合わせて行うべきである。

（5）**反復性の原則**　トレーニング効果を高めるには、繰り返し反復して行う必要がある。稀に戦術や技術は突然に"ひらめく"ということがあるが、身体トレーニングでは一夜漬けのように急に目覚ましい効果が得られることはありえない。このため、トレーニングは一時的に行うものではなく、継続的・計画的に実施していく必要がある。正しい動作やフォームの習得も、反復的に実施することで運動を学習できる。反対に、誤った動作やフォームを修正しないまま反復して行えば、誤ったものを運動学習し、それを繰り返すことでスポーツパフォーマンスの低下や怪我の発生リスクを高めることにつながりかねない。盲目的に反復するのではなく、常に正しい動作やフォームで行えているかを確認しながら行うことが重要である。過剰な負荷や適切な休息間隔をとらずにトレーニングを実施している場合、疲労の蓄積とパフォーマンスの低下をもたらすオーバートレーニングの状態となる可能性がある。反復してトレーニングを実施するには、適切な休息によるリカバリー対策を合わせて行う必要がある。（小山貴之）

（引用文献）

小山貴之編（2015）『アスレティックケア』NAP.
日本スポーツ協会編（2007）『公認アスレティックトレーナー専門科目テキスト6　予防とコンディショニング』文光堂.

24 健康維持と体力増進の運動プログラミング

1 運動プログラミング

（1）**意義**　超高齢社会で生きる私たちが幸福な生涯を送るためには、日頃から、健康づくりのための運動習慣を生活習慣の中に取り入れ、その運動を効果的に実施する必要がある。そのためには、個人的特性（個々の目的、行動の特性、性別、年齢、体力レベル、健康状態、嗜好性など）に合わせて運動の種類や強度、時間、頻度を適切にコントロールし、安全かつ合理的な運動プログラムを作成することが大切である。

このように、必要な運動を時間経過に伴って論理的に配置し、運動プログラムを作成する手続きを運動プログラミングと呼び、運動実施者の個別性を考慮して個々の運動内容を厳密に設定することで効果的なトレーニングをデザインすることができる。なお、この運動プログラミングについては、単に運動プログラムを作成するだけでなく、事前のメディカルチェックや体力測定およびそれらに対する評価、トレーニングの実施過程などを含めて考える場合がある。

（2）**トレーニング処方と運動処方**　Pate（1983）は、行動体力に含まれる能力について、運動能力に関連する能力（motor fitness）と健康に関連する能力（health-related fitness）に分類した（図24-1）。スポーツ選手が競技力を高めるためには、この運動能力に関連する能力（筋力、筋持久力、筋パワー、敏捷性、心肺持久力、柔軟性、スピード、身体組成、平衡性など）を安全に効率よくトレーニングする必要があることから、この方法をトレーニング処方と呼んでいる。一方、健康を維持増進させるために運動を実施しようとする者は、健康に関連する能力（心肺持久力、筋力、筋持久力、身体組成、柔

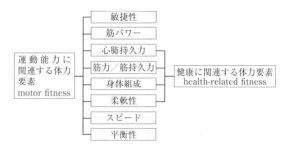

図24-1　運動能力と健康に関する体力要素

出所）Pate, R. R.（1983）A New Definition of Youth Fitness, *The Physician and Sportsmedicine*, 11（4）：77-83を参考に筆者が作成．

軟性）を中心にトレーニングすることになる。そのため、これらの健康に関連する能力をより安全にかつ適切にトレーニングする方法を運動処方と呼んでいる。近年、運動処方が単に体力向上だけを目的とするのではなく、ある疾病に対する危険因子の抑制を目的とするようになってきた。これは、人々の生存性改善の観点からも重要な意義を持ち、大きな役割を果たすことが期待される。

両者は、目的に応じて使い分けられるが、いずれも個々の目的を達成するために、プログラム変数を操作して効果的な運動プログラムを作成することが重要となる。

2 運動のプログラム変数

（1）**プログラム変数とは**　運動プログラムを作成する際、目標を達成するために設定されるプログラムの構成要素をプログラム変数と呼ぶ。プログラム変数には、主に運動の種類、運動強度、時間（回数）、頻度、期間などが挙げられる。

（2）**運動の種類**　運動の種類は、実際に運動する内容がどのような運動種目であるのか、運動の選択そのものを示している。プログラミングする運動のタイプを適切に選択することができると、

トレーニング効果をより高めることができる。なぜなら、トレーニング効果は行われた運動のタイプに影響を受けるためで、例えば、ジョギングやサイクリングなどの有酸素性運動は筋力アップに効果はないし、腕立て伏せのような筋力トレーニングで全身持久力を高めることはできない。

また、実施者の好みに応じた運動の選択も重要で、実施者が楽しんで運動できることは、運動の継続性に影響する。さらに、エイジングにより体力低下が進んでいる高齢者には、身体に大きな負担がかかる瞬発的な運動はリスクが大きいことから、年齢に応じた運動の選択も考慮しなければならない。特に病気や傷害がある場合には、医師の指示に従って慎重に運動を選択する必要がある。

(3) **運動強度**　運動強度は、プログラミング変数の中で最も重要な条件である。なぜなら、その運動強度が実施者の能力を刺激する過負荷のレベルでなければ、有効なトレーニング効果は得られないためである（過負荷の原理）。

運動強度を設定する方法として、重量、高さ、速度などを用いる物理的方法と心拍数や発揮筋力などを用いる生理的方法があり、それぞれ絶対的方法と相対的方法によって決定される。絶対的方法は個人差に関係なく一定の強度を絶対値（例えばkg）として設定する場合に用いる。一方、相対的方法は個人の最大値に対する相対的割合などによって設定されるが、例えば、最大酸素摂取量（$\dot{V}O_2max$）のような生理的指標の割合を用いた生理的方法が最も科学的な方法といえる。

この最大酸素摂取量とは、単位時間当たりに体内に酸素をどれだけ摂り込めるかという能力を示しており、この数値が高い者ほど全身持久力が高く、生活習慣病を予防することも知られている。この方法は最大酸素摂取量を100％とし、実際の運動で用いる運動強度を百分率（%$\dot{V}O_2max$）で表す。また、最大酸素摂取量から安静時酸素摂取量を引いた値（最大酸素摂取予備能：$\dot{V}O_2max$ Reserve）を%強度で示した尺度（%$\dot{V}O_2maxR$）も近年よく利用される。

心拍数について見ると、運動中は酸素の摂取量が最大の時、心拍数も最高になる（心拍数は運動強度とほぼ比例する）ことから、運動中の心拍数からその時の酸素摂取量を推測し、運動強度を調べることができる。次式は、最大酸素摂取量に対する割合（％）を推定できるが、全力で運動した時の心拍数である最高心拍数は安全上容易に測定できないため、220－年齢で予測値を求めて計算する。

最大酸素摂取量に対する割合（％）＝

$$\frac{運動時心拍数 - 安静時心拍数}{最高心拍数 - 安静時心拍数} \times 100$$

また最大酸素摂取量と同様に、最高心拍数の%強度（% HRmax）や最大心拍予備能（% HRmax Reserve＝最高心拍数－安静時心拍数）の%強度（% HRR）が運動強度として用いられる場合もある。アメリカスポーツ医学会の指針では、有酸素運動における至適心拍数として、最高心拍数の50～70％の範囲を推奨している。健康の維持増進のためには、最大心拍数の90％以上の運動強度は必要ないと考えられていることから、性別や年齢など様々な個人差を考慮して目標心拍数を次式で求めることができる。

目標心拍数 ＝［（220－年齢）－安静時心拍数］

$$\times \begin{pmatrix} 0.5 \\ 0.6 \\ 0.7 \end{pmatrix} + 安静時心拍数$$

さらに、運動による消費エネルギーが基礎代謝量の何倍のエネルギーに当たるか示すエネルギー代謝率（RMR）を求めることで、その運動の強度を知ることもできる。

$$RMR = \frac{運動の酸素消費量 - 安静時の酸素消費量}{基礎代謝の酸素消費量}$$

つまり、このRMR値が大きければ大きいほど強い運動であることを示している。

運動強度を設定するその他の方法には、主観的運動強度（Rating of Perceived Exertion：RPE）と呼ばれる自覚的判断に基づく指標（自覚的な負担度を6から20までの整数で表す）がある（表24-1）。特に

表24-1　主観的運動強度（RPE）判定表

RPE	判定
6	
7	非常に楽である
8	
9	かなり楽である
10	
11	楽である
12	
13	ややきつい
14	
15	きつい
16	
17	かなりきつい
18	
19	非常にきつい
20	

（11〜13に）目安となる範囲

出所）小野寺孝一・宮下充正（1976）「全身持久性運動における主観的強度と客観的強度の対応性─Rating of perceived exertion の観点から」『体育学研究』21（4）：191-203.

表24-2　運動強度の分類（60分間以上継続できる運動の場合）

強度	% HRR or % $\dot{V}O_2$maxR	% HRmax	RPE
非常に軽度	<20	<35	<10
軽度	20〜39	35〜54	10〜11
中等度	40〜59	55〜69	12〜13
高強度	60〜84	70〜89	14〜16
非常に高強度	≧85	≧90	17〜19
最大強度	100	100	20

出所）American College of Sports Medicine（2000）*ACSM's Guidelines for Exercise Testing and Prescription*, 6th Edition, Williams and Wilkins, Baltimore.

表24-3　健康づくりのためのガイドライン

運動強度（%$\dot{V}O_2$max）		必要時間（分）
40	高齢者	40〜60
50	中高齢者	30〜45
60	若年者	20〜30
70		15〜20
80		10〜15

出所）池上晴夫（1990）『運動処方─理論と実際』朝倉書店.

RPE11〜13が目安とされており、主観的に「ややきつい」運動強度とは、2人でジョギングを行っている場合、会話が時々途切れる程度を示している。この方法は信頼性も高く、実用性の観点からの代表的な運動強度の指標となっている。

　なお、有酸素性運動を行う場合、生理的指標（% HRR, % $\dot{V}O_2$maxR, % HRmax）と心理的指標（RPE）の対応関係を知っておくと、実際のプログラミングに役立つであろう（表24-2）。

（4）**時間**　時間は運動の持続時間を示すが、レジスタンス（筋力）トレーニングのように反復回数で表す場合もあり、運動強度とは別の負荷の大きさ（量）を示す指標である。時間の長さや反復回数の他に、距離や総仕事量によっても量が設定される。例えば、ランニングでは距離や反復回数、ウエイトトレーニングでは挙上回数やセット数がこれに当たる。

　健康づくりにおける運動の効果をより拡大するためには有酸素性運動とレジスタンストレーニングを組み合わせるとよい。レジスタンストレーニングは、筋量や筋力、筋持久力のアップを目的と

しており、この場合の運動強度は疲労困憊まで何回反復できるかを指標（Repetition Maximum：RM）とする。例えば、8RMとは最大8回反復できる重さを、1RMとは持ち挙げることが1回しかできない最大挙上重量を意味している。したがって、運動プログラミングの際には、運動部位、RM、セット数、頻度などの条件を操作することになる。健康づくりのためのガイドラインでは、8〜15RM、セット数は1セット、8〜10種類の運動内容を、週に2〜3回行うように推奨している。

　なお、有酸素性運動におけるプログラミングの際には、健康づくりのためのガイドライン（表24-3）を参照し、あらかじめ運動時間を比較的長めに設定し、運動強度が高くなり過ぎないように配慮することが必要である。

（5）**頻度**　頻度は、通常、週当たりのトレーニング日数で表し、設定される。2つ以上の異なる目的の運動を同時にプログラミングする場合、その運動別に頻度は異なる。その際、それぞれの運動による疲労の程度とその回復に必要な時間を

十分考慮する必要がある。

　運動の頻度は、週1回のトレーニングでも僅かに体力は向上し、頻度が多くなれば、その効果はより大きくなることが知られている。しかし、連日トレーニングを継続すると、疲労が蓄積し、慢性疲労の状態となるため、その効果は減少する。健康づくりのためには、1日おきに週3回程度の頻度で運動することが勧められる。

　(6)　運動の配列　　運動プログラミングでは、運動をどのような順序で実施するとより効果的か、その配列を考えることが重要である。なぜなら、複数の運動を含んでプログラミングされている場合、個々の運動の実施順序がそのトレーニング効果に大きく影響するためである。通常、前のトレーニングが後のトレーニングに悪影響を与えないことが前提条件となるため、個々の運動特性や相互の関係性、あるいは疲労の程度を十分考慮して、トレーニング効果が最も得られる適切な順序を設定しなければならない。

　ただし、競技スポーツのように試合が連続する場合、故意に疲労困憊の状態を作り出し、その後に繊細で正確性が求められる技術トレーニングすることも有用であることから、実状に応じて運動の配列を工夫する必要があろう。

　(7)　休息時間　　休息時間は、運動の種類や目的によって正確に制御すべき変数の一つであり、運動プログラミングの際には、各運動間やセット間で計画的に休息時間を配置することが重要である。休息時間には、できるだけ完全回復させる場合と、あえて不完全な回復状態でさらに負荷をかける場合とがあるので、運動の目的やレベルあるいはトレーニングの進行段階に応じて秒単位または分単位でコントロールするとよい。

③　運動プログラムの実際

　(1)　手順　　体力および健康づくりを目的とした運動プログラムは一般的に次の手順で作成され

る。

①一般的な健康診断によるメディカルチェック
②運動負荷テストによる運動の可否を決めるための動的な健康診断
③体力テスト
④体力テストの結果に基づいた運動処方プログラムの作成（運動の種類、強度、時間〔回数〕、頻度、トレーニング期間の決定）
⑤トレーニングの実施
⑥3ヶ月程度ごとにトレーニング効果の測定

　(2)　安全対策　　運動を安全に行うためには、運動前のウォームアップ（準備運動）とクーリングダウン（運動後に安静状態まで戻すための整理運動）が必要不可欠である。したがって、運動プログラミングの段階で十分な安全対策を事前に講じておくことが求められる。また実際には、運動直前や運動中の体調チェックはより重要といえ、用具や服装、計画的な水分補給などと併せて注意を配る必要がある。

　(3)　プログラムの決定　　前述した個々のプログラム変数における選択肢は膨大である。また、それらの変数の組み合わせは、無数のパターンが存在している。つまり、これらの順列組み合わせによって多くのプログラムを作成することが可能といえる。しかし、これらの中から最適なプログラムを選び出すためには、多くの試行錯誤と成功・失敗の経験が求められるのはいうまでもないが、多種多様な個体差を有している運動実施者に対し、効果的なトレーニング効果をもたらすためには、最新の科学的情報を常に参照しながら運動プログラムの内容を判断していくことが重要である。　　　　　　　　　　　　　（髙橋正則）

(引用文献)

日本体育学会監修（2006）「運動処方」『最新スポーツ科学事典』平凡社：56-57.
日本スポーツ協会編（2018）『Reference Book』：180-181.
Pate, R. R.（1983）A New Definition of Youth Fitness, *The Physician and Sportsmedicine*, 11(4)：77-83.

1 体力テスト

(1) **体力テストの特徴**　従来、運動能力が高い者ほど体力的に優れているという評価がなされてきたが、近年における運動不足病や生活習慣病が問題となる現代社会では、一般人の健康を支える基盤としての体力（いわゆる health-related fitness）がより重要視されるようになってきた。そこで、このような体力の考え方の移り変わりに伴い、「新体力テスト」は体力要素の重複項目を整理し、対象年齢の拡大（60歳以上）や安全性重視、種目と記録の妥当性、場所や計測の簡略化を目的として新しい科学的根拠に基づいて作成され、1999（平成11）年よりスタートした。

その体力テストでは年齢区分を4つ（6〜11歳、12〜19歳、20〜64歳、65〜79歳）に分類し、各年齢に応じた測定項目を設定している（表25-1）。

特に、国民の体力・運動能力を経年的に比較するためには、全年齢で同一の測定項目を設定することが必要となるため、体力テストでは全年齢（6〜79歳）を対象として、握力、上体起こし、長座体前屈を設定している。また、小学生から成人（〜64歳）を対象とし、持久力を評価するための20mシャトルランを採用し、立ち幅とびと反復横とび（間隔を1mに統一）を共通項目としている。

(2) **高齢者の体力テスト**　高齢社会がますます進展する中で、高齢者が体力を保持増進し、健康で生き甲斐のある豊かな日常生活を送るために、その基本となる体力の状況を把握し、それに基づいて自分に適した運動を適切に行う必要がある。高齢者の体力の実状に応じたスポーツ振興策を講じるための基礎資料を得るために、高齢者向けに安全で簡易なテストが設定されている。

まず、質問紙による「健康状態のチェック」と「ADL（日常生活活動テスト：Activities of Daily Living）」を実施し、その結果に基づいて体力テストに進むかどうか判定する（資料参照）。測定項目は、全年齢（6〜79歳）共通の握力、上体起こし、長座体前屈の他に、開眼片足立ち、10m障害物歩行、6分間歩行を設定している。

2 体力テストの測定項目

(1) **筋力**　握力は、あらゆる身体活動の基本的要素であり、全身における他の筋力との相関も高く、安全で簡単に測定可能なことから、全年齢（6〜79歳）で採用されている。また上体起こしは、腹筋だけでなく大腿部や腰部の筋力・筋持久力、あるいは腹部皮下脂肪などの影響を知ることができる。

(2) **持久力**　局所的な筋持久力と全身持久力に分けられるが、相互に影響し合っている。筋持久力は上体起こし、全身持久力は20mシャトル

表25-1　新体力テストの年齢区分と測定項目

テスト項目	6〜11歳	12〜19歳	20〜64歳	65〜79歳
握力	○	○	○	○
上体起こし	○	○	○	○
長座体前屈	○	○	○	○
反復横とび	○	○	○	
立ち幅とび	○	○	○	
50m走	○	○		
ソフトボール投げ	○			
ハンドボール投げ		○		
20mシャトルラン	○	○選択	○選択	
持久走		○選択		
急歩			○選択	
ADL（日常生活活動テスト）				○
開眼片足立ち				○
10m障害物歩行				○
6分間歩行				○

ランや持久走、急歩、6分間歩行（65〜79歳）によって測定される。全身持久力は呼吸循環系機能の指標である最大酸素摂取量（V̇O₂max）、20mシャトルランの折り返し数から最大酸素摂取量が推定できるようになっている（資料参照）。

（3）**敏捷性**　全身もしくは身体の一部分を素早く動かす能力で、スポーツ場面における様々なパフォーマンスと関係が深い。また敏捷性には、刺激に対して早く反応する要素（反応時間）と動作を速く行う要素（スピード）がある。体力テストでは反復横とびが6〜64歳を対象に採用されている。

（4）**柔軟性**　関節を動かす能力で、関節可動域の大きさを角度法や距離法により評価する。体力テストでは、長座体前屈が採用され、腰部と膝窩腱の柔軟性を評価している。このテストは長座で測定可能であることから安全性が確保され、また足首を固定しないことから腕や脚の長さの影響を受けにくい。握力や上体起こしと同じように、全年齢（6〜79歳）で採用されている。

（5）**パワー**　単位時間当たりの仕事量を示す。体力テストでは瞬発力として、垂直とびや立ち幅とび、ソフトボール／ハンドボール投げで評価される。体力テストでは、巧緻性の影響が少なく、安全に測定可能な立ち幅とびを広い年齢層（6〜64歳）で採用している。

（6）**バランス**　平衡性ともいう。体力テストでは日常生活での転倒の危険性が高くなる65歳以上の高齢者を対象に開眼片足立ちテストを採用している。

（7）**巧緻性**　動作を目的に合わせて巧みに行う能力である。旧来のスポーツテストではジグザグドリブルが採用されていたが、現行の体力テストでは除外された。体力テストでは、20歳未満で採用されたボール投げ（ソフトボール投げ、ハンドボール投げ）や、65歳以上で採用された10m障害物歩行が該当するが、巧緻性以外にパワーや敏捷性なども影響する。

③　実施方法

（1）握力

【準備】スメドレー式握力計。

【方法】握力計の指針が外側になるように持ち、人差し指の第2関節がほぼ直角になるように握りの幅を調節する。直立の姿勢で両足を左右に自然に開き腕を自然に下げ、力いっぱい握りしめる。

【記録】右左の順で交互に2回ずつ行い、記録はkg単位とし、kg未満（小数第1位）は切り捨てる。左右各々のよい方の記録を平均し、kg未満は四捨五入する。

握力計を身体や衣服に触れないようにし、振り回さない

両足は左右自然に開く

【注意】実施の際、握力計を身体や衣服に触れないようにし、また握力計を振り回さない。テストは右左の順に行い、同一被測定者に対して続けて行わない。

（2）上体起こし

【準備】ストップウォッチ、マット。

【方法】マット上で仰臥姿勢をとり、両手を軽く握り、両腕を胸の前で組む。両膝の角度を90度に保つ。補助者は、被測定者の両膝を押さえ、固定する。「始め」の合図で、仰臥姿勢から両肘と両大腿部がつくまで上体を起こし、素早く開始時の仰臥姿勢に戻す。

【記録】30秒間で両肘と両大腿部がついた回数を記録する。ただし、背中（肩甲骨）がマットにつかない場合は回数に含めない。実施は1回とする。

【注意】両腕を組み、両脇を締める。仰臥姿勢の

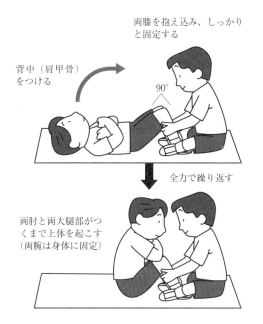

両膝を抱え込み、しっかり
と固定する

背中（肩甲骨）
をつける

90°

全力で繰り返す

両肘と両大腿部がつ
くまで上体を起こす
（両腕は身体に固定）

際は、背中（肩甲骨）がマットにつくまで上体を
倒す。補助者は被測定者の下肢が動かないように
両腕で両膝をしっかり固定する。被測定者と補助
者の頭がぶつからないように注意する。被測定者
のメガネは、外すようにする。腰痛がある者はこ
のテストを実施しない。

（3）　長座体前屈

【準備】デジタル長座体前屈計1台。あるいは
A4コピー用紙の箱（22cm×24cm×31cm）2個、

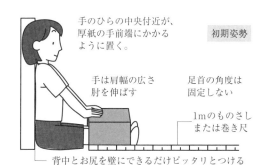

手のひらの中央付近が、
厚紙の手前端にかかる
ように置く。

初期姿勢

手は肩幅の広さ
肘を伸ばす

足首の角度は
固定しない

1mのものさし
または巻き尺

背中とお尻を壁にできるだけピッタリとつける

ゆっくり

0cm

この距離を測る

段ボール厚紙（75～80cm×31cm）1枚、ガムテー
プ、スケール（1m巻き尺または1mものさし）。

【方法】図のような初期姿勢をとる。初期姿勢を
とった時の箱の手前右または左の角にスケールの
0cmを合わせる。被測定者は、両手を厚紙から
離さずにゆっくりと前屈して、箱全体を真っ直ぐ
前方にできるだけ遠くまで滑らせる。最大に前屈
した後に厚紙から手を離す。

【記録】初期姿勢から最大前屈時の箱の移動距離
をスケールから読み取る。記録はcm単位とし、
cm未満は切り捨てる。2回実施してよい方の記
録をとる。

【注意】前屈姿勢をとった時、膝が曲がらないよ
うに気をつける。箱が真っ直ぐ前方に移動するよ
うに注意する。靴を脱いで実施し、足首の角度は
固定しない。

（4）　反復横とび

【準備】図のように3本のラインを並行に引く。
ストップウォッチ。

【方法】中央ラインをまたいで立ち、「始め」の合
図で左右いずれかのラインを越すか、または踏む
までサイドステップし（ジャンプしてはならない）、
次に中央ラインに戻り、さらに反対側のラインを
越すかまたは触れるまでサイドステップする。

【記録】上記の運動を20秒間繰り返し、それぞれ
のラインを通過するごとに1点を与える（例えば、
右、中央、左、中央で4点）。2回実施してよい方の
記録をとる。

【注意】コンクリート等の上では実施しない。外

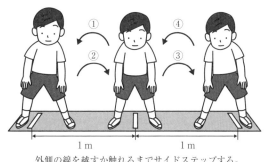

① ② ③ ④

1m　　1m

外側の線を越すか触れるまでサイドステップする。
ジャンプしてはいけない。

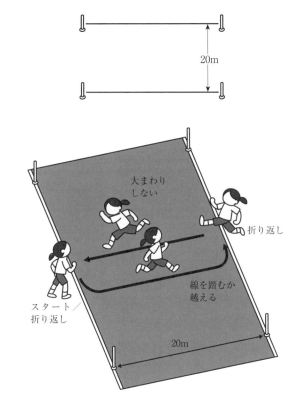

側のラインを踏まなかったり（ラインを踏んでも、足がライン内側に出てはいけない）、越えなかった場合や、中央ラインをまたがなかった場合は点を与えない。このテストは、同一の被測定者に対して続けて行わない。ウォームアップでは柔軟運動を十分に行う。

（5）持久走（男子1500m、女子1000m）

【準備】歩走路（トラック）、スタート合図用旗、ストップウォッチ。

【方法】スタートはスタンディングスタートの要領で行う。スタートの合図は「位置について」「用意」の後、音または声を発すると同時に旗を上から下に振り下ろすことによって行う。

【記録】スタートの合図からゴールライン上に胴が到達するまでに要した時間を計測する。計時員が時間を読み上げ、測定員が到着時間を記録してもよい。記録は秒単位とし、秒未満は切り上げ、実施は1回とする。

【注意】被測定者の健康状態に十分注意し、疾病と傷害の有無を確かめ、医師の治療を受けている者や実施が困難と認められる者については、このテストを実施しない。トラックを使用して行うことを原則とする。テスト前後にはウォームアップとクーリングダウンを十分行う。

男子1,500m
女子1,000m

スタートはスタンディングスタート

（6）20mシャトルラン

【準備】テスト用CDおよび再生用プレーヤー。20m間隔の2本の平行線を引き、ポール4本を平行線の両端に立てる。

【方法】一方の線上に立ち、テストの開始を告げ

る5秒間のカウントダウンの後の電子音でスタートする。次の電子音が鳴るまでに20m先の線に達し、足が線を越えるか、触れたら、その場で向きを変える。この動作を繰り返す。電子音の前に線に達した場合は、向きを変え、電子音を待ち、電子音が鳴った後に走り始める。CDによって設定された電子音の間隔は、約1分ごとに短くなるので、ついていけず走るのをやめた時、または2回続けてどちらかの足で線に触れることができなくなった時にテストを終了する（電子音からの遅れが1回の場合、次の電子音に間に合えばテストを継続できる）。

【記録】テスト終了時（電子音についていけなくなった直前）の折り返しの総回数を記録とする。

【注意】テスト前後のウォームアップとクーリングダウンは十分行う。ランニングスピードのコントロールに十分注意し、電子音の鳴る時には、必ずどちらかの線上にいるようにする。走り続けることができなくなった場合は、自発的に退く。被測定者の健康状態に十分注意し、疾病および傷害

スタートはクラウチング
スタート

スターティングブロックは
使用しない

ゴール
ライン

5cm

1.25m

5m

スタート
ライン

50m

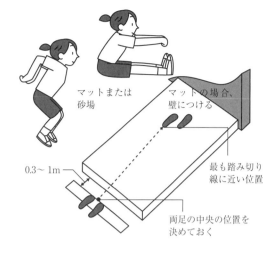

マットまたは
砂場

マットの場合、
壁につける

0.3〜1m

最も踏み切り
線に近い位置

両足の中央の位置を
決めておく

の有無を確かめ、医師の治療を受けている者や実施が困難と認められる者については、このテストを実施しない。

（7）　50m走

【準備】図のような50m直走路、スタート合図用旗、ストップウォッチ。

【方法】スタートは、クラウチングスタートの要領で行う。スタートの合図は「位置について」「用意」の後、音または声を発すると同時に旗を下から上へ振り上げることによって行う。

【記録】スタートの合図からゴールライン上に胴が到達するまでに要した時間を計測する。記録は1/10秒単位とし、1/10秒未満は切り上げる。実施は1回とする。

【注意】走路は、セパレートの直走路とし、曲走路や折り返し走路は使わない。走者は、スパイク

やスターティングブロックなどを使用しない。ゴールライン前方5mのラインまで走らせるようにする。

（8）　立ち幅とび

【準備】屋外で行う場合：砂場、巻き尺、ほうき、砂ならし。砂場の手前（0.3〜1m）に踏み切り線を引く。屋内で行う場合：マット（6m程度）、巻き尺、ラインテープ。マットを壁につけて敷き、マット手前（0.3〜1m）の床にラインテープを貼り踏み切り線とする。

【方法】両足を軽く開いて、つま先が踏み切り線の前端に揃うように立つ（両足つま先を結ぶ中点を決めておく）。両足で同時に踏み切って前方へとぶ。

【記録】身体が砂場（マット）に触れた位置のうち、最も踏み切り線に近い位置と、踏み切り前の両足の中央の位置（踏み切り線の前端）とを結ぶ直線の

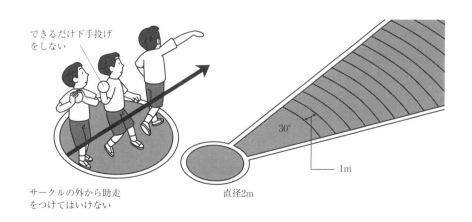

できるだけ下手投げ
をしない

サークルの外から助走
をつけてはいけない

直径2m

30°

1m

距離を計測する。記録はcm単位とし、cm未満は切り捨てる。2回実施してよい方の記録をとる。

【注意】踏み切りの際、二重踏み切りにならないようにする。屋外で行う場合、踏み切り線周辺と砂場の砂面はできるだけ整地する。屋内で行う場合、着地の際にマットがずれないように、滑りにくい（ずれにくい）マットを用意し、テープ等で固定する。テスト実施前のウォームアップでは、柔軟運動を十分に行う。

(9)　ハンドボール投げ

【準備】ハンドボール2号（外周54〜56cm、重さ325〜400g）、巻き尺。平坦な地面上に直径2mの円を描き、円の中心から投球方向に向かって、中心角30度になるように直線を図のように2本引き、その間に同心円弧を1m間隔に描く。

【方法】投球は地面に描かれた円内から行う。投球中または投球後、円を踏んだり、越したりして円外に出てはならない。投げ終わった時は、静止してから、円外に出る。

【記録】円周からボールが落下した地点までの距離を、あらかじめ1m間隔に描かれた円弧によって計測する。記録はm単位とし、m未満は切り捨てる。2回実施してよい方の記録をとる。

【注意】ボールは規格に合っていれば、ゴム製のものでもよい。投球のフォームは自由であるが、できるだけ「下手投げ」をしない方がよい。また、ステップして投げた方がよい。

⑩　急歩（男子1500m、女子1000m）

【準備】歩走路（トラック）、スタート合図用旗、ストップウォッチ。

【方法】いずれかの足が常に地面に着いているようにして、急いで歩く。

【記録】スタートの合図からゴールライン上に胴が到達するまでに要した時間を計測する。計時員が時間を読み上げ、測定者が到着時間を記録してもよい。記録は秒単位とし、秒未満は切り上げ、実施は1回とする。

【注意】被測定者の健康状態に十分注意し、疾病と傷害の有無を確かめ、医師の治療を受けている者や実施が困難と認められる者についてはこのテストを実施しない。測定者は、被測定者が走ることがないように、また両足が一瞬でも地面から離れたら正しく歩くように指導する。トラックを使用して行うことを原則とする。テスト前後にはウォームアップとクーリングダウンを十分行う。

⑪　開眼片足立ち

【準備】ストップウォッチ。

【方法】支持脚が決まったら、両手を腰に当て、「片足を挙げて」の合図で片足立ちの姿勢をとる（片足を前方に挙げる）。

【記録】片足立ちの持続時間を計測し、最長120秒で打ち切る。記録は秒単位とし、秒未満は切り捨てる。2回実施してよい方の記録をとる（1回目が120秒の場合は実施しない）。

5cm程度

【注意】滑らない床で実施する。被測定者の周りには物を置かない。実施前に、①片足でできるだけ長く立つテストであること、②片足立ちの姿勢は、支持脚の膝を伸ばし、もう一方の足を前方に挙げ、挙げた足は支持脚に触れない姿勢であること、③テスト終了の条件は、挙げた足が支持脚や床に触れた場合、支持脚の位置がずれた場合、腰に当てた両手もしくは片手が腰から離れた場合であることを、被測定者に伝えておく。

⑫　10m障害物歩行

【準備】ストップウォッチ、障害物（10×20×50cmを12個）、ビニールテープ（幅5cm）、巻き尺。

【方法】スタートライン上の障害物の中央にできるだけ近づいて両足を揃えて立つ。スタートの合図によって歩き始め、6個の障害物をまたぎ越す。

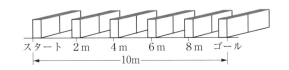

最後の障害物をまたぎ越して、片足が設置した時点をゴールとする。走ったり、とび越した場合はやり直しとする。障害物を倒した場合はそのまま継続する。

【記録】スタートの合図から最後の障害物をまたいだ足が床に着地するまでの時間を計測する。記録は1/10秒単位とし、1/10秒未満は切り上げる。2回実施してよい方の記録をとる。

【注意】滑らない床で実施する。実施前に、障害物を歩いてまたぎ越すこと、障害物はどちらの足でまたぎ越してもよい、走ったり、とび越したりしないこと、障害物を倒しても、そのままゴールまで歩くことを被測定者に伝えておく。一度練習させるとよい。

⒀　6分間歩行

【準備】ストップウォッチ、スタート合図用旗、笛、距離を知らせる目印。一周30m以上の周回路または50m以上の折り返し直線路に5m毎に目印を置く（10m間隔で白目印、5m目に赤目印等を置く）。

【方法】十分な準備運動の後、スタートラインに立つ。両肘を軽く伸ばし、できるだけよい歩行姿勢を保ち、普段歩く速さで6分間歩く。スタートの合図で歩行を開始する。測定者は、被測定者が走ることがないように、またいつも片方の足が地面についた状態を保って歩くように指示する。スタートから1分毎にその経過時間を伝える。6分目に終了の合図をする。

【記録】記録は5m単位、5m未満は切り捨てる。

【注意】被測定者の健康状態に注意し、疾病の有無、当日の体調をチェックする。医師の治療を受けている者、風邪気味の者、熱がある者、二日酔いの者、当日の血圧が160/95mmHg以上の者、ADLの問1（休まないで、どれくらい歩けますか）で「1．5〜10分程度」と答えた者は、このテストを実施しない。実施前に、①競争ではないので、他人と競わないこと、②走ったり、とび上がらないこと（片方の足が必ず地面についていること）、③6分経ったら合図をするのでその位置を確認することを被測定者に伝えておく。なお、準備運動を十分に行わせ、競争をしたり、無理なペースに陥らないように徹底させる。　　　　（髙橋正則）

（引用文献）

青木純一郎・新井忠（1997）「文部省体力テスト再考」『体育の科学』47：847-851.

松井健（2007）『体力とはなにか―運動処方のその前に―』NAP.

文部科学省（1999）『新体力テスト実施要項』.
http://www.mext.go.jp/a_menu/sports/stamina/03040901.htm.

1　ウォームアップ

（1）　ウォームアップの意義　ウォームアップの意義は、以下の２つである。

①その後に行う主運動に対する心理的・身体的準備を行う。

②主運動中のスポーツ障害を予防する。

（2）　主運動に対する身体の準備としての意義

ウォームアップの医学的意義としては、筋温（深部温）の適温への上昇。循環器系（心臓・循環器、肺機能など）の準備。関節可動域の確認などがある。

筋温の上昇は、運動中の末梢の代謝動態に影響する。例えば高強度運動や持久的運動では、糖の代謝や、代謝産物の輸送、疲労物質の代謝など、筋内や末梢での複雑な物質交換や輸送が、運動中には体内で起こる。特に「走る」「泳ぐ」「漕ぐ」などのスポーツ種目では、この循環器系のウォームアップは、きわめて重要であるといわれている。

（3）　心の準備としての意義　今からその運動を楽しむための心理的準備という側面でも、ウォームアップは重要である。その時の主運動がサッカーだとした場合、「試合中に脚が攣らないように」と下肢のウォームアップを十分に行うことで、「脚が攣る」という「リスクに対する準備」ができているという安心感や、自信が生まれ、サッカーの試合に向かう「心の準備」を促すことができる。また、サッカーを楽しむために必要なボールを用いたウォームアップでは、試合中のボールコントロールを想定したスキルトレーニングなどを行うことで、単に筋やスキルの準備だけでなく、実際の試合の場面における心理状態を想定することにも役立つ。

一流のスポーツ選手は、ウォームアップにルーティンワークがあり、それらをこなした後、「さあ、いよいよ決戦だ！」と、戦いに向かう覚悟を決める。これら全般を、心理学的には主運動に対する「レディネス」ともいう。

（4）　怪我の予防　怪我の予防には、運動中に起こりうる怪我の予防と、運動の継続によって起こる怪我（オーバーユース）の予防の２つの側面がある。

一般的な運動中の主な怪我は、腱の断裂、筋の肉離れ、打撲・打ち身などが挙げられる。

腱は、十分なウォームアップができていない状態で、いきなり強い力発揮をすると、筋と腱の移行部で激しい「引っ張り合い」が起こり、結果的に腱断裂が起こる。腱は、筋に比べて毛細血管網が乏しいので、筋に比べると血流量が少ないことから、ウォームアップが不足しがちで、こういった断裂が起こりやすい。特に、ハイパフォーマンスができる人ほど、急に腱に負担をかけることがあるため、要注意である。

筋の肉離れは、サッカーやバスケットなど、急に走速度を上げる場面や、急激な方向転換があるスポーツ種目で起こりやすい。こういう種目は、ウォームアップの際に俊敏性が必要な運動や、疲労しない程度の短距離ダッシュを、数本繰り返しておく必要がある。

打撲や打ち身は、主にコンタクトスポーツで起こりうるが、あらかじめテーピングやサポーターなどで打撲などが起こりうる箇所を保護するなど、リスクマネジメントを働かせる必要がある。

2　ウォームアップの方法

ウォームアップには、どの運動にも必要な「一

般的ウォームアップ」、ある種目特定で必要な「専門的ウォームアップ」、ハイパフォーマンス発揮の際に必要な「高強度ウォームアップ」などがある。

（1）**一般的ウォームアップ**　足関節（アキレス腱）、膝・股関節、呼吸に関与する胸郭、肩関節・肩甲骨などを動かす。

近年は、「ダイナミックストレッチング」や「バリスティックストレッチング」といった「動的ストレッチング」が、ウォームアップによく用いられている。筋の伸長と収縮を一定のスローなリズムや反動的な動きの中で行わせ、筋毛細血管をポンプのように収縮・伸長を繰返させることで、筋内への酸素供給や血流量を増やして、筋温の上昇を促すものである。

（2）**専門的ウォームアップ**　専門的ウォームアップは、主運動に必要なスキルを用いたウォームアップである。球技であればボールを用いるし、水中運動であれば水の中の環境を用いる。主運動で想定される動きを行い、運動感覚や、基本的な戦術の確認を行う。

（3）**高強度ウォームアップ**　よく、ウエイトトレーニングで少し重たい重量を持ち上げた直後にストレッチングを行うと、可動域が広がり、次のセットでは最初のセットより重く感じなくなることがある。高強度ウォームアップとは、この原理を応用したものである。ある特定の大筋群の出力を最大限に上げる予備運動を行い、その後に動的ストレッチングなどを加えて、より専門的な動作での出力を高める。近年、国際舞台で活躍する競泳選手が、3 〜 5キロのメディスンボールを用いてプライオメトリックスローを行ってから、水中の専門的ウォームアップに入る姿をよく見るが、これらも高強度ウォームアップのエビデンスを応用したものであると考えられる。

3　クーリングダウンとは何か？

主運動後に行う軽運動全般を指し、日本ではこれまで「整理体操（運動）」といわれてきた。

（1）**クーリングダウンはなぜ必要か？**　クーリングダウンは、主運動で末梢に蓄積した疲労物質をいち早く代謝し、末梢の疲労回復を促すことができる。また、主運動で高まった交感神経を落ち着かせて、自律神経を元のバランスに戻すことにも貢献できる。クーリングダウンや運動後の静的ストレッチングを十分に行うことで、筋の緊張からの解放やそれによる腱へのストレスの軽減、筋内の疲労物質の代謝を促進させることで、できるだけ早く疲労を回復させ、次の練習への準備をしやすくさせる。

（2）**クーリングダウンは「身体の気づきの場」**

クーリングダウンを十分に行うことで、オーバーユースによるスポーツ障害を、ある程度未然に防ぐ、あるいはオーバーユースの前兆に気づくことができる。主運動を実施した後、クーリングダウンをする間に、個々によく疲労する身体部位を知ることができるのである。このことは、自らのウイークポイントを知ることにもつながる。もしそういった痛みや張りが残った部位・箇所が明確に判断できる場合は、次回の主運動の前のウォームアップで、そのウイークポイントを補強する運動を取り入れることで、ウイークポイントの強化につながり、自らの運動実践を次のステップへとアップデートさせることができる。

このように、クーリングダウンはただ疲労回復を促すだけでなく、自らのコンディションをより詳細に知る＝「自らの身体と向き合う時間」としても、重要な役割を果たすといえる。

（3）**クーリングダウンの至適運動強度と運動種類**　クーリングダウンで行う運動は、強度が高過ぎても弱過ぎても、また運動時間が長過ぎても短過ぎても効果が薄れる。末梢の疲労物質を循環させるためには、ある程度の強度と運動時間が必要である。

一般的には、主観的に「やや楽である」から「ややきつい」と感じる運動強度でのジョグや

ウォーキング、エアロバイク、水泳・水中ウォーキングなどを、5分〜15分程度行い、その後に、各部位の可動域チェックを兼ねて、静的ストレッチングを行って運動を終えるのが望ましい。

　原則として、主運動と同じ運動様式の方がクーリングダウン効果は高い。例えば、サッカーやバレーボールなど、走る・とぶ運動が多く入るスポーツを行った後は、ジョグやウォーキングを行う。サッカーやバレーボール中継の際に、試合後に選手たちが談笑しながらジョグをしている場面がよくテレビに映るが、これらは、選手たちが毎日のように試合で戦う期間中、一定以上のコンディションを常に維持させるために、必要不可欠なルーティンなのである。

　水泳の場合は、レースや練習後に、低スピードで泳ぎながらクーリングダウンを行う。もちろん、泳ぐ運動の方がより早く疲労物質は代謝されるが、水泳の場合、試合会場によってはクーリングダウンを行うためのサブプールがないケースもある。そういった場合、会場周辺でジョグやウォーキングを行うことで、何もしないよりも、より早く末梢の疲労回復ができることが明らかにされている。主運動でクーリングダウンを行うことができなくても、別の方法でクーリングダウンを行うオプションを持っておくのが望ましい。

(4)　エクイプメントを用いたクーリングダウン

　(3)で水泳選手のクーリングダウンを例に挙げたが、実は、プール（水）環境は、水圧により身体が水による圧迫を受けることで、末梢から心臓への静脈還流が増加するなど、水圧に身体を暴露することにより得られるメリットが多い。さらに、水中でダイナミックストレッチングを行うことで、

関節可動域がより広がることも明らかにされている。そのような背景から、近年は重量挙げ、バドミントン、サッカー、ラグビーの日本代表クラスのアスリートたちが、トレーニング後、試合後にトレーニングセンターやホテルのプールを用いて、ウォーキングをしたりストレッチングを行うようになった。水中環境は、様々なスポーツのクーリングダウンの場所として適しているといえよう。

　近年は、それに加えて水温20度以下の水に入る冷水浴（図26-1）や、温水（38度くらい）と冷水（20度を切るくらい）を2〜3分ずつ交互に入る「交代浴」も、疲労回復には有効であるとされている。また、ストレッチングも通常の静的ストレッチングだけでなく、水中でのダイナミックストレッチングや、「ストレッチポール」を用いた筋膜リリースなども用いられるようになり、多様なクーリングダウン手法がとられるようになった。

（野口智博）

図26-1　冷水を溜める特別な機器を用いて、練習後に冷水浴を行う競泳選手（モデル：木村敬一選手、パラ水泳世界選手権事前合宿地にて）

（引用文献）

出村慎一（2016）『健康・スポーツ科学における運動処方としての水泳・水中運動』杏林書院.

●コラム6

シンクロナイズドスイミングを通じて学んだこと　　　　（三井梨紗子）

シンクロナイズドスイミング（現アーティスティックスイミング）に出会ったのは9歳の時、水中で自由自在に泳ぐ選手に憧れ、いつかオリンピックに出場することが私の夢となった。そして、そこから10年後の夏、ロンドンオリンピックに出場が決まり、夢を叶えることができた。

しかし、現実は私が思い描いていたものとは全く違った結果となったのだった。日本のシンクロは、オリンピックの正式種目になってから常にメダルを獲得し続けていた。そのメダルを初めて落としたのが、このロンドンオリンピックとなったのである。私は、日本シンクロ界の歴史に穴を空けてしまったという絶望感から悔しいという言葉すらいえず、このオリンピックで自分の力のなさを痛感するだけだった。

その後も日本チームは様々な改革を試みたが、チームの得点が伸びることはなく、多くの選手が辞めていった。そんな時、一人のコーチが私たちの前に現れ、私はデュエットというチームの花形を泳ぐことになる。そのコーチが私たちに最初に放ったのは、「あなたたちは本気で練習していない。メダルをとりたいなら自分を変えなさい」という言葉だった。私は内心「こんなに本気なのになんでそんなことをいうのだろう」と疑問に思ってしまった。そんな私たちを見たコーチも私たちの行動に疑問を抱いていたようだ。

そんな状況の中、それらを変える出来事が起きる。

デュエットはプールの中に2人しか泳ぐ選手がいないので、チームより体の形がよく見える。O脚という弱点があった私は、デュエットの選手という責任もあり、自分に合った脚の締め方や体の使い方を模索し、少しずつ脚の形を変える努力をしていった。両脚の隙間が減っていくことは、私の心の中よりもはるかに変化がわかりやすく、コーチの私を見る目が変わってきたのを感じた。私はここで、自分の変化は相手に伝わってこそ意味があると気づくことになる。この学びはその後の私の行動に大きな影響を与え、自分が変わることで周りも少しずつ変わっていくことを実感したのである。こうした変化により、最終的には日本チームが世界からメダル圏内の国として認められるようになった。そうした経験を積んで、リオオリンピックでは自信を持って泳ぐことができ、メダル獲得へとつながったのだと思っている。

（引用文献）

金子正子（2008）『日本シンクロ栄光の軌跡　シンクロナイズドスイミング完全ガイド』出版芸術社.

ミキハウス東京アーティスティックスイミングクラブ所属（2016年卒）
2012年 ロンドンオリンピック シンクロナイズドスイミング競技　チーム5位
2016年 リオデジャネイロオリンピック　シンクロナイズドスイミング競技 デュエット・チーム3位

写真）長田洋平／アフロスポーツ.

写真）青木紘二／アフロスポーツ.

27 熱中症と水分摂取

1 熱中症の理論

(1) 熱中症の症状と種類

① **体温調節** ヒトの体温は通常、36℃前後に保たれているが、高気温や運動、発熱などによって体温が上昇すると、血流を皮膚表面に集めたり、体表面を気化熱で冷やすために発汗したりして体温を下げる。この作用が急激に起こると血圧が下がったり、脳に十分に酸素が行き渡らなくなり、めまいや立ち眩みを起こす。発汗していて十分に水分が補給されなければ脱水が起こる。

② **熱中症とは** 熱中症とは、高気温、高湿度、高強度運動などの条件が重なった時、体温調節の不能や激しい脱水などにより、めまいや失神、痛みを伴う筋けいれん、脱力感、倦怠感、頭痛、吐き気などが起こる症状で、重篤な場合は昏睡から死に至る危険な症状である。これらの症状を発症するに至る原因と経過によって表27-1のように分類される。

③ **症状と処置** 熱中症が疑われる症状が見られた場合、どの症状においても、まずは、対象者を速やかに日の当たらない涼しく、風通しのよい場所に移動させ、衣服を緩めて、休養させる。め

まいや立ち眩み、こむら返り、発汗の症状だけであれば、からだを冷やして経口補水液やスポーツドリンクで水分とミネラルの補給をさせる。その後、体温が高いまま下がらなかったり、頭痛や吐き気、倦怠感が続く場合は、医療機関の受診を勧める。意識がもうろうとしていたり、症状が強い場合は、直ちに119番通報し、救急隊が到着するまで、体を冷やし続ける。体を冷やす方法として、大きな血管が集中する首、わきの下、太ももの付け根を水で濡らしたタオルや氷嚢で冷やすとよい。できるだけ早く冷やすためにはシャワーなどで直接水を体にかけたり、アイスバスを用意して、水

水や濡れタオルで体を被い、風を送る。氷のうなどがあれば、首、腋の下、太ももの付け根を集中的に冷やす

図27-1 冷やす部位

表27-1 熱中症の重症度分類と処置方法

分類	種類	原因	症状	処置
Ⅰ度	熱けいれん	大量発汗に伴う塩分喪失	筋肉の有痛性けいれん いわゆる「こむら返り」	安静、環境改善、塩分＋水分補給、経口補水液など必要に応じて点滴
	熱失神	体表血流の増加に伴う血圧降下	一過性の意識消失	安静、環境改善、点滴
Ⅱ度	熱疲労	暑熱への暴露 水分、塩分の喪失	頭痛、悪心、嘔吐、倦怠感など 深部体温40℃未満	安静、環境改善、点滴、必要に応じて入院
Ⅲ度	熱射病	暑熱への暴露 水分、塩分の喪失	意識障害 臓器障害	気道・呼吸・循環確保、急速冷却、点滴、その他臓器障害に対する治療

出所）日本救急医学会熱中症に関する委員会（2014）「熱中症の実態調査─日本救急医学会 Heatstroke 2012最終報告」『日救急医会誌』25：846-862を参考に筆者が作成.

風呂につかることも勧められる（図27-1）。

（2）　熱中症の予防

①　**熱中症予防の指針**　熱中症の発症には気温、湿度、幅射熱、気流が関係しているため、予防のための温度指標としてこれらを加味した、WBGT（Wet-Bulb Globe Temperature）が用いられる。WBGTによって運動の強度や休養のとり方を十分に留意し、場合によっては運動の中止の判断をしなければならない（表27-2）。

②　**体調の管理**　学校現場での熱中症事故の発生では、WBGTの高さの他に本人の体調不良や水分補給の不足、朝食の欠食による空腹状態なども大きく関係している。起床時の体温が平熱よりも高い場合は慢性的に脱水や熱疲労から回復していないことがあるので注意が必要である。また、暑熱環境での運動では運動前後で体重の2％以上の減少が起こらないように管理することで適切な水分補給量を図ることができる。また、脱水は体調が悪化するまで自覚することが遅れることがある。のどの渇きだけでなく、尿の色が濃くなったり、回数が減ったりすると脱水が起こっている目安となる。

2　適切な水分摂取

（1）　**運動と発汗**　気温の上昇や運動による発汗が伴うと、失われる水分量は増加する。運動中の発汗量は暑熱下で最大2L/時間ともいわれており、相当量の水分が短時間に失われることがわかる。発汗によって、体重の約2％程度の水分が損失すると、頭痛や疲労感などの症状が感じられ、運動に支障をきたすことが知られている。

（2）　**水分摂取量とタイミング**　摂取した水分は胃から体内へ吸収されるが、その速度は発汗して失われる水分の速度よりも遅い場合がある。運動中に脱水を起こさないためには、運動前から十分に水分を補給しておく必要がある。運動前に200〜300mL、暑熱下では500mL程度を補給しておき、運動中には10〜20分おきに100〜200mLを継続的に補給するとよいだろう。

（3）　**ミネラルの摂取**　熱中症の中には、急激な発汗によって、体内のナトリウムやカリウムなどのミネラルが失われ、低ナトリウム血症を起こしていることもある。血中のミネラルが低下すると、神経伝達の調節に支障が起き、筋けいれんなどの症状が見られる。この場合、ミネラルを含まない水分を大量に摂取しても、血中のミネラル濃度が回復しないために、症状が改善されない。運動中や発汗量の多い時の水分補給には体液成分に近く、消化管での吸収がよいとされる、0.1〜0.2％のナトリウムをはじめとしたミネラルを含む飲料を摂取するとよい。

（4）　**飲料の内容**　糖分

表27-2　熱中症予防のための運動指針

温度基準参考気温WBGT		
31℃以上	運動は原則中止	WBGT31℃以上では、皮膚温より気温の方が高くなり、体から熱を逃がすことができない。特別の場合以外は運動は中止する。
28〜31℃	厳重警戒（激しい運動は中止）	WBGT28℃以上では、熱中症の危険が高いので、激しい運動や持久走など体温が上昇しやすい運動は避ける。運動する場合には、積極的に休息をとり水分補給を行う。体力の低い者、暑さになれていない者は運動中止。
25〜28℃	警戒（積極的に休息）	WBGT25℃以上では、熱中症の危険が増すので、積極的に休息をとり水分を補給する。激しい運動では、30分おきくらいに休息をとる。
21〜25℃	注意（積極的に水分補給）	WBGT21℃以上では、熱中症による死亡事故が発生する可能性がある。熱中症の兆候に注意するとともに、運動の合間に積極的に水を飲むようにする。
21℃まで	ほぼ安全（適宜水分補給）	WBGT21℃以下では、通常は熱中症の危険は小さいが、適宜水分の補給は必要である。市民マラソンなどではこの条件でも熱中症が発生するので注意。

出所）財団法人日本体育協会スポーツ医・科学専門委員会（2006）『熱中症予防のための指針』を参考に筆者が作成.

が2〜8％程度含まれる飲料は水分の消化管での吸収効率が高まるため、運動中のエネルギー補給と水分補給が同時にできる。トレーニングを行う際は、糖分・ミネラルがバランスよく含まれるスポーツドリンクを選択するとよいだろう。一方で、カフェインが多く含まれる、緑茶やウーロン茶、紅茶、コーヒー、エナジードリンクなどは利尿作用によって脱水を促進するので注意が必要である。

（5）**飲料の温度**　消化管での水分の吸収は5−15℃の飲料が最も速いが、低温の飲料を繰り返し摂取すると胃腸が冷え過ぎて、食欲不振や下痢の原因となるため注意が必要である。一方で、体温が40℃以上に上昇するような暑熱環境や高強度運動時ではアイススラリーの活用が推奨される。アイススラリーとは一般的な氷よりも粒子が小さ

く、液体に分散し、体内に浸透しやすいため冷却効果が高いといわれている飲料で、暑熱環境での安全なスポーツなどの活動のために開発された。運動前にアイススラリーを体重1kg当たり7.5g摂取することで、運動中の体温上昇を抑制し、発汗量を抑えることが報告されている。また、暑熱下での運動後の使用では速やかに体温を低下させる効果が期待される。活動を行う環境や体調に合わせて飲料の内容や温度を工夫し、熱中症などの事故が起こらないように予防することが重要である。
　　　　　　　　　　　　　　　　（松本　恵）

（引用文献）

川原貴（2017）『競技者のための暑熱対策ガイドブック』独立行政法人日本スポーツ振興センター国立スポーツ科学センター.

28 ストレッチングの理論と実際

1 理　論

（1）　**柔軟性**　ストレッチングに似た言葉として、柔軟性という言葉がある。まずはじめに、柔軟性について解説する。

『最新スポーツ科学事典』には、柔軟性について「与えられた運動課題に対して、適切な関節可動域で効率よく運動を行うことのできる能力を意味する」と明記されている（日本体育学会，2006）。我々は、その評価として「体が柔らかい・硬い」、あるいは「柔軟性が高い・低い」などと表現している。

スポーツにおける柔軟性の位置づけはどのように考えられるのか。1966年に猪飼道夫氏によって「体力の構成要素」が示された（図28-1参照）。その構成要素の中の一つに「柔軟性」が示されている。

体力は身体的要素と精神的要素に分類される。

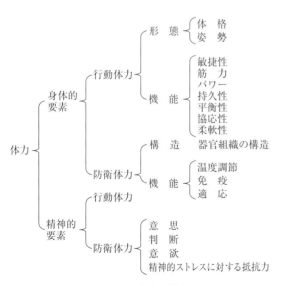

図28-1　体力の構成
出所）猪飼道夫の体力の構成要素を参考に筆者が作成.

ここでは、主に身体的要素について見ていく。この身体的要素は、行動体力と防衛体力に分けられ、さらに、行動体力の要素として、形態（体格、姿勢）、機能（敏捷性、筋力、パワー、持久性、平衡性、協応性、柔軟性）が挙げられている。これらの要素をスポーツの動作や動きから見ると、行動を起こす体力、持続する体力、正確に行う体力、円滑に行う体力に分類され、柔軟性はスポーツの動きやプレーの円滑さに関わる体力因子として捉えることができる。

また、障害との関連性からも、柔軟性が低下することで障害発生の原因になると考えられている。実際の競技現場では、疲労や痛みによって、関節可動域が狭くなり、柔軟性が低下して障害を発生しやすくなる。このような場合、ストレッチングを行い、関節可動域を少し広げることで障害発生の危険性を少しではあるが抑制できる。

（2）　**ストレッチング**　ストレッチングは、コンディショニング、リハビリテーション、障害予防の3つを主な目的として行われる。特に、柔軟性の改善と疲労回復にはストレッチングが効果的だといわれている。

「ストレッチング」とは、英語で表すと「stretching」になり、「stretch」を名詞形にした語である。「stretch」は、"伸ばす"という動きを表すことから、身体を伸ばす運動であることがわかる。大切なことは身体のどの部分を伸ばすかである。主には、筋肉を伸ばすことになる。筋肉はその両端が一つ、もしくは複数の関節をまたいで骨に付着している。この両端のうちの体の中心側の部位を「起始」、末端側の部位を「停止」という（図28-2参照）。ストレッチングとは、この起始と停止を遠ざける動作のことをいい、この動作

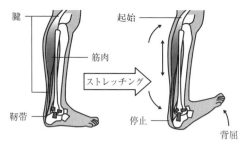

図28-2　ストレッチングの仕組み

によって、筋肉を伸ばすことができる。また、この動作によって、筋肉だけでなく、その両端にある腱や靭帯、皮膚なども同時に伸ばされる。このように、関節可動域を広げるためにストレッチングを行い、筋肉を伸ばしていく。この時、筋肉は走行方向（縦方向）へ伸ばされる。これを筋肉の縦断的柔軟性といい、縦方向への伸び具合が大きい状態を、一般的に「体が柔らかい」と表現している。

これに対して、横断的柔軟性という言葉もある。これは、筋肉を触った時の柔らかさのことをいい、主に筋肉が硬くこわばっているとか、柔らかくほぐれているとかといったコンディションを示す。例えば、同じ姿勢で何時間も座っていたり、寝ていたりした時は、体がこわばり硬くなる。このこわばった筋肉をほぐすために伸びなどのストレッチングをする。このように、横断的柔軟性は、日常生活の中で自然な反応として起きている。

（3）　ストレッチングの種類と特徴　ストレッチングには、スタティックストレッチング、徒手抵抗ストレッチング（アイソトーニック法・アイソメトリック法）、ダイナミックストレッチング、バリスティックストレッチングなどがある。

スタティックストレッチングは、一人でゆっくりと筋肉を伸ばし、伸展した状態を維持することから、ウォームアップ時に、短い時間で行ったり、練習や競技会後にクーリングダウンとして行ったりすることが適している。ただし、ウォームアップで長時間（念入り）なストレッチングは、筋力や発揮パワーの低下が考えられるため、気をつけ

ながら行う必要がある。

徒手抵抗ストレッチングは、パートナーと組んで受動動作と能動動作を行うものである。特徴は、短時間で関節可動域を拡大する。そして、このストレッチングには、熟練したパートナーが必要である。

ダイナミックストレッチングは、大きな動作で筋肉を伸ばして関節可動域を広げる。特徴は主働筋肉を収縮させ、その逆側の筋肉（拮抗筋）は、弛緩する作用（相反性神経支配）を利用したストレッチングである。このストレッチングは、筋力や筋パワーが向上すると考えられていることから、練習や競技前に行うことが好ましい。

バリスティックストレッチングは、体の部位の重さを利用して反動をつけて行うストレッチングである。これは、スタティックストレッチングが普及される前、皆さんが学校体育で行っていた2人組で行う柔軟体操や反動をつけて行うラジオ体操などがこのストレッチングである。

② 　実　　　際

（1）　スタティックストレッチング　このストレッチングは、ダイナミックストレッチングに比べて、一般に広く行われている。ここでは、主要な筋肉を伸ばすストレッチングの方法を取り上げ紹介する。スタティックストレッチングは、事前に体を温める（風呂上がりなど）ことで効果的に行うことができる。また、リラックスできる姿勢で伸ばす部位を意識し、反動をつけずに、ゆっくり

○大腰筋

・胸を張って背すじを伸ばす
・背すじを伸ばしたまま胸を膝に近づける

○ハムストリングス

・胸を張って背すじを伸ばす
・背すじを伸ばしたまま胸を膝に近づける

○ハムストリングス（バリエーション）

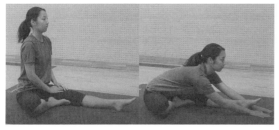

・片膝を曲げ、胸を張って背すじを伸ばす
・背すじを伸ばしたまま胸を膝に近づける

○腓腹筋

・両手両足を床につく
・片脚立ちになり体重を前
　にかけ足首を曲げる
・片脚立ちと反対の足で膝
　を押ししっかりと伸ばす

○腓腹筋（立位）

・立位になり片足の
　つま先を壁につけ
　る
・膝を伸ばしたまま
　体を前にかけ足首
　を曲げる

○内転筋群

・両足を左右に開く
・片膝を曲げて体重を乗せ、背すじを伸ばして、
　膝を曲げた脚と反対側へ上体を真横に倒す

○ヒラメ筋

・片膝を立ててしゃがむ
・立てた膝に体重をかけ前に倒し足首を曲げる

○大腿四頭筋

・横になり片膝を曲げ、つま先を持つ
・手でつま先を引いて、膝を後ろに引く

○大腿四頭筋（立位）

・立位で片膝を曲げ、
　つま先を持つ

○大胸筋

・片腕の手のひらを上に向け肩の高さまで上げる
・手のひらを上に向けた状態で手の小指を壁につける
・背すじを真っ直ぐにして、腕を伸ばしたまま、上体
　をひねる（上げた腕と反対方向へ）

と筋肉を伸ばし、伸び切った位置で15秒程度保持する。

　（2）　**ダイナミックストレッチング**　このストレッチングは、筋肉の伸縮範囲の大きさ（弾力性）を高める積極的な柔軟トレーニングである。ただし、実施者が伸張運動を明確に理解していることが必要である。主に練習や競技前のウォームアップに活用される。　　　　　　　（水島宏一）

○体幹側屈

・○印（みぞおち）あたりを中心に体を横へ倒す
・腰は左右に動かないように注意する

○体幹回旋

・体の中心（垂線）に体を左右にひねる
・腰は左右に動かないように注意する

○トータッチ

・片脚を振り上げて、反対側の手でつま先にタッチ
・リズムよく、ダイナミックにその場や前進しながら行う

○ニータッチ

・片膝を振り上げて、反対側の手で膝にタッチ
・リズムよく、ダイナミックにその場や前進しながら行う

○股関節　内・外回し
　　内回し　　　　　　　　　　　　外回し

・片膝を曲げ、股関節を大きく外～内側、内～外側に回す
・脚を回す時、腰はできるだけ正面に向ける
・その場や歩きながらリズムよく行う

○レッグスイング

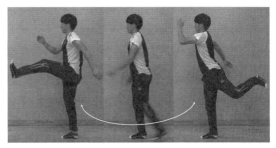

・片脚姿勢で勢いをつけて脚を大きく前後に振る
・脚振りの時、腰が左右に向かないように注意する
・バランスをとりにくい場合、壁などに手をついて行う

（引用文献）

谷本道哉他（2009）『基礎から学ぶ！　ストレッチング』ベースボール・マガジン社.

日本スポーツ協会編（2013）『公認アスレティックトレーナー専門科目テキスト6　予防とコンディショニング』文光堂.

日本体育学会監修（2006）『最新スポーツ科学事典』平凡社.

水野貴正（2017）「ストレッチング・サイエンス―ストレッチング研究の成果を現場に生かすために」『中京大学体育研究所紀要』31.

●コラム7

大学で学び、生かす

（糸数陽一）

　ウエイトリフティング（重量挙げ）＝糸数陽一といえるほど、私はウエイトリフティングというスポーツに育てられてきたと思う。ウエイトリフティングはバーベルを両手で頭上に挙上する競技だ。唯一、一人の競技者だけに専用の舞台が用意され、他者の干渉を受けない競技時間を与えられる競技である。

　高校生の時、郷里の沖縄県でこの競技と出会った。マイナーな競技でありながらも、多くの人に支えられ、高等学校日本一となることで大学進学の道が開けた。

　体育学科を志望したのは指導者への道を進みたいと思ったからで、そこには競技以外にも多くの感銘を受けたことがあった。

　一つは体育祭である。競い合うだけでなく、仲間とともにイベントを盛り上げ、築き上げていく過程である。

　二つはスポーツ実習である。臨海実習の遠泳では自らが泳ぐことだけでなく、困難ながらも仲間と声をかけ合い、支え合いながら完泳するという達成感がある。

　三つにはゼミナールでの研究である。ウエイトリフティング競技を生理学・力学的見地から捉え、自身の身体変化を客観的に分析できたことは、競技力向上の一助となった。

　四つに競技力向上を目指しながらの学業との両立は大変難しかった反面、人間力を高められたことである。すべての授業において高度な専門性を持って指導していただいたことによって、すごく楽しく受講でき、そして、卒業と同時に保健体育の教員免許も取得できたのである。

　こうしたキャンパスライフをバックボーンに、競技者として重量挙部に所属し活動をしていたのである。

　重量挙部は全寮制であったが、私自身はそのほとんどをナショナル合宿という形で過ごした。それでも、大学での大会が近づけば寮で生活を行った。そこでは全部員と寝食をともにし、トレーニング・技術のこと、集団統率についての議論などを行い、それを通じ競技力向上に役立てることができたと思う。

　自身の競技成績の向上は元より、在学中、日本大学が団体で優勝し続けられたことは大変嬉しかったことである。これには先人たちの努力があってのことと、誇りに思うし、敬意を表したい。

　卒業後は競技を継続するために警視庁へ入庁した。警視庁は日本大学の先輩方も多く、ウエイトリフティング部の監督も日本大学の卒業生である。より高みを目指し、オリンピック大会でのメダル獲得を目指し、競技生活を続けている。

警視庁第八機動隊ウエイトリフティング部　巡査部長
　（2014年卒）
2012年　世界大学選手権　62kg級金メダル
2016年　リオデジャネイロオリンピック　62kg級4位
2017年　世界選手権　62kg級銀メダル
2019年　世界選手権　61kg級6位
スナッチ（135kg）、クリーン＆ジャーク（164kg）、トータル（298kg）日本記録保持

提供）公益社団法人日本ウエイトリフティング協会.

29 スポーツ外傷・障害の予防

1 スポーツ外傷・障害の発生機序

(1) スポーツにおける怪我　スポーツ活動に伴う弊害の一つに、怪我がある。身体能力を超えて要求される動作や、不適切な身体操作、過剰なトレーニング等により、身体に様々な傷害をもたらす。スポーツ活動における怪我の総称を「スポーツ傷害」と呼び、受傷機転の違いから「スポーツ外傷」と「スポーツ障害」に分けて説明される。

① スポーツ外傷　転倒や衝突など1回の外力によって組織が損傷されることである。例として、肩関節前方脱臼、アキレス腱断裂、足関節捻挫、膝前十字靭帯損傷などがある。

② スポーツ障害　比較的長期間に繰り返される過度の負荷によって生じる慢性炎症性変化である。例として、上腕二頭筋長頭腱炎、肘内側側副靭帯炎（内側型野球肘）、上腕骨外側上顆炎、アキレス腱炎、膝蓋靭帯炎、オスグッド・シュラッター病、脛骨疲労骨折などがある。

(2) スポーツ外傷・障害の発生機序　スポーツ外傷・障害の多くの発生機序は、図29-1のモデルにより説明できる。年齢や性別、身体組成、健康状態、体力、技術レベルなどの内的なリスク要因を持つアスリートはそれ自体では傷害に至ることは少ないが、傷害の素因があるアスリートである。これに対し、コーチングやルールなどスポーツの要因、防具・用具の状態、天候や床・芝などの路面状態など外的なリスク要因に曝されると、より傷害を引き起こしやすい状態となる。このようなリスク要因を持つアスリートが、最終的に傷害を引き起こすような誘発イベントに遭遇することで、スポーツ傷害が発生する。スポーツ傷害の予防には、これら内的・外的なリスク要因を可能な限り少なくしていく必要がある。

2 スポーツ外傷・障害の予防

(1) スポーツ外傷・障害の予防モデル　スポーツ外傷・障害を予防するには、これだけをやればよいという方法はない。例えば、ハムストリ

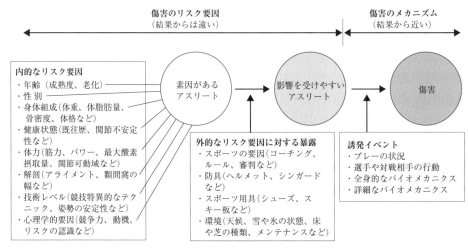

図29-1　スポーツ傷害発生の包括的モデル

出所）小山貴之編（2015）『アスレティックケア』NAP：21.

124

ングの肉離れを予防するにはストレッチングが重要と思われるが、ハムストリング肉離れのリスクファクターは図29-2に示すように多岐にわたっており、これらの要因に多角的に対処していかなければ有効な予防法とはいえない。

　スポーツ外傷・障害の予防モデルとして近年用いられているのが、van Mechelen らの提唱する4つのステップからなるモデルである（図29-3）。まず、外傷の発生率や重症度を調査し、どのような怪我が多く発生しているのかを確認する。次に、外傷・障害の原因と受傷機転を確認する。図29-1に示す内的要因、外的要因、誘発イベントがその原因と受傷機転の確認に役立つ。ステップ3で、実際の予防法を導入する。予防法には外

傷・障害の発生リスクを低下させる取り組みや受傷時の重症度を最小化する方策が含まれなければならない。ステップ4は、導入した予防法の効果を検証するため、ステップ1と同様の調査を行い、発生頻度などを確認する。

　(2)　スポーツ活動における予防法の導入　スポーツ外傷・障害の予防モデルに従って予防法のプログラムを作成した場合、いつどこで行うかが問題となる。ウォームアップは予防法を導入する上で最も適した時間、タイミングであり、ウォームアッププログラムの中に予防法を取り入れている競技も少なくない。国際サッカー連盟が提案している"11＋（イレブンプラス）"は、ランニングと筋力・プライオメトリクス・バランスからなる3パートのメニューを20分間で行う内容であり、筋力・プライオメトリクス・バランスは個々の能力に応じて初級・中級・上級のエクササイズが用意されている。サッカーで重症外傷を発生しやすい10代の女子サッカー選手に対して11＋の大規模な介入を実施した研究では、重症外傷が有意に減少したことが報告されている。

　(3)　その他の予防法　テーピングや装具着用は、あらかじめ外傷が高頻度で予想されるものに対して予防的に実施することがある。バスケットボール選手が足関節捻挫予防でテーピングをする、アメリカンフットボール選手が膝靭帯損傷予防でニーブレースを装着するといったものである。テーピングや装具は、受傷後の再発予防としても用いられている。すでにルール上、義務化されているものとして、防具がある。サッカーのシンガードやアメリカンフットボールのヘルメット、フェイスマスク、ショルダーパッドなどは、装着しないと外傷が多発するであろうことは想像に難くない。　　　　　　　　　　（小山貴之）

> ・年齢（加齢）
> ・人種（黒人）
> ・競技レベル
> ・プレーポジション
> ・腰痛
> ・筋疲労
> ・股関節屈筋、脊柱起立筋、ハムストリングスの柔軟性低下
> ・神経の緊張
> ・腰椎骨盤股関節の運動コントロール低下
> ・多裂筋や腹横筋などの体幹ローカル筋の活動不足
> ・大腿四頭筋とハムストリングスの筋力インバランス
> ・不十分なウォームアップ
> ・高いランニング速度
> ・ランニングのテクニック、バイオメカニクスの乏しさ
> ・トレーニングプログラムの変更もしくは強度向上

図29-2　ハムストリング肉離れのリスクファクター
出所）小山貴之編（2015）『アスレティックケア』NAP：116.

(引用文献)

小山貴之編（2015）『アスレティックケア』NAP.
籾山日出樹他編（2009）『臨床スポーツ医学』医学映像教育センター.

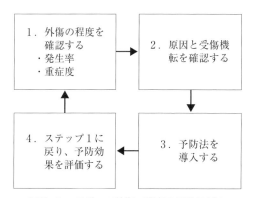

図29-3　スポーツ外傷・障害の予防モデル
出所）籾山日出樹他編（2009）『臨床スポーツ医学』医学映像教育センター：77.

1 定　　義

応急処置（first aid）とは外傷や疾病に対してさしあたっての手当を施すことを指す。具体的には応急処置は救急隊員が行う行動と定義されているため、一般市民が行うものは応急手当と呼ぶ。

2 概　　要

応急処置（手当）には止血法と心肺蘇生法も含まれるが、厳密には、止血法かつ心肺蘇生法は救命処置（手当）と呼ばれている。緊急性が高いため応急処置とは区別される。応急手当や救命手当は医療行為ではなく、あくまでも怪我人や心肺停止者を医師等に引き渡すまでの間に、病状を悪化させないための一時的な措置である。応急手当や救命手当は医療行為と異なる。人として誰でも知っておかなければならない基本的な知識・技術といえる。特に呼吸停止や心停止は手当が遅れると致命的な脳損傷を引き起こす。したがって、何もせずに救急隊員を待っていては手遅れになる可能性が高い。そのため、心肺停止者に対しては自動体外式除細動器（AED）も含めて躊躇せずに実施する必要がある。心肺蘇生法の手順を以下に記す。

① **意識の確認**　倒れている人を発見したら、まず周囲の安全を確認する。次いで傷病者に近づいて「大丈夫ですか」あるいは「もしもし」などと問いかけながら、傷病者の肩を軽く叩く。

② **助けと AED を呼ぶ**　呼びかけに反応（目を開ける、応答するなど）がなければ、大声で「誰か来て」と叫ぶ。通りがかりの人を見つけたら、「助けてください」と助けを求める。そして119番通報をしてもらう。また、AED があれば持ってきてもらう。

③ **あご先挙上と呼吸の確認**　心肺蘇生を行うためには、傷病者を仰向けにする。傷病者の下あごの先を突き上げるようにすることにより空気の通り道が広がる。

次に、あご先挙上を行ったまま傷病者の胸とお腹の動きを観察する。もし、胸とお腹の動きがない時は「呼吸停止」と判断し、直ちに胸骨圧迫と人工呼吸を開始する。胸やお腹の動きが見られたら、あご先挙上を行ったままで救急車の到着を待つ。

④ **胸骨圧迫（心臓マッサージ）**　呼吸がないと判断した場合、直ちに胸骨圧迫を開始する。片方の手を傷病者の胸の真ん中に置き、もう一方の手をその上に添え手を組む。お腹は決して圧迫してはならない。胸骨圧迫は1分間当たり100〜120回のテンポで行う。両肘を真っ直ぐに伸ばし、救助者の腕が地面に対して直角になるようにし、真上

から体重をかける。成人に対しては5〜6cm胸部が沈む程度に胸骨を圧迫する。圧迫と圧迫の間は力を入れず、胸の高さを元の位置に戻すようにする。

⑤　**人工呼吸**　人工呼吸はあご先挙上により気道を確保してから行う。一方の手の親指と人差し指で傷病者の鼻をつまむ。もう一方の手の手指によりあご先挙上した姿勢を保つ。救助者は、口を大きく開いて、傷病者の口にあてがう。約1秒かけて救助者の息を吹き込む。傷病者の胸が膨らむことを確認する。胸の膨らみが戻ったら、もう一度だけ息を吹き込む。感染防護具（フェイスシールド）があれば使用する。

⑥　**人工呼吸と胸骨圧迫の組み合わせ**　胸骨圧迫を30回行った後、人工呼吸を2回行う。これを交互に繰り返す。ただし、人工呼吸は、その技術

と意思がない場合は行う必要はなく、胸骨圧迫のみを行う。

⑦　**自動体外式除細動器（AED）の使用**　AEDが到着した場合にはすぐに装着する。AEDは音声メッセージで処置を案内するので、音声に従って実施する。最初にAEDのスイッチを押す。AEDのパッドを傷病者の右胸上と左胸下側の皮膚に直接貼る。AEDが心臓の状態を解析し始めたら心肺蘇生を中断する。AEDショックボタンを押すようにメッセージが出された場合には、ボタンを押し除細動をする。この際、他の救助者が傷病者に触れていないことを確認する。AEDから「ショックの必要がありません」というコメントが出た場合、傷病者に反応がなければ胸骨圧迫から心肺蘇生を行う。反応がある場合は、そのままの状態で救急隊員到着まで見守る。（櫛　英彦）

（引用文献）

日本救急医療財団心肺蘇生法委員会（2006）『改訂3版・救急蘇生法の指針　市民用解説編』へるす出版.
広島県医師会（2006）『救急小冊子　あなたにもできる！救命救急処置　保存版』.
森山寛（2018）『今日の治療指針』医学書院.
東京消防庁（2018）「東京消防庁　広報テーマ」.
　http://www.tfd.metro.tokyo.jp/camp/2018/201809/camp1.html

31　身体トレーニングと栄養摂取

1　トレーニングとエネルギー摂取

（1）**運動時のエネルギー補給**　運動時の筋肉中の主なエネルギー源として用いられるのは糖質で、筋肉中に蓄えられたグリコーゲンが分解されて利用される。運動強度が低く、また継続時間が長くなると脂肪も利用されるが、脂肪の燃焼とともに一定量の糖質も必要とするため、筋肉中のグリコーゲンが枯渇すると、運動が継続できなくなる。さらに、糖質を体内に貯蔵できる量には限りがあるため、食事からの糖質の摂取量が不足していたり、激しい運動によって急激に糖質を消費すると、低血糖状態を引き起こし、頭痛や吐き気、めまい、時には昏睡状態を引き起こし、大変危険である。このため、運動によって身体活動量が増加し、エネルギーが消費される時には、運動の効率を低下させないため、また安全なトレーニングのため、運動前、運動中にエネルギー源となる食品を補給する必要がある。

（2）**トレーニングと糖質の摂取**　長時間継続的に運動する際には糖質を含む飲料などでエネルギーを補う。運動後は速やかな筋肉中のグリコーゲンの貯蔵回復のため、運動直後は、ショ糖、ブドウ糖、果糖などを含む飲料や、消化のよい糖質を多く含む食品（おにぎりやパンなど）を少量補給し、運動後の食事は糖質を多く含む食事を心がけるとよいだろう（表31-1）。

2　からだづくりと栄養摂取

（1）たんぱく質とアミノ酸

① **たんぱく質とアミノ酸の種類**　筋肉の主要成分はたんぱく質であるため、筋肉量が運動機能の優劣を左右するような運動選手や骨格が成長する時期の10代には食物からの適正なたんぱく質の摂取が必要となる。また、継続的な運動ではアミノ酸もエネルギーとして利用されるため、一日のたんぱく質の摂取量やタイミングをトレーニングの内容に合わせて計画するとよい。また、必須アミノ酸のうち、分岐鎖アミノ酸（Branched Chain Amino Acids：BCAA）のロイシン、イソロイシン、

表31-1　トレーニングや試合・レースと糖質摂取の工夫

	状況と時間	糖質摂取目安量	糖質の種類・食品、料理の応用
準備	持久系競技の3日前	10〜12 g/kg/day	主食の他にうどんやパスタ、いも類で糖質量を増やす工夫をする。
	一般的な競技の前日	7〜12 g/kg/day	脂質の多い食品や、揚げ物、炒め物を避け、消化のよい料理を選択する。
	1〜4時間前	1〜4 g/kg	2時間以上前：おにぎり、サンドイッチ、果物など 1時間前：ドリンクやゼリーなど
当日の補給	45〜75分	少量の糖質	ぶどう糖や果糖、ショ糖など吸収の速い糖質がよい。また、デキストリンなどを活用して血糖値を維持する。ドリンクやゼリーなどを活用する。
	1〜1.5時間	30〜60 g/h	
	2.5時間以上	90 g/h	
リカバリー	運動直後	0.7 g/kg	吸収の速い糖質でドリンクやゼリー、バナナなど
	夕食など	7〜12 g/kg/day	消化のよい料理献立を選択する。食欲がわくように酸味のある料理や温かい汁物やなべなどを工夫するとよい。

出所）Burke L. M. et al.（2019）International Association of Athletics Federations Consensus Statement 2019: Nutrition for Athletics, *International Journal of Sport Nutrition and Exercise Metabolism*, 29を参考に筆者が作成.

バリンは筋たんぱく質を構成する主要なアミノ酸で、持久運動でロイシンの酸化が促進されることがわかっている。

② **摂取タイミング** 筋疲労からの回復のためには、トレーニング後できるだけ速やかにBCAAを中心としたアミノ酸の補給が勧められる。また、筋量の増量を望む場合もトレーニングの刺激によってたんぱく質代謝が亢進している運動後2〜3時間以内にたんぱく質（一日に必要な量の10〜20%程度）を摂取するとよいだろう。

⑵ **たんぱく質摂取量** 運動量が増加すると、たんぱく質の必要量も増加する。しかし、たんぱく質やアミノ酸を多く摂れば摂るほど筋肉が増大することはなく、むしろ、適正量を著しく上回って摂取すると、たんぱく質に含まれる窒素を代謝するために腎臓や肝臓に負担をかけたり、余剰な分は中性脂肪に変換され、体脂肪量を増加させる。筋肉を増大させるための筋力トレーニングを行っている時期でも、たんぱく質の摂取目安量は最大2g/体重kg/日程度が望ましいと考えられている。これは、活発に運動していない人のたんぱく質必要量0.8g/体重kg/日と比較して2倍程度の量である。プロテインパウダーなどは簡単に摂取でき、便利であるが過剰摂取を引き起こしやすいため、その摂取量は十分に考慮すべきである（表31-2）。

③ コンディショニングと栄養摂取

⑴ **体重コントロール** スポーツの現場では競技パフォーマンス向上のために体重をコントロールすることがあり、食事の工夫が必要である。やみくもに食事量を増減させるのではなく、食事バランスに留意して、ビタミンやミネラルの不足が生じないようにしなければならない。摂取タイミングの工夫やスポーツフードを活用するとよいだろう。

⑵ **貧血・疲労骨折予防** 食事バランスが長期間にわたって崩れていると、エネルギー、たんぱく質、ミネラル不足などから、貧血や疲労骨折のリスクが高まる。トレーニングの量に合わせて、それぞれのエネルギー、栄養素が適切に摂取できているか留意するとともに、ビタミンDや鉄分は日常的に摂取量を確保できるようにするとよいだろう。

⑶ **お腹の調子と免疫** 大事な試合の前後で下痢や便秘、食欲不振が生ずることはパフォーマンスを著しく低下させる。また、腸内環境の乱れは免疫機能も低下させることが報告されている。乳酸菌やビフィズス菌、食物繊維やオリゴ糖は腸内環境を整え、免疫力を高める働きが期待される。しかし、その効果を発揮するためには数週間必要とされるため、日常的にこれらの食品を取り入れるとよいだろう。　　　　　　（松本　恵）

表31-2　運動時の体重1kg当たりのたんぱく質必要摂取量

	たんぱく質必要量 g／kg体重
活発に活動していない人	0.8
スポーツ愛好者（週に4〜5回30分のトレーニング）	0.8〜1.1
筋力トレーニング（維持期）	1.2〜1.4
筋力トレーニング（増強期）	1.6〜1.7
持久トレーニング	1.2〜1.7
レジスタントトレーニング 　トレーニング初期 　維持期	1.2〜1.7 1.5〜1.7 1.0〜1.2
断続的な高強度トレーニング	1.4〜1.7
ウエイトコントロール期間	1.4〜1.8

注）10代は10%多く摂取が見込まれる。
出所）Maughan, R. J. & Burke, L. M.（2002）*Sports Nutrition*, Blackwell Science: 30, Williams, M. H.（2005）*Nutrition for Health, Fitness, & Sport*, 7th Edition, McGraw-Hill：221を参考に筆者が作成.

（引用文献）

Burke L. M. et al.（2019）International Association of Athletics Federations Consensus Statement 2019: Nutrition for Athletics, *International Journal of Sport Nutrition and Exercise Metabolism*, 29：73-84.

Maughan, R. J. & Burke, L. M.（2002）*Sports Nutrition*, Blackwell Science：30.

Williams, M. H.（2005）*Nutrition for Health, Fitness, & Sport*, 7th Edition, McGraw-Hill：221.

32 オーバートレーニング

1 オーバートレーニングの定義

オーバートレーニングは、一般的にはオーバーリーチング（パフォーマンスの低下が引き起こされる前の定常：プラトー状態）の後に起こる現象とされており、心身の過度な疲労が原因でトレーニング強度が上げられなくなったり、パフォーマンスレベルが著しく低下したりすることである。時として、原因不明の発熱が継続したりする場合もあり、重篤になると生活そのものに影響をきたす。順調なトレーニング適応の過程を、阻害する要因の一つでもあるので、早期発見・対応、練習計画の見直しなどを行う必要がある。

(1) オーバートレーニングとはどのような状態か？

NSCA（全米ストレングス・コンディショニング協会）の指標では、筋力トレーニング実施者のケースと、有酸素運動（水泳、陸上、バイクなど）実施者のケースに分類し、トレーニング期間に以下の徴候のいずれかが表出した際には、注意が必要であるとしている。

「レジスタンス（筋力）トレーニングによるオーバートレーニングの徴候」

- 筋力増加の減少とその後の停滞
- 睡眠障害
- 食事制限なしでの徐脂肪量の減少
- 食欲減少
- なかなか治らない風邪
- 長引くインフルエンザのような症状
- 情緒不安定
- 過度の筋肉痛

「有酸素性持久力のオーバートレーニングの一般的指標」

- パフォーマンスの低下
- 体脂肪率の減少
- $\dot{V}O_2max$（最大酸素摂取量）の低下
- 血圧の変化
- 筋肉痛の増加
- 筋グリコーゲンの減少
- 安静時心拍数の変化
- 最大下運動時の心拍数の上昇
- 血中コルチゾール濃度の変化
- 交感神経感受性の低下（夜間や安静時のカテコールアミン濃度の低下）
- 交感神経ストレス反応の上昇

(2) オーバートレーニングとオーバーワーク

競技者の場合、身体の疲労と回復のサイクルが噛み合わないまま、負荷の高いトレーニングが継続されたり、その際の栄養と休養のバランスがうまく整えられなかった場合に、オーバートレーニングという形で前述した症状が表れる。しかし、仕事や勉強の場面でも、仕事・勉強量と休養のバランスが悪くなり、その状態が長期間改善されないまま継続されてしまうと、「オーバーワーク」となって、頭痛やめまい、原因不明の発熱など、オーバートレーニング同様の症状を発することがある。

特にスポーツ選手ではない人のオーバーワークの要因は、仕事のストレスや仕事量の多さのみならず、職場での人間関係や、家族間のストレスなど、心身の疲労回復がうまくいかなくなるような悪影響が、いくつか重なり、それらが長期化することによって、心身のバランスがとれなくなり、オーバーワークに陥る。アスリートのオーバートレーニングはある程度原因が特定しやすいが、一般の方のオーバーワークの原因を特定するのは困難であるため、詳細な原因究明を行い、再発を防

止するためにも、医師の診察を受けることが望ましい。

2 オーバートレーニング（オーバーワーク）になってしまったら

(1) オーバートレーニングの対処法

オーバートレーニングではないか？　と推察された場合には、まずはできるだけ安静に休むことを勧める。3日程度横になる時間を増やすだけで、軽度のオーバートレーニングであれば速やかに回復する。

また、体重減少が見られた場合は、体水分量やミネラル不足が疑われる。その状態では、運動パフォーマンスだけでなく、運動以外の身体諸機能が、普段より低下している可能性が高い。したがって、その状態で無理にトレーニングを行わず、ストレッチングなど、コンディショニングを優先することを勧めたい。

仕事によるオーバーワークの場合は、まずは仕事量を最低限に留め、一定期間、一日の休養時間をより多く増やすことを強く推奨する。溜まっている業務の中でも、優先順位の高いもののみを先にこなし、その後速やかに休息する……というサイクルを作って、休息時間をできる限り多くとるようにして、後回しにできる業務はすべて後回しにするなど、とにかく安静を優先する方が望ましい。

これらのケースは、ある程度軽症な場合を想定しているが、症状がより重篤な場合には、医師による診断を優先し、投薬など必要に応じて、適切に対処される方がよい。

重くても軽度であっても、一旦オーバートレーニングに陥ったと判断された場合には、とにかく焦らず、「休養優先」でスケジュールを組み直すのが理想である。焦ってトレーニングや業務の通常再開を急ぐことで、逆にオーバートレーニングの症状を悪化させることにもつながりかねないことを、心得ておくべきである。

(2) オーバートレーニングからの復帰

発熱などがない場合、3週間程度のデトレーニング（トレーニングの休止）によって、筋力やパワーはそれほど激しく低下はしないが、代謝系の能力が若干低下するため、運動時間が長いスポーツほど、復帰後のトレーニングは慎重に行う必要がある。

原則として、トレーニング再開の際には、トレーニング中の体調の変化を見ながら、無理なく徐々に負荷を高めるような、負荷漸増式のトレーニングが推奨される。

高い強度の持続（ダッシュの連続や、ジャンプ、方向転換の頻度が多い種目）が必要なスポーツでは、復帰早々の腱の怪我や肉離れなどを防ぐことが必要なので、いきなりゲーム形式で復帰するのではなく、技術練習から徐々にスキル練習の難易度を上げていき、段階的にゲームに復帰できるようにするのが望ましい。

仕事によるオーバーワークからの復帰は、タスクが少なく、解決までの手順作りが比較的容易な仕事から再開し、まずはある程度の時間をかけて、仕事量を元に戻すところから始める。徐々にタスクレベルを引き上げて、通常の業務レベルに戻すのが望ましいが、復帰初期は、まだ頭痛や悪寒が発症する可能性もあるため、やはりこまめに休息をとれるような環境にしておく必要がある。

いずれにしても、オーバートレーニングもオーバーワークも、「この時点で治療が終了した」と示せるような指標がないため、復帰に関してはあくまでも本人の判断に委ねられる。そのためにも、前述したような予備知識を元に、自ら適切な復帰時期を判断でき、復帰以降のプラン構築の見通しが立てられるようなスキルを、持ち合わせておくことが重要である。　　　　　　　（野口智博）

(引用文献)

尾縣貢他（2019）「グッドコーチに求められる医・科学的知識」『Reference Book』公益財団法人日本スポーツ協会.

特定非営利活動法人 NSCA ジャパン（2011）『パーソナルトレーナーのための基礎知識』NSCA ジャパン.

● *コラム 8*

体操競技を通じて学んだこと

(田中和仁)

　私は、日本大学文理学部体育学科を卒業し、2008年に徳洲会体操クラブに入職、2012年にロンドンオリンピックに出場し、2016年に現役を引退した。選手時代には体操競技を通じて、様々なことを体験し、沢山のことを学ぶことができた。3つのキーワードを掲げそれらについて書き綴るとともに、大学生活を振り返りたいと思う。

　1．ベストを尽くし頑張ること　オリンピックに出場したい、出場できたらいいな……ではなく、「オリンピックに出場する！」という覚悟を決めて日々努力する。この気持ちと覚悟が、最後によい結果へと後押ししてくれるはずである。また、「練習は試合のように、試合は練習のように」を心がける。本番はやってきたことしか発揮できないのである。

　2．仲間を大切にすること　先輩・後輩・友達・ライバルなど仲間は沢山いるはずだ。その仲間を大切にすることで自分も成長できると思う。私の場合は、「妹弟」だった。3妹弟でロンドンオリンピックに出場できたのもここにあったと思う。彼らは妹弟であり、ライバルであり、切磋琢磨し合える仲間であった。

　3．感謝の気持ちを持つこと　満足のいく演技で引退できたのは、支えてくれた人・応援してくれた人がいたからで、私は、両親や家族に感謝している。彼らは体操競技に集中できる環境を作ってくれ、最後まで信じて応援してくれた。ずっと自分のために演技してきた中で、最後の最後に「誰かのために演技すること」を覚えたのであった。

　大学生活では交友関係が広がり、寮生活では自立していく上で大切なことを学んだ。体操部では、梶山広司監督（当時）から「体操競技の考え方・演技構成の作り方」を学んだことが何より大きい。大きく成長した4年間であり、代表選手になる基盤にもなった期間でもあった。

　大きな夢を持ち、志高く、目の前の目標に向かって頑張りましょう！

田中体操クラブ（2008年卒）
2009年　世界選手権　個人4位・平行棒銅メダル
2010年　世界選手権　団体銀メダル
2011年　世界選手権　団体銀メダル
2012年　ロンドンオリンピック　団体銀メダル・個人6
　　　　位・平行棒4位

VI 章

運動・スポーツと社会

33　オリンピック

1　オリンピック

　国際競技会には、IOC が主催して4年に一度開催されるオリンピック競技大会、各 IF（国際競技連盟）が主催する世界選手権大会やワールドカップ、国際学生連盟が主催するユニバーシアードなどの世界的規模で行われるようなもの、アジア競技会、東アジア競技会などのように地域的な競技会がある。

　(1)　**オリンピック競技大会**　古代のオリンピック競技大会はゼウス神に捧げる祭典競技（B. C. 776 ～ A. D. 393）として古代ギリシャで開催されていたとしている。フランスのクーベルタン（P. de. Coubertin）の提唱により国際的競技会として復活した。

　古代オリンピック競技がローマ帝国によって禁止されてから約1500年、古代ギリシャの偉大なる文化遺産であるスポーツの意義が検討され始め、古代ギリシャや古代オリンピック競技の研究が進められた。

　その当時クーベルタンは18歳、普仏戦争（プロシア・フランス1870 ～ 1871）の敗北を経験し、国民は思想的に乱れ、意気消沈し、経済は低迷状態にあった。この青年貴族クーベルタンは陸軍士官学校に入学したが、軍事的教育に馴染めず退学。フランスの復興、フランス青壮年の士気を高めるには教育の力が必要だと感じ、1882年20歳でイギリスに渡り、ラグビー校やイートン校などを訪問し、学生とスポーツの関わり合いに深い感銘を覚えた。スポーツは単なる身体的訓練ではなく、モラルの向上にも役立つことに着目し、スポーツによって、明朗で不撓不屈の精神に満ちた国民に導こうと志した。さらに1888年アメリカを訪問し、アメリカ

における近代スポーツの発展のすばらしさを見聞し、スポーツによる青年教育の効果について一層の確信を得た。アメリカから帰国後、フランス運動競技連合を組織して、1891年アメリカ陸上競技選手、1892年イギリスボート選手を招待して国際競技大会を開催した。この時、両国間に参加資格としてのアマチュアの相違があることに直面し、スポーツの世界は万国共通でなければならないと感じた。そのためには世界のスポーツマンが一堂に会することが必要であると考えた。

　1894年6月16日 ～ 24日までの9日間、パリのソルボンヌ大学講堂において、イギリス、スウェーデン、ロシア、フランス、イタリア、ベルギー、スペイン、アメリカ、ギリシャなど20ヶ国47団体79名の代表を集めオリンピックの復活とアマチュア問題の解決を議題に会議を開催した。

　その結果、アマチュア問題は解決しなかったが、オリンピックの復活は決定され、その第1回オリンピック競技大会をギリシャのアテネで開催することが決議されたのが6月23日であった。現在はこの日をオリンピック・デーと称しオリンピックムーブメントを広める記念日としている。

　(2)　**大会の開催地と会期**　近代オリンピック競技大会は、世界中のスポーツマンが参加するので、人種、宗教、政治などを超越した国際的祭典として4年ごとに各都市で開催される。

　・**開催地**　オリンピック競技大会の開催地となる名誉は一年に与えられるものであり、IOC の専権に属し7年前の IOC 総会で決められる（2028年ロサンゼルスは2017年に決定した異例のケースである）。

　・**会期**　1896 ～ 1932年まで開催期間は不定期であったが、1936年ベルリン大会から開会式を含

表33-1　オリンピック夏季大会の開催地、参加国および地域数と日本の参加

	開催年	開催都市	参加国・地域数	日本参加選手	日本参加役員	金メダル	銀メダル	銅メダル	順位
1	1896	アテネ	14	–	–	–	–	–	–
2	1900	パリ	24	–	–	–	–	–	–
3	1904	セントルイス	12	–	–	–	–	–	–
4	1908	ロンドン	22	–	–	–	–	–	–
5	1912	ストックホルム	28	2	2	0	0	0	–
7	1920	アントワープ	29	15	3	0	2	0	17
8	1924	パリ	44	19	9	0	0	1	23
9	1928	アムステルダム	46	43	13	2	2	1	15
10	1932	ロサンゼルス	37	131	61	7	7	4	5
11	1936	ベルリン	49	179	–	6	4	8	8
12	1940	東京	–	–	–	–	–	–	–
		ヘルシンキ	–	–	–	–	–	–	–
13	1944	ロンドン	–	–	–	–	–	–	–
14	1948	ロンドン	59	–	–	–	–	–	–
15	1952	ヘルシンキ	69	72	31	1	6	2	17
16	1956	メルボルン	72	117	45	4	10	5	10
17	1960	ローマ	83	167	52	4	7	7	8
18	1964	東京	93	355	82	16	5	8	3
19	1968	メキシコ	112	183	32	11	7	7	3
20	1972	ミュンヘン	121	182	37	13	8	8	5
21	1976	モントリオール	92	213	55	9	6	10	5
22	1980	モスクワ	80	–	–	–	–	–	–
23	1984	ロサンゼルス	140	231	77	10	8	14	7
24	1988	ソウル	159	259	78	4	3	7	14
25	1992	バルセロナ	169	263	114	3	8	11	17
26	1996	アトランタ	197	310	189	3	6	5	23
27	2000	シドニー	199	268	171	5	8	5	15
28	2004	アテネ	201	312	201	16	9	12	5
29	2008	北京	204	339	237	9	6	12	8
30	2012	ロンドン	204	293	225	7	14	17	11
31	2016	リオデジャネイロ	207	338	263	12	8	21	6
32	2021	東京	122	583	475	24	14	17	3

出所）内海和雄（2018）「オリンピックと女性スポーツ」『広島経済大学研究論集』41(2)：3を参考に筆者が作成.

表33-2　オリンピック冬季大会の開催地、参加国および地域数と日本の参加

	開催年	開催都市	参加国・地域数	日本参加選手	日本参加役員	金メダル	銀メダル	銅メダル	順位
1	1924	シャモニー	16	–	–	–	–	–	–
2	1928	サンモリッツ	25	6	1	0	0	0	–
3	1932	レークプラシッド	17	17	5	0	0	0	–
4	1936	ガルミッシュ・パルテンキルヘン	28	34	14	0	0	0	–
	1940	札幌	中止	–	–	–	–	–	–
	1944	コルチナ・ダンペッツオ	中止	–	–	–	–	–	–
5	1948	サンモリッツ	28	–	–	–	–	–	–
6	1952	オスロ	30	13	5	0	0	0	–
7	1956	コルチナ・ダンペッツオ	32	10	7	0	1	0	11
8	1960	スコーバレー	30	41	11	0	0	0	–
9	1964	インスブルック	36	48	13	0	0	0	–
10	1968	グルノーブル	37	62	16	0	0	0	–
11	1972	札幌	35	90	20	1	1	1	11
12	1976	インスブルック	37	57	15	0	0	0	–
13	1980	レークプラシッド	37	50	23	0	1	0	15
14	1984	サラエボ	49	39	30	0	1	0	14
15	1988	カルガリー	57	48	33	0	0	1	16
16	1992	アルベールビル	64	63	42	1	2	4	11
17	1994	リレハンメル	67	65	45	1	2	2	11
18	1998	長野	72	166	147	5	1	4	7
19	2002	ソルトレークシティ	77	109	109	0	1	1	21
20	2006	トリノ	80	112	128	1	0	0	18
21	2010	バンクーバー	82	94	111	0	3	2	20
22	2014	ソチ	88	113	135	1	4	3	17
23	2018	平昌	92	124	145	4	5	4	11
24	2022	北京	91	122	138	3	6	9	12

表33-3　オリンピック競技種目一覧

夏季オリンピック（33種目）	冬季オリンピック（15種目）
水泳	スキー　アルペン
アーチェリー	スキー　クロスカントリー
陸上競技	スキー　ジャンプ
バドミントン	スキー　ノルディック複合
野球・ソフトボール	スキー　フリースタイル
バスケットボール	スキー　スノーボード
ボクシング	スケート　スピードスケート
カヌー	スケート　フィギュアスケート
自転車競技	スケート　ショートトラック
馬術	アイスホッケー
フェンシング	ボブスレー　ボブスレー
サッカー	ボブスレー　スケルトン
ゴルフ	リュージュ
体操	カーリング
ハンドボール	バイアスロン
ホッケー	
柔道	
空手	
近代五種	
ボート	
ラグビー	
セーリング	
射的	
スケートボード（新規）	
スポーツクライミング（新規）	
サーフィン（新規）	
卓球	
テコンドー	
テニス	
トライアスロン	
バレーボール	
ウエイトリフティング	
レスリング	

む16日を超えてはならなくなった。ただし関係IFおよびIOC理事会がこれと異なる期間を承認した場合はその限りではない。

（3）**参加資格**　古代ギリシャでのオリンピア祭典競技では、生粋のギリシャ男性であること、神罰を受けていない者、1ヶ月の共同生活を得た者との条件があった。

近代オリンピック競技では、年齢、性別に関係なくアマチュアであればよかったが、2000年制定のオリンピック憲章（Olympic Charter）45条で「オリンピック大会への参加資格を持つためには、競技者はオリンピック憲章及びIOCが承認した関係IFの規則に従わなければならず、また自国

のNOCによって参加登録されていなければならない」となり、従来規定されていたアマチュアであることの条件がなくなった。

（4）**年齢制限**　オリンピック競技大会の競技者に対してどのような年齢制限も設けられていない。ただし、IFが年齢制限を競技規則で定め、IOC理事会が認めた場合はその限りではない。

（5）**国際オリンピック委員会（IOC：International Olympic Committee）**　IOCは、オリンピック競技大会とオリンピックムーブメントとに関するすべての問題の裁定者であり、その本部はスイスのローザンヌ市にある。IOC委員は、115名以内と憲章で規定されている。

（6）**国内オリンピック委員会（NOC：National Olympic Committee）**　IOCは一国または一地域に1つのNOCを公認して、NOCだけが競技大会に競技者の参加申し込みをすることができる。したがって、この組織を作り、IOCの承認を得なければオリンピックに参加することはできない。2022年現在アフリカ大陸：54、アジア：44、アメリカ大陸：41、ヨーロッパ：50、オセアニア：17、合計206の国と地域のNOCがある。

（7）**国際競技連盟（ISF, IF：International〔Sports〕Federation）**　陸上競技（IAAF）、水泳（FINA）、体操（FIG）など、各競技団体の国際連盟で、オリンピック競技大会へはIOC公認のIFがなければならない。

（8）**オリンピック組織委員会（OCOG：Organising Committee for the Olympic Games）**　オリンピック競技大会を組織する権限は、その開催年の7年前にIOCから開催国NOCへ委任される。そのNOCからOCOGへ再委任される。

（9）**オリンピックの旗と標語**　オリンピックの旗（Olympic Flag）は白無地で、中央に左から右へ青、黄、黒、緑、赤の順番に並べ掲揚する時は青の輪がポールに近い位置になるようにする。1914年パリのオリンピックコングレスでクーベルタンがIOC創立20周年記念式典のために考案し

表33-4　歴代 IOC 会長

初代	(1894〜1896)	デメトリュウス・ビケラス（Demetrius Vikelas）	ギリシャ
2代	(1896〜1925)	ピエール・ド・クーベルタン（Pierre de Coubertin）	フランス
3代	(1925〜1942)	アンリ・ド・バイエ・ラツール（Henri de Baillet Latour）	ベルギー
※1943〜1945まで第2次世界大戦のため会長不在			
4代	(1946〜1952)	ジークフリード・エドストローム（J. Sigfrid Edstrom）	スウェーデン
5代	(1952〜1972)	アベリー・ブランデージ（Avery Brundage）	アメリカ
6代	(1972〜1980)	ロード・キラニン（Lord Killanin）	アイルランド
7代	(1980〜2001)	フアン・アントニオ・サマランチ（Juan Antonio Samaranch）	スペイン
8代	(2001〜2013)	ジャック・ロゲ（Jacques Rogge）	ベルギー
9代	(2013〜　　)	トーマス・バッハ（Thomas Bach）	ドイツ

発表した。そして1920年第7回アントワープ大会で初めて掲揚された。

標語（motto）は、より速く（citius）、より高く（altius）、より強く（fortius）の3つのラテン語である。

⑽　**オリンピック聖火（Olympic flame）**　オリンピック聖火はギリシャのオリンピアにおいて正式に採火される。1936年第11回オリンピック競技大会の時に古代オリンピック発祥地であるオリンピアのヘラの神殿の前で太陽光線から凹面鏡で採火され、ギリシャ、ブルガリア、ユーゴスラビア、ハンガリー、オーストリア、チェコスロバキアそしてドイツのベルリンへと総距離3075kmにも及んでリレーが行われた。

⑾　**競技、種別および種目の認定**　IOCの決定により、男子競技においては少なくとも75ヶ国および4大陸で、女子競技は少なくとも40ヶ国および3大陸で広く行われている競技に限る。冬季大会は、男女とも25ヶ国および3大陸で行われている競技に限る。

⑿　**入賞**　1896年第1回アテネ大会から1〜6位までを入賞としていたが、1981年のバーデンバーデンのIOC総会で1〜8位までを入賞とすることとなり1984年第23回オリンピック競技大会のロサンゼルスと第14回冬季競技大会のサラエボから適用された。その入賞の栄誉とは1〜3位までメダル（金、銀、銅）とディプロマ（賞状）、4〜8位にはディプロマが与えられることを指す。金メダルは銀製で少なくとも純度1000分の925以上のものを用い、少なくとも6gの純金メッキがされたもの、銀メダルは上記純度の銀のもの、銅メダルは銅を使用したもので、大きさは70〜120mm、厚さ3〜10mm、重さ500〜800g、原則丸型となる（1900年パリ大会では唯一の四角い形が採用された）。

② オリンピックと日本の関わり

⑴　**日本の初参加**　日本は第5回ストックホルム大会（1912）が初参加となる。それまでアジアからの参加がなかったため、クーベルタンは日本人の中心となる人物をフランス日本大使に依頼をする。推薦された柔道の創始者として知られる嘉納治五郎がアジア初のIOC委員として就任し、日本の参加へと動き出す。

ストックホルム大会には陸上短距離の三島弥彦、マラソンの金栗四三が選手として参加したが、入賞はならなかった。アントワープ大会（1920）のテニスで熊谷一弥がシングルスで銀メダル、熊谷一弥と柏尾誠一郎がダブルスで同じく銀メダルを日本チームで初めて獲得した。アムステルダム大会（1928）では三段とびの織田幹雄と水泳200mの鶴田義行がついに初の金メダルを獲得する。

⑵　**オリンピックの日本開催**　嘉納をはじめとするIOC委員の強力な招致活動が功を奏し、アジアでは初のオリンピックとなる東京大会（1940）の開催が1936年に決定した。しかし、その

表33-5　歴代 JOC 会長

初代	(1911〜1921)	嘉納　治五郎
2代	(1921〜1933)	岸　清一
3代	(1936〜1937)	大島　又彦
4代	(1937〜1945)	下村　宏
5代	(1945〜1946)	平沼　亮三
6代	(1947〜1958)	東　龍太郎
7代	(1959〜1962)	津島　寿一
8代	(1962〜1969)	竹田　恒徳
9代	(1969〜1973)	青木　半治
10代	(1973〜1977)	田畑　政治
11代	(1977〜1989)	柴田　勝治
12代	(1989〜1990)	堤　義明
13代	(1990〜1998)	古橋　廣之進
14代	(1998〜2001)	八木　祐四郎
15代	(2001〜2019)	竹田　恒和
16代	(2019〜　　)	山下　泰裕

後に日中戦争が勃発したことにより多くの国が終戦しなければ参加拒否の姿勢を示したことを受けて日本は開催を返上し、幻の東京オリンピックとなってしまう。その後、日本は1964年に夏季大会を東京、冬季大会を1972年に札幌、1998年に長野での開催に成功。2020年には2回目となる東京での夏季大会が予定されていたが、新型コロナウイルス蔓延の影響で1年延期の上開催された。

(3)　日本スポーツ協会（JSPO：Japan Sport Association）　嘉納はオリンピックのための組織および体制整備の一環として、1911年に大日本体育協会を設立し、オリンピック予選会を開催した。その後1948年に日本体育協会、2018年に日本スポーツ協会へと改名した。国民大会をはじめとする国内スポーツ行事を企画、運営している。

(4)　日本オリンピック委員会（JOC：Japanese Olympic Committee）　日本スポーツ協会の協会内の委員会という位置づけであったが、1989年に独立した法人として設立した。

IOCの日本の窓口として、国内スポーツ連盟の補助、アスリート育成、オリンピックムーブメントを促進し、国際総合競技大会への派遣事業を行っている。　　　　　　　　　（金野　潤）

34 アダプテッド・スポーツとパラリンピック

1 アダプテッド・スポーツ

障害者スポーツは特殊なスポーツでなく、障害のためにできにくいことがあるという理念の下に、「何ができないか」ではなく、「何ができるか」に視点を向けて、用具やルールを工夫して行われているものを「障害者のスポーツ」と呼んでいる（高橋, 2012）。障害の種類や程度に左右されずにプレーできるように工夫されたスポーツは、子どもから高齢者、体力の低い人でも参加することのできるスポーツとなり、参加する人に適した形となることからアダプト（adapt：適合、適応させる）を用いて、アダプテッド・スポーツ（adapted sports）と呼ばれている。

例えば、足が不自由な選手が行う車椅子バスケットボールでは、健常者が自身の足でバスケットボールを楽しむことを車椅子で補い、車椅子に合わせたルールによってバスケットボールを楽しむことができる。また、足に障害のない人が車椅子に座ることで、障害のある人もない人も一緒にバスケットボールを楽しむことができる。ブラインドサッカーでは、視覚に障害がない人もアイマスクをすることで、ガイドやゴールキーパーからの情報を得て一緒にプレーすることができる。さらに盲人マラソンでは、健常な伴走者とロープを握り合って走ることから一本のロープが障害を持つ人と持たない人とのバリアを取り除く手段となり、ノーマライゼーションの実践となる。

アダプテッド・スポーツという概念は、障害を持つ人がスポーツを楽しむためには、その人自身と、その人を取り巻く人々や環境を問題として取り上げ、両者を統合したシステム作りこそが大切であるという考え方に基づくものである（矢部他, 2005）。

2 パラリンピック

（1） パラリンピックとは パラリンピックは、様々な身体障害のあるトップアスリートが出場できる世界最高峰の国際競技大会であり、オリンピックの開催年に、原則としてオリンピックと同じ会場を使って開催される。夏季大会の第1回大会は1960年にローマで開催され、第2回大会は東京（1964）で開催となった。第16回大会は東京（2020）での2度目の開催となる。冬季大会の第1回大会は1976年にエンシェルツヴィークで開催され、第7回（1998）は長野で開催となった。日本は、夏季大会と冬季大会を同一国内で開催した最初の国となった。

パラリンピックという名称は、対麻痺者の国際ストーク・マンデビル大会の対麻痺を意味するパラプレジア（paraplegia）の「パラ」とオリンピックの「リンピック」を合わせた造語として東京大会（1964）の際に名づけられた。しかし、現在のパラリンピックは対麻痺者だけでなく、様々な身体障害者の参加と障害者スポーツの競技性が高まってきたことから、パラ（para：沿う、並行）のオリンピックとして、第8回ソウル大会（1988）からパラリンピックが公式名称に定められる。主に脊髄を損傷した障害者のリハビリの一環で始まったスポーツが、現在では、アスリートによる競技スポーツへと発展している。

（2） パラリンピック競技について 夏季大会の第1回ローマ大会（1960）では23ヶ国から400名の選手が参加して8競技（アーチェリー・陸上競技・車椅子バスケットボール・車椅子フェンシング・水泳・卓球・スヌーカー・ダーチェリー）が実施され、冬季大

会では16ヶ国から53名の選手が参加して2競技（アルペンスキー・クロスカントリースキー）が実施された。

　現在では、夏季大会では22競技（2020年東京大会）、冬季大会では6競技（2022年北京大会）が実施されている（表34-1）。日本は自国開催となった東京大会（1964）に選手53名、役員31名が初めて参加し、メダルを10個（金1、銀5、銅4）獲得している。

(3) パラリンピックの価値と意義　国際パラリンピック委員会（IPC）は、パラリンピアンに秘められた力こそが、パラリンピックの象徴であるとし、勇気・強い意志・インスピレーション・公平の4つの価値を重視している。さらに、パラリンピックシンボルマークは「スリーアギト」と呼ばれ、「アギト」はラテン語で「私は動く」という意味を持ち、困難なことがあっても諦めずに、限界に挑戦し続けるパラリンピアンを表現している。

　このように、様々な障害のあるアスリートが創意工夫を凝らして限界に挑むパラリンピックは、多様性を認めて、誰もが個性や能力を発揮して活躍できる公正な機会が与えられる場である。また、社会の中にあるバリアを減らしていくことの必要性や障害者に対する理解を深め、健常者と障害者が当たり前に混ざり合う共生社会を実現すること

表34-1　パラリンピック競技種目

夏季22競技種目		冬季6競技種目
アーチェリー	ボート	アルペンスキー
陸上競技	射撃	バイアスロン
バドミントン	シッティングバレーボール	クロスカントリースキー
ボッチャ	水泳	アイスホッケー
カヌー	卓球	スノーボード
自転車競技（ロード・トラック）	テコンドー	車椅子カーリング
馬術	トライアスロン	
5人制サッカー	車椅子バスケットボール	
ゴールボール	車椅子フェンシング	
柔道	車椅子ラグビー	
パワーリフティング	車椅子テニス	

につながる。　　　　　　　　　　　（大嶽真人）

　＊注記　障害の表記には「障がい」「障碍」「しょうがい」などが用いられているが、本節では法令や医療上の記述に従い「障害」と表記した。

（引用文献）

高橋明（2012）『障害者とスポーツ』岩波書店.
矢部京之助他（2005）『アダプテッド・スポーツの科学――障害者・高齢者のスポーツ実践のための理論』市村出版.
公益財団法人日本障がい者スポーツ協会（2015）『障がい者スポーツの歴史と現状』.
　https://www.jsad.or.jp/about/pdf/jsad_ss_2015_web.pdf
日本パラリンピック委員会.
　https://www.jsad.or.jp/paralympic/jpc/

●コラム9

目が見えていない選手の方が見えていることが多い？　（橋口泰一）

　視覚障害者スポーツに関わる晴眼者の視点は、コーチングに携わる者たちに様々な示唆を与えるといわれる。日本を代表するブラインドサッカーのコーチは、ライフワークであるサッカー指導者として、両種目の指導経験が相互に補完すると報告している。ブラインドサッカーのコーチングでは、指導現場にて選手の能力や認識の傾向を把握することで、選手が理解可能な内容に変換・整理して情報を伝達している。これは、障害者スポーツでなくても重要となる「他者の視点」を積極的に受容することをブラインドサッカーから得ている。晴眼者は、視覚から多くの情報を得ているため、抽象的なやりとりでも十分にコーチングが実現できるだろう。だが、ブラインドサッカーでは、見えることによって潜在化している当たり前の感覚や認識を顕在化させることが重要となるコーチが選手とのやりとりから想像を超える気づきが生まれることについて、「ブラインドサッカーに携わり、目が見える選手に比べ、目が見えていない選手の方が見えている（気づいている）と感じることがある」というコメントが興味深い。

表34-2　パラリンピック夏季競技大会年表

	開催年	開催都市	参加国数	参加人数	日本参加選手	日本参加役員	金メダル	銀メダル	銅メダル	メダルランキング
1	1960	ローマ	23	400	−	−	−	−	−	−
2	1964	東京	21	378	53	31	1	5	4	13
3	1968	テルアビブ	29	750	37	26	2	2	8	16
4	1972	ハイデルベルグ	43	984	25	12	4	5	3	15
5	1976	トロント	40	1,657	37	14	10	6	3	14
6	1980	アーネム	42	1,973	37	13	9	10	7	16
7	1984	ニューヨーク（立位） ストーク・マンデビル（車椅子）	54	2,102	17 35	10 19	9	7	8	22
8	1988	ソウル	61	3,057	141	43	17	12	17	14
9	1992	バルセロナ	83	3,001	75	32	8	7	15	16
10	1996	アトランタ	104	3,259	81	42	14	10	13	10
11	2000	シドニー	122	3,881	151	89	13	17	11	12
12	2004	アテネ	135	3,808	163	108	17	15	20	10
13	2008	北京	146	3,951	162	132	5	14	8	17
14	2012	ロンドン	164	4,237	134	121	5	5	6	24
15	2016	リオデジャネイロ	159	4,333	132	98	0	10	14	64
16	2021	東京	162	4,393	254	209	13	15	23	11

表34-3　パラリンピック冬季競技大会年表

回	開催年	開催都市	参加国数	参加人数	日本参加選手	日本参加役員	金メダル	銀メダル	銅メダル	メダルランキング
1	1976	エンシェルツヴィーク	18	53	−	−	−	−	−	−
2	1980	ヤイロ	18	299	5	6	0	0	0	−
3	1984	インスブルック	21	419	12	9	0	0	0	−
4	1988	インスブルック	22	377	14	13	0	0	2	14
5	1992	ティーニュ／アルベールビル	24	365	15	23	0	0	2	19
6	1994	リレハンメル	31	471	27	36	0	3	3	18
7	1998	長野	31	571	70	71	12	16	13	4
8	2002	ソルトレーク	36	416	36	40	0	0	3	22
9	2006	トリノ	38	474	40	50	2	5	2	8
10	2010	バンクーバー	44	502	41	53	3	3	5	8
11	2014	ソチ	45	547	20	35	3	1	2	7
12	2018	平昌	49	567	38	48	3	4	3	9
13	2022	北京	146	558	29	44	4	1	2	9

1　「もしドラ」の川島みなみ

　岩崎夏海が著した『もし高校野球の女子マネージャーがドラッカーの『マネジメント』を読んだら』(ダイヤモンド社)の主人公川島みなみは、「野球部を甲子園に連れていく」と宣言する。親友との何気ない会話の中から思わず発してしまった甲子園出場。そんな目標が経営マネジメントの父、ピーター・F・ドラッカーとの出会いにつながる。ドラッカーは「マネジメントは成果によって定義される」といった。何を目的にするのか、どんなゴールを目指すのか、この成果を定義することからマネジメントが始まるのだ。「もしドラ」では「甲子園に連れていく」が、「成果の定義」に見事に当てはまった。数々の逆境を乗り越えながら甲子園出場を目指すみなみマネージャーの奮闘が、ドラッカー・マネジメントとともに描かれていく。

　マネジメントとは「組織が成果を挙げるために必要な方法」と定義される。これに「戦略」という言葉を加えて再定義してみると、組織が成果を達成するための「戦略」、この「戦略」を計画化し、実行するための方法論がマネジメントなのである。

　表35-1は、マネジメントを7つの機能から類型化したものである。それぞれの機能をいかに最適化できるのか、また、7つの機能間の融合をいかに進めることができるのか。特に成果がどこまで達成できているのか、何が問題なのかといったマネジメントの評価と改善は欠かせない。マネジメント・サイクルは図35-1のようにPDCAで表わされる。計画(Plan) → 実行(Do) → 評価(Check) →改善(Action)の循環がスムーズであること。川島みなみが、甲子園出場を目指して次から次へと実行(Do)に手を打てたのも、このマネジメント・サイクルが機能していたからであろう。

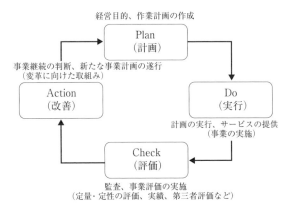

図35-1　PDCA サイクルによる事業の計画・検証
出所) 浦久保和哉(2018)『スポーツビジネスを知るための基礎知識』文眞堂：54.

表35-1　マネジメント7つの機能

1	意思決定	望ましい結果を達成するために、組織や構成員が遂行すべき事項を選択する
2	組織化	意志決定にもとづき、組織の構造設計や職務の配分を行う
3	人員配置	組織内の「どこに」「誰を」配置するかを考え、決定する
4	計画化	将来を予測し、代替可能な行動の選択肢を発見する
5	統制	行った事業の成果を測定し、最終的な目標へと成果を導いていく
6	情報伝達	好ましい結果を得るために、組織内でアイデアを共有する
7	指揮	構成員の実際の活動を、組織が掲げる目標達成に導く

出所) 浦久保和哉(2018)『スポーツビジネスを知るための基礎知識』文眞堂：52.

2　スポーツマネジメント

ではスポーツマネジメントは、どのように定義できるのか。広瀬一郎は、スポーツを「する・みる・ささえる」の参加の仕方から、どのような成果（目標）を目指すのかによって、スポーツマネジメントは、全く違ったものになるという。スポーツが「何に対して」「何を成果として」生み出すのか。スポーツマネジメントは、組織、施設、アスリート、ボランティアのようにマネジメント対象が区分され、どのような成果を目指して最適化できるかによって論じられてきた。

そこでスポーツマネジメントを次のように定義してみよう。スポーツマネジメントとは、スポーツのする・みる・ささえるの各々の参加が目指す成果（目標）を達成するためのマネジメント対象（組織や施設など）を特定し、そのための戦略を実行するための方法論である。本節では、その対象を組織、施設、アスリート、ボランティアに絞って、それぞれに必要なマネジメントの考え方を説明することにしたい。

3　組織のマネジメント

スポーツの組織は、小学生の野球チームや大学運動部から日本オリンピック委員会（JOC）まで含めると国内だけでもその種類は無数にあるといってもよい。ただ共通しているのは、組織内のメンバーで目標を共有し、組織が定めたルールと規則に基づいてメンバー各自が役割を分担すること、そして、メンバーが自らの責務を果たしながら目標に向かって協力し合うことにあろう。

では図35-2に基づいて組織マネジメントを説明しよう。アメリカの経営学者、チェスター・バーナードは、組織の成立条件には、①共通目的、②協働意欲、③コミュニケーションの3つの要素が必要であるという。さらに昨今では、スポーツが組織として目標を掲げるのであれば、その種別にかかわらず、社会的な意義の側面が加わるよう

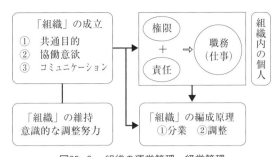

図35-2　組織の運営管理・経営管理
出所）浦久保和哉（2018）『スポーツビジネスを知るための基礎知識』文眞堂：40.

になった。いわば「社会に対して高い付加価値を提供する」という「共通目的」の優先順位が高まり、そのための「協働意欲」を円滑な「コミュニケーション」を通じて果たすことが求められるのだ。こうして組織のメンバーに「権限」＋「責任」に基づいた「職務（仕事）」が割り当てられていく。この組織マネジメントを前述したPDCAサイクルを通じて「維持」できるように「調整努力」をすれば、組織の「編成原理（組織特性）」に安定をもたらすのである。

最後に組織の社会的意義を再確認してスポーツ組織のマネジメントとは何か、バーナードとドラッカーの考え方から簡潔に説明しておこう。ドラッカーは組織のマネジメントには、①働く人を生かす、②組織が使命や目的を果たせるようにする、③社会の問題解決に貢献する、の3つの役割があるという。スポーツ組織のマネジメントとは、スポーツの使命や目的を果たすためにメンバーの権限＋責任に基づいた職務が組織内に分業と協働を生み出し、その組織的活動がスポーツと社会の課題解決にも貢献できる方法論であると定義できよう。

4　施設のマネジメント

スポーツ施設のマネジメントは、施設を「建設する」「運営する」「利用する」の3者の立場から類型化されなければならない。さらにスポーツ施設とはいえ、そこには①スポーツ・レクリエー

ション空間、②情報・交流空間、③飲食空間、④管理空間、⑤設備・機能空間の５種の空間に必要とされるマネジメントが類型化されなければならない。文部科学省の「体育・スポーツ施設現況調査」が対象とする施設種別は、「陸上競技場」から「河川・湖沼等の遊泳場」まで全51種に及ぶ（文部科学省, 2018）。これに基づけば、51種の施設が有する①から⑤の空間別に「建設する」「運営する」「利用する」の３者の立場からマネジメントの対象が特定されていくことになる。

広瀬一郎は、マネジメントが「説得的であるため」には、組織メンバー間で経営資源に何があり、その強みと弱みは何か、を明らかにして想定されるマネジメントの内容をあらかじめ確認しておくことが必要であるという。例えば、表35-２は①から⑤の空間別に「ヒト・モノ・カネ・ジョウホウ」の経営資源から見て、どのようなマネジメントが想定されるのか、その対象を詳細にリスト化

したものである。スポーツ施設のマネジメントでは、こうしたシートを作成して、施設を「建設する」「利用する」「運営する」の３者の立場を超えてシートの内容を吟味し共有することが必要であろう。

5　アスリートのマネジメント

アスリートのライフステージを小学校から大学の学校期で区切ることなく、中長期的な視点から見た支援体制の必要性を考えることは、国内外のスポーツ界の課題となってきた。2012年に文部科学省によって策定された第１期「スポーツ基本計画」では、アスリートの「デュアルキャリア」支援が重要な施策に位置づけられた。アスリートとしての日常を過ごしながら、一方で引退後の職能開発に必要な力量を獲得していくこと、いわばトップスポーツと教育（職能開発）のデュアル（二重）の支援体制である。デュアルキャリアは、ア

表35-２　施設の運営と管理の対象業務

		スポーツレクリエーション空間	情報・交流空間	飲食空間	管理空間	設備・機能空間
		体育館、グラウンド、プール、トレーニングルームなど	ロビー、フロント、会議室、談話室など	レストラン、カフェ、ホールなど	オフィス、スタッフ控室、スタッフ更衣室	更衣室、シャワー室、浴室、トイレ、厨房、倉庫など
ヒト	・業務分掌の策定 ・組織編成 ・労働管理 ・人事考課　など	コーチやトレーナー	受付、スタッフ	委託業者、納入業者	職員・従業員	清掃業者、管理人、整備会社など
モノ	・用具・備品の管理・調達 ・警備業務 ・清掃業務 ・建築物保守管理 ・設備保守管理　など	施設、スポーツ用品、用具の保守・管理・修繕・調達・更新	施設、什器・備品の保守・管理	食品、飲料品の販売・購入（評判など）	施設、什器・備品の保守・管理	設備、備品などの保守・管理・修繕・調達・更新
カネ	・予算策定・管理 ・各種経理処理 ・資産管理、運用 ・賃金制度の策定など	施設、スポーツ用品、用具の管理・修繕・調達の購買、予算管理	施設、什器、備品の購買、予算管理	業者管理	職員人件費など	光熱水費
ジョウホウ	・利用者情報の管理 ・スケジュール予約管理	利用者情報（予約など）	掲示物、配布物、パソコン	メニュー、ショーケースなど	職員の勤怠およびシフト管理	施設及び設備の管理サーバーなど各種情報機器、施錠・警備システムの管理

スリートのマネジメントの中核に位置づく視点となってきた。

オランダでは、Centrum voor Topsport en Onderwijs（CTO）が国内に4ヶ所設置され、フルタイムでトレーニングできる環境と併せて、学業や仕事のキャリアップを支援するためのインフラ整備をしている。特に、アスリートが職能開発をしたいといった際の仲介役としてCTOが重要なコーディネーター役を果たしている。またカナダでは、2013年から「アスリート・トランジション・プログラム（game plan）」がスタートした。特徴を挙げるとすれば、高校生アスリートが大学進学時に競技から退いてしまうことがないよう、大学との連携を通じてデュアルキャリア支援に着手していることである（独立行政法人日本スポーツ振興センター,2016）。

図35-3は、アスリートの約25年間のライフステージを横軸にとって、「パフォーマンス」「精神性の発達」「社会性の発達」「学力向上・職業開発」「財政基盤」の別に想定される転換期を縦線で区切って、あらかじめどのような事前準備と決断がデュアルキャリア支援に必要なのかを考える

ライフスパンモデルである。アスリートのマネジメントは、トレーニング環境や個人のパーソナリティによって様々である。ただデュアルキャリアを中核に据えたマネジメントは、国を代表するようなナショナルレベルのアスリートばかりを対象にすべきではなかろう。すでに、世界では、すべての子どもたちに対して、スポーツを若年期のライフスタイルに位置づけながら、同時にどのようなデュアルキャリア支援をしていくのか。このことはアスリートマネジメントの国際課題となっている。

6 ボランティアのマネジメント

スポーツボランティアとは「地域におけるスポーツクラブやスポーツ団体において、報酬を目的としないで、クラブ・団体の運営や指導活動を日常的に支えたり、また、国際競技大会や地域スポーツ大会などにおいて、専門的能力や時間などを進んで提供し、大会の運営を支える人のこと」と定義される（文部省,2000）。国内外のスポーツ大会やクラブ等で活躍するスポーツボランティアの活動に注目が集まるようになってきた。ワール

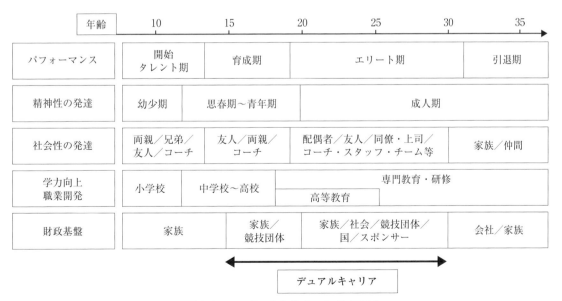

図35-3　アスリートのライフスパンモデル
出所）独立行政法人日本スポーツ振興センター（2016）『デュアルキャリアに関する調査研究報告書』.

表35-3　スポーツボランティアの分類

名称	クラブ・団体ボランティア		イベントボランティア		アスリートボランティア
名称	ボランティア指導者	運営ボランティア	専門ボランティア	一般ボランティア	
活動内容	監督・コーチ、指導アシスタント	クラブ役員・監事、世話係、運搬・運転、広報、データ処理、競技団体役員など	審判、通訳、医療救護、大会役員、データ処理など	給水・給食、案内・受付、記録・提示、交通整理、運搬・運転、ホストファミリーなど	ジュニアの指導、施設訪問、地域イベントへの参加など
活動範囲	クラブ・スポーツ団体		地域スポーツ大会、国際・全国スポーツ大会		トップアスリート・プロスポーツ選手
活動頻度	日常的・定期的活動		非日常的・不定期的活動		不定期

出所）笹川スポーツ財団（2017）『スポーツ白書2017』.

ドカップやオリンピック・パラリンピックなど国際的なメガ・イベントでは、ボランティアの支援体制とその活動のクオリティが、イベントの良し悪しを左右するとさえいわれるようになってきた。

　スポーツボランティアは、表35-3の通り「クラブ・団体ボランティア」「イベントボランティア」「アスリートボランティア」の3種に類型化される。また同表からは、どのような「活動内容」「活動範囲」「活動頻度」があるのか、ボランティア活動のイメージと専門性を確認することができよう。こうしたスポーツボランティアの類型化は、ボランティアへの参加のしやすさを促進したともいわれる。

　日本スポーツ界では、2012年の「スポーツ基本計画」の発表以降、スポーツボランティアを数多く経験してきた人たちを「ボランティアリーダー」として育成している。昨今では、スポーツボランティアの活動内容が専門化しているため、専門的なボランティアチームを結成し、チームキャプテンとしてボランティアリーダーを配置する体制がとられるようになってきた。ボランティア活動の継続化、いわばボランティアのリピーターをいかに増やすのか、特に都市型マラソン大会、ワールドカップ、オリンピック・パラリン

ピックなどのメガ・イベントでは、こうしたリーダーとチームとの連携を、いかに事前に作っておくことができるかがボランティアのリピーターを増やす鍵となっている。スポーツボランティアのマネジメントは、単なる無償のスタッフとして都合のよいマンパワーという発想ではなく、スポーツの価値向上にも貢献しうる重要な人的資源として、ボランティア参画を促す取り組みが積極的に講じられなければならないのである。（水上博司）

（引用文献）

浦久保和哉（2018）『スポーツビジネスを知るための基礎知識』文眞堂.

笹川スポーツ財団（2017）『スポーツ白書2017』.

独立行政法人日本スポーツ振興センター（2016）『デュアルキャリアに関する調査研究報告書』.

ドラッカー，P. F.：上田惇生訳（2001）『マネジメント―基本と原則』ダイヤモンド社.

広瀬一郎編（2009）『スポーツ・マネジメント―理論と実務』東洋経済新報社.

広瀬一郎（2014）『スポーツ・マネジメント入門―24のキーワードで理解する（第2版）』東洋経済新報社.

水上博司（2019）「スポーツ組織のマネジメント」日本スポーツ協会編『Reference Book』公益財団法人日本スポーツ協会：364-368.

文部科学省（2012）『スポーツ基本計画』.

文部科学省（2018）『体育・スポーツ施設現況調査』.

文部省（2000）『スポーツにおけるボランティア活動の実態等に関する調査研究協力者会議』.

●コラム10

オリンピックと政治

(金野　潤)

本来、平和の祭典としての役割を担うはずのオリンピックも国際化、大規模化していく中で「国」というものが強調される結果、時として政治的な影響に翻弄されてきた歴史がある。

1936年ベルリン大会はヒトラーのナチスドイツがプロパガンダの手段として大会を利用したとして知られている。1930年以降オリンピックが大規模化の煽りを受け、大会運営の資金不足となっていたことの解決には一役買ったものの、当時の国際オリンピック委員会（IOC）でも賛否が分かれていた。その4年後アジア初のオリンピック開催を目指し、日本は1930年頃からの招致活動が実り1940年に東京へ開催決定に漕ぎつけるのだが、日中戦争勃発により返上を閣議決定することになってしまう。その後、第2次世界大戦後の開催となる1948年ロンドン大会では日本とドイツはIOCから参加を許されなかった。日本は東京五輪を返上したこと、ドイツは第2次世界大戦を引き起こしたことに対する懲罰的な不承認であった。

1952年のヘルシンキ大会からソ連が参加することにより、メダル数や順位が国力を誇示する指標としての役割が色濃いものになっていく。オリンピックは東西冷戦の構造を反映し、政治的、思想的な影響を受け、多国のボイコット常態化も招いてしまう。

1978年ソ連のアフガニスタン軍事侵攻により、アメリカの1980年モスクワ大会不参加に日本も同調することとなる。当時、同大会柔道代表の山下泰裕やレスリング代表の高田裕司らが涙ながらにボイコットに異を唱えたが、決定は覆ることはなかった。

そして、モスクワ大会の4年後のロサンゼルス大会では報復としてソ連をはじめとする多数の東側諸国がボイコットする結果となる。

古代オリンピックでは大会期間中は休戦条約（エケケイリア）が厳格に守られていたとされているが、近代オリンピックは数ヶ国のボイコットだけでなく、戦争で大会自体が三度中止となるなど戦争抑止の効果を発揮することはなかった。

過去から学び、スポーツが中立性、独自性を守ること、そして、クーベルタンが唱えたスポーツを通しての世界平和の実現がオリンピックの真の意義であることを心に留めておくことが肝要である。

（引用文献）

石坂友司（2018）『現代オリンピックの発展と危機1940-2020　二度目の東京が目指すもの』人文書房.

坂上康博他編著（2018）『スポーツの世界史』一色出版.

日本大学文理学部体育学研究室編（2019）『健康・スポーツ教育論』八千代出版.

出所）『毎日新聞』1980年5月25日.

36　スポーツツーリズム

1 スポーツツーリズムとは

(1) スペシャル・インタレスト・ツーリズム

　ツーリズムとトラベルの違いから始めよう。一般的にトラベルが旅、ツーリズムが観光と区別される。では旅を「ぶらり旅」「途中下車の旅」からイメージしてみよう。どちらも、どこに行くか、何をするか、のような旅の目的をはっきりさせない。その場その時の出逢いや不測の事態も楽しむ。旅の本質は、あるがままの土地であるがままの出逢いにもあるといわれる。だから旅（travel）の語源が古フランス語の「traivail」が意味する「苦難」をも含むのも頷ける。

　一方のツーリズムは、「出発地から観光地（アトラクション）を訪れ、必ず出発地に戻る周遊的・回帰的な活動」である。ただ観光地といっても、世界遺産やテーマパークを訪れるものばかりではない。湯治場で療養すること、雪山でスキー、離島でスキューバダイビング、海外へ出れば、ニューヨークでNLBを観戦する、ホノルルマラソンに出場するなど目的が明確だ。すなわち観光（アトラクション）で何をするのか、何を観るのか、

その目的がはっきりした旅行スタイルをトラベルと区別してツーリズムと考えるのだ。

　特定の目的志向性を持った旅行スタイルは「スペシャル・インタレスト・ツーリズム（SIT）」と呼ばれるようになった。例えば、農業体験のアグリツーリズム、漁業体験のブルーツーリズムが代表的なものだ。これに健康・食・美容・自然志向の高まりを受けてスポーツツーリズムが重要な観光資源となった。スポーツツーリズムとは「限定された期間で生活圏を離れスポーツをベースとした旅行をすること、そのスポーツとは、ユニークなルール、優れた技量を元にした競技、遊び戯れるという特質で特徴づけられるもの」と定義される。また、2017年に観光庁によって策定された「観光立国推進基本計画」では「スポーツの参加や観戦を目的として地域を訪れたり、地域資源とスポーツを掛け合わせた観光」と定義されている。スポーツツーリズムは、「体験型観光素材」など日本の観光資源として注目されるようになった。

(2) スポーツツーリズムのタイプ

スポーツツーリズムには、どんなタイプがあるのか。図36-1は、横軸に活動性、縦軸に競争性を据えて各々3区分にして、全体で9タイプに類型化したものである。競争性の動機の強いものから、スポーツツーリズム、アドベンチャーツーリズム、ヘルスツーリズムを位置づけ、それぞれに想定される具体的な活動内容が記されている。

図36-1　スポーツツーリズムとヘルスツーリズムの関係

出所）Hall, C. M.（1992）Adventure, Sport and Health Tourism, In: Weiler, B. & Hall, C. M.（Eds.）*Special Interest Tourism*, Belhaven Press: London : 142.

また表36-1は、スポーツへの活動スタイルを「参加型」「観戦型」「訪問型」に3類型し、ここにどんな人々がツーリストになっているのか、また日本への訪日客である「インバウンド」、日本からの離日客である「アウトバウンド」、そして「国内」の3つに区分し、全体で9タイプに類型化した。

スポーツツーリズムは、単なる「体験型観光素材」として楽しむだけではなく、滞在する地域の自然や歴史、さらには文化理解にも役立つ観光資源となった。すでに観光は日本経済を牽引する主要産業の一つである。「観光立国」を宣言した日本社会は、スポーツツーリズムを地域振興や産業振興として、その可能性の拡大に大いに期待しているのである。

2　スポーツツーリズム需要拡大戦略

スポーツ庁は、2018年3月「スポーツツーリズム需要拡大戦略」を策定し、同年7月には「アウトドアスポーツ推進宣言」を発表した。ここで新規重点テーマに「アウトドアツーリズム」と「武道ツーリズム」の推進が提唱された。

アウトドアツーリズムは、四季折々に姿を変える山、川、海といった「世界に誇る日本の自然資源を活用」して、スノースポーツやトレッキング、サイクリング、ラフティング、カヌーといったアウトドア・スポーツを楽しむ自然体験型の観光スタイルである。

武道ツーリズムは、柔道、剣道、空手、合気道など「日本発祥・特有」の武道を海外の武道愛好者だけではなく、訪日客が気軽に武道体験ができる観光スタイルである。例えば、空手発祥の沖縄県では、2016年7月、沖縄県文化観光スポーツ部に「空手振興課」を新設して訪日客に対して空手を体験してもらうための受け入れ体制を整えている。また剣道では、「SAMURAI TRIP」のツアー名称で訪日客に剣道の礼儀作法から武具の製作現場の見学まで「SAMURAI」「BUSHIDO」精神を体験できる人気プログラムが誕生している。

地域振興や産業振興のインフラの一画にもスポーツツーリズムの可能性は広がる。例えば、宮崎や和歌山、高知や鹿児島では、スポーツ合宿を誘致するための受け入れ体制整備に力を入れてきた。

一方、日本からの離日客が海外でスポーツツーリズムを体験する機会も増えてきた。ただその観光スタイルは、砂漠トレッキングやヒマラヤ登山など健康被害や環境への悪影響を引き起こすリスクも伴う。スポーツツーリズムの需要拡大では、過剰な商業化を求めるのではなく、スポーツをどのように楽しんでもらうのか、その文化的享受スタイルがスポーツツーリズムの意義を問う柱にならなければならない。

（水上博司）

（引用文献）

観光庁（2017）『観光立国推進基本計画』.
スポーツ庁（2018）『スポーツツーリズム需要拡大戦略』.
原田宗彦・木村和彦編（2009）『スポーツ・ヘルスツーリズム』大修館書店.

表36-1　スポーツツーリズムの3つのタイプと3つの市場

	参加型	観戦型	訪問型
インバウンド市場	・オーストラリアからのスキー客（北海道倶知安町）・韓国からのゴルフツアー	・アジア野球大会への韓国・台湾からの応援団・2002ワールドカップへの海外からの応援ツアー	〈コンテンツ不足の未開拓分野〉
アウトバンド市場	・ホノルルマラソンへの参加・マウイ島でのゴルフ・海外での草の根スポーツ交流	・ヤンキースの松井選手やマリナーズのイチロー選手への応援ツアー	・ヨーロッパやアメリカへのスタジアム見学ツアー
国内市場	・各地のマラソン大会やトライアスロン大会への参加・スポーツ合宿	・Jリーグやプロ野球のアウェーゲームへの観戦ツアー	・スポーツ博物館やスタジアムの見学ツアー

出所）原田宗彦編（2007）『スポーツ産業論』杏林書院：260.

37 アウトドア・スポーツ、アクティビティ

1 アクティビティと志向性

アウトドア・スポーツとは、野外で活動する運動の総称であり、一般的には自然環境の中で活動する運動を指す。野外スポーツと表記する場合もある。その他にも、スポーツのみならずアウトドア・アクティビティとして広義に捉えると、キャンプなどもその一つに加えられよう。これらの活動は実施する場所によって表37-1のようにまとめることができる。

しかしながら、スポーツに着目すれば種類は多様であるが、参加する人々の志向性によってそのありようは異なる。

中野（2012）はアウトドア・スポーツの志向性を4つに分類している。第1に「競技志向」である。アウトドア・スポーツをチャンピオンスポーツとして行い、勝利に向けてスキル獲得や戦術的なトレーニングを行う。第2に「レクリエーション志向」である。自らの楽しみのためや癒し、仲間と集う目的のために行うものを指す。そして第3に「健康志向」がある。自らの健康維持や増進目的のために行う。最後の第4が「教育志向」である。青少年をはじめとしてあらゆる人を対象に、設定された教育目標に沿って行われる教育活動としてのアウトドア・スポーツを指す。これは野外教育とも呼ばれている。

2 アウトドア・スポーツ、アクティビティとその効果

ミッテン（2018）は、アウトドア・アクティビティと健康について4側面から考察している。第1に、「自然の中にいること」の影響を取り上げている。具体的には、太陽光に当たることでのビタミンDの増加、空気中の良好なバクテリアを吸い込むことでの胃腸の活動の活性化などである。また、森林浴は血圧の低下、ストレスの緩和、交感神経系の緩和、免疫機能の向上、抗がん作用があるたんぱく質の生成などの効果があることが関連諸研究で明らかとなっている。その他にも、自然環境下においては、感覚情報が大脳等に伝達され、自律神経系や内分泌系、免疫系によってコントロールされている生体の機能が、非日常的な活動によって活発に変化する。この恒常性によって保たれる生体機能の変化が身体を活性化させる刺激となる。

第2に、「身体活動」である。他の項目でも記載されているが、身体活動による心臓疾患のリスク等が下がるなどの恩恵を得ることができる。キャンプ活動中の心拍数は日常生活に比べて高い値が観測される。大学生を対象にした報告では平均心拍数が10拍以上高くなっていた。このようにアウトドア・アクティビティは多くの活動量を伴う。その一方で、活動の内容については、自身の体力や所要時間に併せて選択することができるため、中高年代では有酸素運動の一環としての登山やトレッキングに人気が高まっている。

表37-1　アウトドアにおける活動一覧（抜粋）

場所	スポーツ・アクティビティ
海	サーフィン・ボディボード・スキューバーダイビング・シュノーケリング　など
水上	カヌー・カヤック・スタンドアップパドルボード・釣り・水泳・ラフティング　など
雪上	スキー・スノーボード・ノルディックスキー・スノースクート　など
屋外全般	キャンプ・サイクリング・ランニング・ハイキング・モトクロス　など
山	登山・トレッキング・ロッククライミング・フリークライミング　など
空中	スカイダイビング・パラグライダー・グライダー　など

第3に「社会的接触」である。仲間や家族と自然の中で活動することで関係が良好になることが報告されている。これにより広い意味での持続可能性が高まるという報告もある。このように親密な関係においては良好であるが、初めて会う人たちを対象とした場合は、自然環境下における活動が社会的スキルの変容に即座に結びつくことはないことが報告されている。そのため、参加者の特性に応じた働きかけが親密性を高めるために必要となる。

第4に「ストレスの緩和」である。仕事等の緊張状態が続いた脳が自然の中に行くと異なる分野が活性化され、普段仕事で使っている部分を休ませるといった働きが確認されている（注意回復論）。また、アウトドア・アクティビティが大学生の気分や感情にどのような影響を及ぼしたか調査した研究においては、体験後に楽しさ、気分、充実、満足、達成感、睡眠および食事で高い値となるなど、気分改善に効果的であることが示唆されている。その他にも、キャンプの体験によって怒り感情の軽減とともに、生活の満足感、目標挑戦、自信の向上などが報告されている。

その他にも、アウトドア・アクティビティによる教育的な効果も期待されている。学校教育法21条にも「学校内外における自然体験活動を促進し、生命及び自然を尊重する精神並びに環境の保全に寄与する態度を養うこと」が示されており、自然環境における体験活動の重要性が見て取れる。教育的効果の例として、大学生に環境意識の調査をした研究結果によると、自然体験活動への参加は、環境に関する情報を得る契機となることや、他の自然体験活動への参加誘因となりうることが報告されている。また、子どもの頃の自然体験活動は、人間関係能力や自尊感情、意欲・関心と資質・能力が高い傾向にあることも報告されている。またその他にも多数の報告があるが、アウトドア・アクティビティから得られる教育効果を小森・小池（2018）は「自然環境に関わる効果」「仲

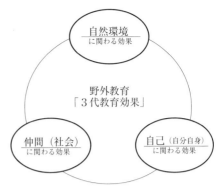

図37-1　野外教育の「3大教育効果」

間（社会）に関わる効果」「自己（自分自身）に関わる効果」の3点にまとめている（図37-1）。

3　リスクマネジメント

アウトドア・スポーツやアクティビティを行う上で、事故や傷害発生の確率をゼロにすることはできない。しかしながら、そのことばかりに注意が傾き、満足度や受けられるはずの恩恵が低下することは避けたい。そのためにも、事故や傷害等のリスク発生確率を低くするために、事前の計画や実施段階、事後を通して想定できる危険を予見し、人的要因（身体的・精神的・人間関係など）と外的要因（天候・フィールド・動植物など）から対策を講じることが肝要である。すなわち「リスクマネジメント」とは、それらのリスクの発生をゼロにするのではなく、リスクを自らのコントロール可能な範囲に留めるという考え方である。

（伊佐野龍司）

（引用文献）

小森伸一・小池太（2018）「小学校特別活動における『自然の中での集団宿泊体験』によって得られる教育効果とは何か―『生きる力』を育む野外教育理論を視座において」『東京学芸大学紀要 芸術・スポーツ科学系』20：123-136.

中野友博（2012）「スポーツ学再考『野外スポーツの位置』」『びわこ成蹊スポーツ大学研究紀要』9：17-19.

ミッテン, D.（2018）「自然の中で過ごす時間が人のウェルビーイングに及ぼす影響―研究と理論の現状」『野外教育研究』21（2）：49-51.

1 　ドイツのスポーツクラブ

（1）　**SV ハイムシュテッテン**　　総合型地域ス
ポーツクラブ（以下、総合型クラブ）とは、どのよ
うなクラブなのであろうか。

　ドイツ南部バイエルン州の州都ミュンヘンから
鉄道で25分ほど走るとハイムシュテッテン駅に到
着する。人口1万2800人が暮らす
キルヒハイム町の中心だ。この駅
には賑わいはない。コンビニやド
ラッグストアー、カフェで賑わう
日本の駅ナカとは雲泥の差だ。た

Ⓒ SVHeimstetten

だ駅から北へ歩いて10分、SV（Sportverein：ス
ポーツクラブ）ハイムシュテッテン（以下、SVH）の
スポーツパークに到着すると駅前とは別格の賑や
かさがある。町のシンボルとなっている1967年創
立のSVH。クラブハウスにはベビーカーを連れ
たママたち。チェスに興じる男女、一人新聞を読
む老人。ここでは町民はもちろん、クラブのコー
チやスタッフがひっきりなしに出入りする。午後
3時を過ぎた頃から中・高生クラスのサッカーと
テニスの練習が始まった。理事長のエヴァルト・
マテイカは、クラブハウスは、日本でいえばカ

フェやファミレスのような集いの場でもあり、町
の自治の拠点であるという。

　ではいったいSVH は何を目的にして創立され
たのであろうか。クラブパンフレットには、(1)町
民の健康維持とユース世代の教育手段としてのス
ポーツの環境を整えること、(2)競技スポーツを奨
励するとともに余暇スポーツや普及レベルのス
ポーツも奨励すること、(3)スポーツを継続できる
環境を整えること、(4)スポーツを通じた地域活性
化に貢献すること、そして、それらが非営利法人
として運営されることが記されている。

（2）　**部門と運営**　　SVH のシンボルチームは、
州リーグの Kreisliga に所属するサッカーのトッ
プチームだ。サッカーを軸に、バスケットボール、
バレーボール、体操、フットネス、柔道、空手、
テニス、卓球、クライミング、アイスシュトック
（カーリングに似た氷上スポーツ）まで総数11部門を
55名のコーチ陣が指導に当たる。学校教員、町職
員、運転手、医師、パン屋、農業など、コーチの
出自は様々だ。会員数は1943名（2016年3月）。2
年ごとに選挙で選ばれた16名の理事会がクラブ運
営の中枢だ。理事は、企画運営、会員管理、会計、
広報の役職を分担し、会員の多くが理事をサポー

図38-1　SV ハイムシュテッテンスポーツパークとクラブハウス
出所）筆者撮影.

トする。

（3）施設と会費 活動拠点はスポーツパークハイムシュテッテン。サッカー場は芝生2面、人工芝1面、ミニサッカーコート1面、テニスコートはクレー9面、ハード1面。ビーチバレーコート1面、アイスシュトック場3レーンに保育園、クラブハウス、レストラン、バーベキューサイトが併設している。施設建設に係る費用は、州と町からの公的資金と寄付金や助成金が充てられる。さらに基礎学校（6歳から10歳までの「グルンドシューレ Grundschule」）体育館、基幹学校（日本の中学校に当たる5年制の「ハウプトシューレ Hauptschule」）体育館、ギムナジウム（大学進学希望者が主として通う9年制の学校）体育館も SVH が利用契約を学校と交わしている。年会費は、部門によってまちまちであるが、日本円で平均8000円と安価である。州と町から会員一人当たり7〜10ユーロの補助金の他、クラブハウスやチャリティーの収益がクラブの財源に充てられている。

1960年代、ドイツは国内隅々まで、この種の地域スポーツクラブの設立を推進するための国家的な生涯スポーツ推進計画「ゴールデン・プラン」を策定した。このプランの成果がSVHのような地域スポーツクラブを数多く生み出したのである。

② 総合型地域スポーツクラブ

日本版の生涯スポーツ推進モデルが総合型地域スポーツクラブ政策だ。この政策は1995年にスタートした。現在、日本国内には3583（2021年7月）のクラブが活動をしている。多種目の「部門」、多世代の「会員」、多志向の「活動」を専門職のコーチ、クラブマネジャーがサポートし、学校、地域、行政、企業が一体となって運営に参画する地域密着型のスポーツクラブである。図38-2は、中学校区程度の生活圏を想定した総合型クラブが、学校、地域、行政、企業の中で、どのような役割を果たすのかを整理したものである。総合型クラブの育成は、日本スポーツ界の重要な生涯スポーツ推進施策なのである。　（水上博司）

（引用文献）

黒須充・水上博司（2014）『スポーツ・コモンズ—総合型地域スポーツクラブの近未来像』創文企画.

水上博司（2005）「総合型地域スポーツクラブの必要性と社会的意義」『公認スポーツ指導者養成テキスト共通科目Ⅰ』公益財団法人日本体育協会：159-166.

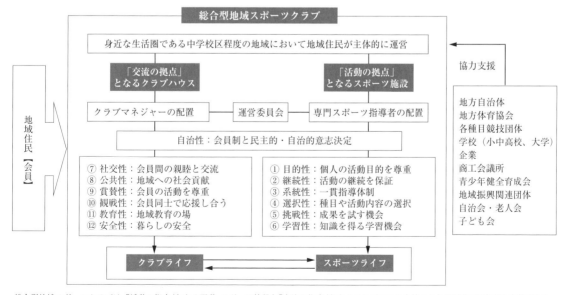

総合型地域スポーツクラブは、「活動の拠点」となる運動・スポーツ施設と「交流の拠点」となるクラブハウスを持つことが運営の理想的な条件である。活動の拠点には、専門のスポーツ指導者を配置・組織化し、交流の拠点には、クラブマネジャーを配置する。それぞれの拠点では、図中に示した①〜⑫の役割を機能させていく運営が求められている。

図38-2　総合型地域スポーツクラブのイメージと役割

●コラム11

スポーツを通して得る幸せ

（木村敬一）

　2009年4月、前年に行われた北京パラリンピックの水泳競技で5位という結果に終わった私は、「次のパラリンピックでは何としてもメダルを」という思いとともに日本大学に入学し、そして、大学4年で迎えることになるロンドンパラリンピックの準備を始めた。当初は体育会水泳部に入れてもらいたいとも考えたのだが、本学水泳部は当時も今も全国制覇するほどの高いレベルである。全く眼が見えていない私の泳ぐ速さは、パラリンピックに出ているとはいえ、健常者のトップとはずいぶんと差があり、体育会水泳部での練習は現実的ではなかった。

　そんな時、学内の水泳サークル「水泳普及研究会」を紹介してもらった。これは、戦後日本の水泳界を牽引してこられた古橋廣之進先生によって創設され、私たちの学年が40期生となる歴史あるサークルである。

　サークルといっても競技レベルは高く、インターハイを含む全国大会経験者が複数在籍しているなど、私にとっては「ちょうどいい」練習パートナーとなってくれる人たちがいた。日本代表チームの合宿に参加したり、高等学校時代のコーチにピンポイントで指導を仰いだりしたことはあったが、サークルでの練習をベースにロンドンを目指すことにした。

　ここでの練習は、とにかく楽しかった。コーチもいない、練習スケジュールやメニューも学生たちが作成する。「自主性を重んじる」どころの話ではなく、自主的に動かないと何も始まらない。皆で情報を集め、知恵を絞り、助け合い、そして励まし合う。そんな彼らに後押しされて、私の成績は順調に伸びていった。この練習環境で、すでに全国大会出場レベルだった仲間たちもさらに記録を伸ばしていたことも追記しておきたい。

　一方で、競技スポーツである以上、楽しいだけでは「ある程度」までしかいかないと思っている。大学卒業後、私はさらに強くなるために、競泳コーチにマンツーマン指導を依頼し、それまでで最も苦しい4年間を過ごした。結果、記録の方は飛躍的に速くなったが、学生時代に比べると、正直練習が楽しいと思えたことは少なかった。

　それでも、私は大学生の時に感じた水泳の楽しみも、仲間たちとの日々も忘れてはいない。競技スポーツ引退後に、また彼らと泳げるのであれば、それはパラリンピックで金メダルを目指すのと同じくらい幸せだと思う。

東京ガス所属（2013年卒、2015年大学院修了）
2012年　ロンドンパラリンピック　100m平泳ぎ銀メダル・100mバタフライ銅メダル
2013年　世界パラ選手権　100m自由形金メダル・100m平泳ぎ金メダル
2015年　世界パラ選手権　100m平泳ぎ金メダル・100mバタフライ金メダル
2016年　リオデジャネイロパラリンピック　50m自由形銀メダル・100mバタフライ銀メダルほか

2009.6.16　水泳普及研究会　40期生新入生歓迎会

Ⅶ 章

スポーツと文化

39 文化としてのスポーツ

1 スポーツの成立

スポーツ（sport）は、The Oxford English Dictionary によると、動詞としては、desporte, dysporte, disporte から由来した disport の接頭部 di- を消失したもので、15〜16世紀には sporte とも表記されるものになっていた。それらの言葉を意味するところは、フランス古語（Old-French）desporter, deporter にも見られるように、to amuse, to divert, to play, to please, to recreate oneself などで、「楽しむ」（動詞）ということである。

また、名詞としては、desport, disport が用いられ（14〜15世紀）、フランス古語では desport, deport が使われた。意味は、pastime, pleasure, recreation, sport であった。その後19世紀頃まで

に、amusement, entertainment, recreation, relaxation などの意味を表すようになるとともに game, sport, pastime の意味をも表し、スポーツという言葉は広範にわたる楽しみや気晴らしをもたらすものの全体を包括していた（表39-1は OED〔オックスフォード英語辞典〕によって英語「sport」の語源と含意の変換を示したものである）。

このような語源（意味内容）を持つ「スポーツ」だが、私たちが今日、日常的に目にするスポーツの原形は、18世紀から19世紀にかけてイギリスという小さな島国で誕生した。それは元々、一地方の、特殊なゲーム形式を伴う身体運動文化に過ぎないものだったが、ルールの整備、ルールの統一などによって、19世紀の中頃には、「スポーツ」は「戸外で行われる競技的性格を持つゲームや運動を行うこと、およびそのような娯楽の総称」を

表39-1　sport の語源と含意の変遷

語		意　味
語源　ラテン語	deportare	運び去る、運搬する、輸送する、追放する。
古代フランス語	depoter	気分を転じさせる、楽しませる、喜ばせる。
	desporter	(再帰) やめる、耐える、遊ぶ、気晴らしによって元気を回復する。
13世紀〜14世紀　中世英語	deport	(n) 楽しみ、娯楽。（15世紀以降廃語）
中世英語	desport	(n) 気分転換、骨休め、レクリエーション、娯楽、慰め。
	dysport	
	disport	
	spoort	
	sporte	
15世紀から16世紀	disport	(n) ①気晴らし、娯楽、気分転換。②陽気な騒ぎ、冗談。③ゲーム、気晴らしの特定の形式。④戸外での身体運動。⑤ショー、演劇。⑥ (pl) 見世物。⑦好色な遊び etc.
	sporte	
	sport	
17世紀から18世紀	sport	(n) ①動物、獲物、あるいは魚などを殺したり捕らえたりする努力によって得られた気晴らし。②植物の突然変異。
19世紀	sport	(n) とりわけ、競技的性格を持ち、戸外で行われるゲームや運動に参加すること、そのようなゲームや娯楽の総称。

出所）阿部生雄（1984）「Sport の概念史」岸野雄三編著『体育史講義』大修館書店を参考に筆者が作成.

意味する語になり、1968年の国際スポーツ・体育協議会（ICSPE）の「スポーツ宣言」では「遊戯の性格を持ち、自己または他人との競争、あるいは自然の障害との対決を含む運動」と定義された。

2　近代以前のスポーツ

(1)　**先史時代**　　先史時代の人々は、狩猟によって暮らしていた。野山を駆け回り、石を投げ、動物と格闘して日々の糧を得ていた。やがて、弓矢や槍などの道具が狩猟に用いられるようになった。生活を行うために、毎日獲物を捕らなければならなかったので、栄養不足で余暇も持てなかったと考えられていた。しかし、各地の先住民を調査した結果、狩猟や採集に費やす時間は一日平均３時間程度に過ぎず、それ以外は余暇の時間に当てられ、男性も女性も球技、陸上競技、格闘技などの近代スポーツの原形を楽しんだ。特に通過儀礼のように、スポーツと宗教との関係が強調されているが、宗教と関係のないスポーツも多様に行われ、これらは、今日の体育スポーツの原形形態に相当すると考えられている。

(2)　**古代**　　オリエント時代では、「水泳」「槍投げ」「競走」「ダンス」などのスポーツも楽しまれていた。紀元前3000年代には、最古のスポーツの証拠（レスリング・ボクシング）も行われていたが、王侯貴族は、馬車からの弓射を戦争に使用するだけではなく、狩猟園で大型の猛獣狩りとしても楽しまれた。

ギリシャ時代になると、紀元前８世紀頃に完成したというホメロスの詩には、トロイ戦争にまつわる墓前競技や賓客をもてなす力くらべ、女子の球投げなどの描写が見られる。ギリシャ人は神話時代から運動好きの民族だったことがわかる。都市国家が最盛期に入った紀元前５世紀頃には、「gymnastics」の語源であるギュムナスティケーというギリシャ語が現れる。これは裸ないし身体（gymnos）の技術（tekne）を意味し、戸外での日光浴を兼ねた指導者の下での運動練習によって、

健康で技術ある身体を育成することを目指したものである。これを行った場所がギュムナシオンという回廊に囲まれた運動場でポリスに欠かせない施設であった。ここで、市民は「槍投げ」「円盤投げ」「跳躍」「競走」「格闘」などを練習した。なお、年少者のスポーツは、パレストラという私立の体育施設で行われ、ポリスの市民にとって、この運動は心身調和のギリシャ的思想の達成と戦士の訓練とを兼ねたものであった。

建国時代のローマ時代・ローマ人は、勇武の気風に富んでいた。これが地中海帝国の建設を可能にした。しかし、この結果、征服地から多数の奴隷や産物がローマ本土へ持ち込まれると、産業に従事する平民の生活は破壊され、彼らは流民となって都市へ集中した。このような社会不安や為政者の権威の誇示を背景とし、円形劇場の建設、また市民の人気を得るために大規模なスペクテイター・スポーツを無料で提供した。好まれた娯楽は、戦車競走、円形闘技場における剣闘士や野獣の殺し合い、ギリシャ人に裸体競技、巨大な公衆浴場、劇場などであり、女性も観客として死闘に狂喜していた。

(3)　**中世**　　中世になるとスポーツの形が徐々に変化していく。貴族や地主などの上流階級では、騎士教育で乗馬、水泳、馬上槍試合、剣術、レスリング、作法などが指導され、「課題克服に楽しみを見出す聖的なスポーツ」として行われていた。農民は、ダンス、石投げ、競走、レスリング、市民は、剣術、幅とび、ハンマー投げ、ダンス、球技を楽しみ、「気晴らしの活動という俗的なスポーツ」としてそれぞれ発展していった。このように、「あえて困難を楽しむ工夫」と「自由を叶える工夫」がこの時代の中学校（パブリックスクール）の中に取り込まれたことで、学校体育のスポーツが誕生したのである。ただ、最初は粗暴な競技が多く行われていたが、ルールなどを整備することで、国際的な競技ができるように統一していった。

3　近代スポーツの形成

ヨーロッパ大陸から隔てられたイギリスは、軍事的にはナポレオン戦争から直接の影響を受けなかった。そのため、余裕のある階級によって、中世以来のスポーツが近代スポーツとして開花していくのである。

その中で、人間形成という教育的価値をスポーツに与えたのが、パブリックスクールである。この学校では、18世紀末から余暇や寮生活に伴う弊害を防ぐために課外スポーツを推奨したが、19世紀になると、より積極的な価値をスポーツに期待するようになり、自立的精神の自覚に基づく自己規制の達成を、自らの身体を苦しめることによって身体と精神とを鍛えるという方法で実現しようとした。

スポーツが健全で教育的であるという日本での社会通念は、このパブリックスクールのスポーツに由来している。クロスカントリーや競歩など、競技としては成立しにくいスポーツがイギリスで発達したのは、自律的に身体を苦しめることが心身鍛錬に通じるという教育的スポーツ観の成果である。イギリスの国技であるサッカー、ラグビーにも、競技本位にルールが構成されてきたアメリカの野球、フットボール、バスケットボールに見られない自己訓練的な性格が濃厚である。

19世紀後半になると、地域社会で育ってきたイギリスのスポーツには、他のクラブとのゲームを行う必要から、ルール統一のためのフットボール協会やイングランドラグビー連合が組織されるようになっていった。

しかし、アメリカの場合、スポーツも植民地から独立国へと、独自の性格を示すようになる。南北戦争ゲティスバーグの戦いに名を残すアブナー・ダブルデーが少年時代に行ったのが最初と認定されたベースボールはイギリスのラウンダーの変形といわれるし、アメリカンフットボールは、大学対抗試合を成立させるため、ルールの統一を迫られたフットボールから構成された。このように、アメリカのスポーツには、競技として、より興味があり、公平で最高の能力を発揮できるものというスポーツ観がうかがわれ、見るスポーツとしての機能を備えて発展してきた。　　（城間修平）

（引用文献）

阿部生雄（1984）「Sport の概念史」岸野雄三編著『体育史講義』大修館書店：120-125.

井上俊・菊幸一編著『よくわかるスポーツ文化論』ミネルヴァ書房：2-9.

渡辺融・臼井永男（1997）『保健体育―生涯スポーツへの道』大蔵省印刷局.

40　スポーツの美学

1　スポーツの美学とは

(1)　**美学とは**　美学を英語で表すと、「aesthetics」（エステティクス）である。「エステ」は、現代において痩身美容術を意味する言葉として聞き慣れているが、もちろん学問としてはこうした意味ではない。大辞泉によれば、美学とは「美の本質、美的価値、美意識、美的現象などについて考察する学問」である。

美学という言葉は、学問としての意味だけでなく「美しさに関する独特の考え方や趣味」という意味も持つ。例えば、「イチロー選手の美学」といった言い方で、イチロー選手の野球に対する価値観やこだわりを表現することができる。一流選手の競技に対する思いやこだわりは、学問としての美学とは異なるものの、スポーツ文化論の興味深い考察対象となる可能性を持っている。

また、スポーツ選手と芸術家を比較すると、芸術家が作品を制作する時の「表現行為」（意図的な表出、美的形成）に対して、スポーツ選手は主に勝利を目指して戦っているため、「表現行為」そのものをしているわけではない。しかし、スポーツ選手のそうした姿からも「美」を感じ取ることはできる。スポーツは美を最初から狙うのではないのに、なぜ美が現れるのか、そういった問題をスポーツの美学で研究するのである。

(2)　**スポーツの美学の歴史**　スポーツの美学「aesthetics of sport」が、研究領域として注目され始めたのは、1970年代のはじめにアメリカにおいて、スポーツを哲学的に研究する国際スポーツ哲学会が結成されたことにある。スポーツの美学は、スポーツ哲学の一領域として出発した。

2　スポーツの美とは

(1)　**スポーツに見られる美**　スポーツに見られる美といえば、多くの人がフィギュアスケートや新体操、アーティスティックスイミングなどを思い浮かべるであろう。しかし、スポーツの美は、こういった芸術的な要素を含んだスポーツに見られる「美しさ」だけではなく、陸上競技短距離走のスタートダッシュに見られる「素早さ」やサッカーのフェイントに見られる「器用さ」に心を動かされ、美を見出すことができるのである。

スポーツが生み出す美の例を美的特性や美的要素に分けて示したものが、表40-1である。このように美学が対象とする美はとても広く、単に「美しい」という意味だけでなく、「よいこと」「りっぱなこと」「みごとなこと」という意味をも含み、「感性的直観にうったえかける価値」（樋口, 1987）を美と捉えるのである。つまり、すべてのスポーツが美を生み出す仕組みを持っており、私

表40-1　スポーツの美的特性と美的要素

美的特性	美的要素	表現用語	運動の例
時間性	すばやさ	機敏、敏捷	短距離走のスタートダッシュ
	加速性	ぐんぐん	スキーの直滑降
	リズム	律動、強弱	ダンス
空間性	広さ	広大、ひろびろ	ヨットレース
	高さ	高い、大きい	棒高とび
	重さ	重量感、重厚	重量あげ
強靭性	強さ	強烈、パンチ	バレーボールのスパイク
	激しさ	激烈、迫力	ボクシングのラッシュ
	しぶとさ	粘り、抵抗	柔道の寝技
巧緻性	器用さ	協応、巧妙	サッカーのフェイント
	正確さ	的確、整合	ボートレース
	バランス	平衡、調和	体操の平均台
愉悦性	華やかさ	華麗、明快	とび板とび込み
	エロス	官能、性	フィギュア・スケート
	スリル	冒険、眩暈	スキーのジャンプ
雅味	柔らかさ	柔軟、温和	体操の床運動
	滑らかさ	円滑、流動	スキーのクリスチャニア
	上品さ	気品、淡白	大賞典馬術

出所）勝部篤美（1972）『スポーツの美学』杏林書院：26.

たちの感性を刺激し、感動を引き起こすものが、美学が対象とするスポーツの美なのである。

(2) スポーツの美が成立するところ　スポーツの美は、それを見る人によって発見されるものである。例えばバレーボールのスパイクを見て「すばらしい」と賞賛する人がいる。ここに、「見る人」と「見られる対象」という2つの要素が存在し、前者を「スポーツ観戦者」、後者を「スポーツ実践者」と呼ぶことができる。美学では、スポーツの美を発見するスポーツ観戦者の体験を「美的体験」と呼び、スポーツ観戦者によって見られる対象を「美的対象」と呼ぶ。スポーツの美は、スポーツ観戦者がスポーツの美的対象と向き合ったところに成立するのである。なお、この図式は芸術作品の鑑賞者が芸術作品に感動することによっても同様に成立する。

(3) スポーツ実践者の美的体験　「美的体験」は、はたしてスポーツ観戦者だけが体験できることなのであろうか。日本の先駆的な美学者である中井正一は、スポーツ実践者も「美的体験」を体験しているという。その体験には2種類あり、1つ目は、「競争性の美感」であり、スポーツ実践者が「これでもか、これでもか」とボートのオールを漕いで夢中で競り合い、逃れ行く時に感じる心境や感覚であるという。2つ目は、「筋肉操作の美感」であり、スポーツ実践者が筋肉の動きと自身の内面の神経との間に深い快適性を感じる感覚であるという。

(4) スポーツの美は熟練した競技者だけに見られるのか　スポーツの美をスポーツにおける美的対象として考えると、2つの領域を見出すことができる。それは、スポーツ運動の美とゲームにおける劇的特質である。

スポーツ運動の美は、「運動の巧みさや合理的な運動経過」と関係があり、一種の技術美と捉えることができる。そもそも技術美とは、現代の機械的工作物に見出される美であるが、スポーツ運動が合目的性に方向づけられて、すばらしいパフォーマンスが展開される時に見出される美が、スポーツ運動の美である。そしてそこには、「より速く、より高く、より強く」といった記録的な価値だけではなく、「その運動を生む生命力」そのものの価値をも含むのである。また、この生命力に満ちた美は、熟練した競技者だけではなく、たとえ技術的には劣っていても、成長過程にあり一生懸命に取り組む若さあふれる競技者や子どもたちにも見出すことができるのである。

③　スポーツの美学のこれから

(1) スポーツは芸術か？　近代的な芸術概念を前提にすると、スポーツは芸術とみなすことはできない。ただし、芸術をその元々の意味である「テクネー」（技術一般を意味するギリシャ語）に帰って「技術的なわざ」と捉えると、スポーツは独特な芸術であるということができる。こうした意味で、スポーツが一種のアートであると捉えることができるのである。スポーツは、人間の身体を基本としており、「感性的直観にうったえかける価値」を持つことからも、「人間の身体のみごとさを開花させる、現代のアート」（樋口, 2012）なのである。

(2) スポーツの可能性　1990年代以降、美学の研究対象は芸術以外のものにも積極的に拡散され、社会学など隣接領域との融合も見られる。シナリオ通りには行かない劇的な緊張を生み出すスポーツは、こうした美学の研究対象としてさらに魅力を持つ存在となっていくであろう。

（吉田明子）

（引用文献）

勝部篤美（1972）『スポーツの美学』杏林書院.
中井正一（1981）「スポーツの美的要素」『中井正一全集1』美術出版社：407-421.
樋口聡（1987）『スポーツの美学』不昧堂出版.
樋口聡（2006）「スポーツの美学─歴史・基本問題・展望」韓国講演：1-13.
樋口聡（2012）「スポーツの美学」井上俊・菊幸一編著『よくわかるスポーツ文化論』ミネルヴァ書房：122-123.

41 職業としてのスポーツ

1 スポーツ業界

(1) スポーツに関連した職業　現在における
スポーツへの関わりは「スポーツをする」「ス
ポーツをみる」「スポーツをささえる」と多様で
ある。この多様な関わりの下でスポーツの産業は
発達し、スポーツを「する」と「みる」ことが経
済に大きな影響を及ぼしてきた。人々がスポーツ
を「する」ことによってスポーツ用品や用具、施
設使用料や参加費などの消費がある。また、「み
る」ことによって応援するチームの観戦入場料、
スタジアムや施設までの交通費や会場での飲食な
どの消費がある。それらを取り巻くスポーツに関
連する職業は、大きく2つに分けられる。一つは、
プロスポーツ選手を代表とする専門的スキルを保
有して競技を行うことを職業とする「スポーツを
する職業」である。もう一つは、「スポーツを支
える職業」で監督やコーチ、スポーツトレーナー、
栄養士、スポーツエージェント、審判員、スポー
ツメーカーなどの「する人を支える職業」とス
ポーツ情報を伝えるメディア、スポーツ記者やカ
メラマン、広告代理店、スポーツ観戦ツアーなど
の企画をする旅行業界など「見る人を支える職
業」に分類される。

(2) 企業スポーツからプロスポーツへ　日本
におけるスポーツの発展は企業が各種スポーツ
チームを所有し、競技の普及はもちろんのこと社
会貢献や地域貢献、従業員の福利厚生、社員や従
業員の帰属意識を高め、広告や宣伝となる広報的
役割を担い、正社員や嘱託および非雇用契約形態
のアマチュア選手が競技を行ってきた。企業ス
ポーツは1991年のバブル経済崩壊による日本経済
の影響があり、経営戦略や企業経営のコスト削減

など多くの企業のスポーツ部が休部や廃止に追い
込まれることとなった。企業スポーツの衰退に
よって選手が無所属になり、施設が使用できない
など選手生命の危機になると同時に、企業スポー
ツに代わり地域を主体としたクラブチームへの移
行やプロリーグへの転換が図られてきた。この地
域を主体としたプロスポーツは、公益社団法人日本
プロサッカーリーグ（Jリーグ）や公益社団法人
ジャパン・プロフェッショナル・バスケットボー
ルリーグ（Bリーグ）、一般財団法人日本フットサ
ル連盟（Fリーグ）、一般社団法人日本独立リーグ
野球機構（独立リーグ）などチームスポーツを中心
に発展している。2022年Jリーグは58クラブ
（J1：18クラブ、J2：22クラブ、J3：18クラブ）とJ
リーグ百年構想クラブの13クラブ（JFL：7クラブ、
地域リーグ：6クラブ）で構成されている。さらに
Bリーグは48クラブ（B1：24クラブ、B2：14クラ
ブ）で構成されている。2005年には日本における
団体ボールゲームの競技力向上および競技の普及
とリーグ運営の活性化、地域との連携などを目的
に日本トップリーグ連携機構が設立され、2022年
には9競技12リーグ（表41-1）が加盟し、312ク
ラブとなっている。陸上競技やテニス、ゴルフ、
卓球、水泳などの個人スポーツは、選手がスポン
サー企業やチームと個別に契約をして、選手個人
は自らの身体的かつ技術的な能力を生かして相手
や最高記録に挑みプロスポーツ選手として競技を
行っている。

　プロスポーツとは「職業として行なわれるス
ポーツ。つまり、個性を発揮してより高度なプ
レーを争うことによって、社会にサービスを提供
し、その代償として生計維持のための報酬を獲得
しようとするスポーツ」（ブランチャードとチェスカ、

表41-1　日本トップリーグ連携機構加盟リーグ所属チーム（2022年5月31日現在）

	リーグ	チーム数	備考
公益財団法人 日本サッカー協会	一般社団法人 日本女子プロサッカーリーグ（WE リーグ）	11	
	一般財団法人 日本フットサルトップリーグ（F リーグ）	31	男子21チーム 女子10チーム
	公益社団法人 日本プロサッカーリーグ （J リーグ）	58	
公益財団法人 日本バスケットボール協会	公益社団法人 ジャパン・プロフェッショナル・バスケットボールリーグ （B リーグ）	36	
	一般社団法人 バスケットボール女子日本リーグ （WJBL）	13	
公益財団法人 日本バレーボール協会	一般社団法人 日本バレーボールリーグ機構（V リーグ）	51	男子29チーム 女子22チーム
公益財団法人 日本ハンドボール協会	一般社団法人 日本ハンドボールリーグ機構（JHL）	21	男子11チーム 女子10チーム
公益財団法人 日本ラグビーフットボール協会	一般社団法人 ジャパンラグビーリーグワン	24	
公益財団法人 日本アイスホッケー連盟	アジアリーグアイスホッケー実行委員会	5	
公益財団法人 日本ソフトボール協会	一般社団法人 日本女子ソフトボールリーグ（JD リーグ）	16	
公益社団法人 日本ホッケー協会	一般社団法人 ホッケージャパンリーグ	26	男子16チーム 女子10チーム
公益社団法人 日本アメリカンフットボール協会	一般社団法人 日本社会人アメリカンフットボールリーグ （X リーグ）	20	

出所）日本トップリーグ連携機構 HP.

1988）と定義されている。このようにプロスポーツ選手は優れた技術や戦術をパフォーマンスとして販売して、観客に見て楽しむ場を提供する職業である。

　1990年に公益財団法人日本プロスポーツ協会が設立された。この協会は「日本におけるプロスポーツの水準とプロスポーツの水準の向上と発展を図ることにより、国民の余暇活動の充実に資するとともに、プロスポーツ選手の社会的地位の向上を図り、並びに国民のスポーツへの関心を高め、もって我が国のスポーツの発展に寄与する」ことを目的としている。

　（3）　プロスポーツ選手の役割と存在価値　プロスポーツ選手は、練習と試合を繰り返し、高度なプレーによって子どもに夢や希望、そして人々に感動を与える仕事である。そして、フェアプレー精神を持って勝利や自分の最高記録に向かって努力する姿、失敗や挫折に負けない強い心を

持ってプレーする姿から目標に向かってチームメイトと共同することと夢を持つことの大切さを伝えることができる。また、そのような選手のプレーに魅了された人々がスポーツに参加するきっかけとなり、スポーツの普及と振興を図る存在になる。プロチームと選手の活躍や勝利は、レプリカユニフォームや選手グッズの購入、ホームタウンや開催地の繁栄による経済的効果や地域の活性化を促進することが期待される。

　スポーツは年齢、性別、人種、国籍、障害の有無などに関係なく、誰もが、いつでも、どこでも楽しむことができ、ダイバーシティ（多様性）とインクルージョン（包摂）を促進する道徳的効果があり、心の教育に貢献できる。

　（4）　プロスポーツのセカンドキャリア　プロスポーツ選手は個人差や種目差もあるが、Jリーグ選手は平均26歳、プロ野球選手は平均30歳で競技を引退する。プロスポーツ選手としての職業期

間は短く、その後の社会生活へのトランジション（移行）と安定した社会生活を送るセカンドキャリアのあり方が重要となる。多くの選手はこれまでに培ってきた専門的スキルと経験を生かす職業として、監督やコーチなどの指導者、解説者、教職などの希望が多く見られる。一方で、厳しい競技を通じて培われた決断力や実行力、一つのことを追求する集中力や行動力などは、いかなる仕事に適応できる汎用的なものであり企業から期待される。

　　　　　　　　　　　　　　　　（大嶽真人）

（引用文献）

井上雅雄（2009）「職業としてのアスリートとプロスポーツの諸問題」『スポーツ社会学研究』17(2)：33-47.

内海和雄（2003）「プロ・スポーツ論—プロ・スポーツとスポーツの公共性」『一橋大学スポーツ研究』22：27-34.

ブランチャード，K.・チェスカ，A.：大林太良監訳、寒川恒夫訳（1988）『スポーツ人類学入門』大修館書店.

42 アマチュアリズム

1 アマチュアリズムと資格

アマチュアリズム（amateurism）とは、スポーツの基底となっている思想であり、抽象的な倫理の問題であり、精神を主張しているので参加資格と混同してはいけない。近代オリンピックの創始者クーベルタンは、「アマチュアリズムは規則によって規定されるものではない。フィーリングであり、精神の状態である。したがってこれを定義づけることは困難である。しかし、アマチュアとアマチュアでないものとを区別することは、さして難しくない」といっているが、このことは、すでに古代オリンピックの祭典においても問題となっており、近代オリンピックでも発展とともに、いろいろな場面で取り上げられ、いつの時代にも問題にされてきたことを示している。

2 アマチュア問題とオリンピック競技大会

オリンピック憲章（Olympic Charter）では、オリンピック競技大会へ参加できる競技者資格としてアマチュアであることが規定され、プロは一切参加できないことになっている。また、国際オリンピック委員会（以下、IOC）の憲章は1909年に発行されているが、アマチュアという語ができたのは1920年版からで、その1条では「オリンピック大会は全ての国のアマチュア競技者を全て公平に参加させるものとする」、また4条では「……その居住する国のNOCによって公認されたアマチュアであり、かつ、身分のはっきりした者であればすべて参加できる」となっている。ここで初めてアマチュアリズムの定義ができた。第2次世界大戦終了後（1945年）の1946年版では、スポー

ツが再び復活、隆盛を見せるようになり、「スポーツのアマチュアリズム」を明確にする必要に迫られたIOCは、アマチュア資格に関する決定を「Resolution regarding the Amateur Status」で発表した。その内容は以下の通りである。

1．スポーツが政治的に利用される事例。
2．競技者の合宿練習の事例。
3．優勝者が政府から商品をもらって参加できる事例。
4．あるスポーツでプロフェッショナル競技者は、他のスポーツではアマチュアではない。
5．スポーツで得た名声により、ジャーナリスト、演劇映画、放送業界に職をもつ者の事例。
6．ドーピング・薬品または刺激剤の使用は許されない。

1964年版ではオリンピック競技大会への参加者は、アマチュア競技者に限定された。スポーツ活動を対象として、①賞金・商品を受け取った者、②実費以外の金銭的な支給を受けた者、③3週間以上の合宿を行った者などと、きわめて具体的な制限をした。

1975年版では、当時のIOC会長キラニンは、憲章から「アマチュア競技者やアマチュアリズム」という語を消去し、「オリンピック競技者」と表現を変えた。26条では、競技者がオリンピック大会に参加できることの条件に以下のことを定めた。

1．IOCの憲章に規定されている諸規則を順守し、さらにその競技者が所属するIOC公認のIFの諸規則を守らなければならない。IFの規則がIOCのものよりも厳密であればIFの規則を優先する。
2．競技者がスポーツをすることで、金銭的報

酬または物質的利便を受けとってはならない。ただし、本則の施行規則で許可される場合は除く。

1984年のIOC憲章では、「アマチュア」という字句はなく、競技者規定が今までの26条によって代わるものであった。

3 日本でのアマチュアという考え方

日本では、第5回オリンピック競技大会（1912年）がスウェーデンのストックホルムで開催され、それに参加することになっていたので、大日本体育協会を創立し、急きょ選手選考会への出場資格を作った。その資格は、「16歳以上の者、品行方正にして、学生たり、紳士たる恥じざる者……」と定められた。

1920（大正9）年第7回オリンピック大会アントワープへの参加選手を決める陸上競技大会では以下の条件が定められた。

1．年齢満15歳以上、ただしマラソン競技は17歳以上でその競技に耐えうるであろうとの医師の証明書を要する。

2．学生であると青年会員であるとを問わず品行方正で脚力を用いることを業としないもの。

3．かつて賞杯、カップなど大日本体育協会および世界各国の競技会において慣例上認められたもののほか、金銭または価値ある物品を商品として受領し、または優勝者に金銭物品を授与する競技会に参加したことのない者。

1971（昭和46）年施行から1986（昭和61）年までの日本体育協会アマチュア規定4条によれば「本会加盟団体の競技団体は次のものを競技者として登録できない。また、すでに、登録した競技者が下記の項に該当した場合、その登録が取り消される」として、以下の6つの項目が示された。

1．スポーツで得た名声を商業宣伝のために使った者。

2．スポーツをすることによって所属競技団体の規定で認められている以外の全品を受け取った者。

3．授与された賞または副賞を金銭に換えた者。

4．コーチを職業とした者、またはしている者。

5．本会または所属競技団体が禁止した競技大会に参加した者。

6．その他、競技者として品位または名誉を傷つけた者。

以上のように、日本ではアマチュア資格を定めたものの、それぞれの国際競技連盟の規定が緩和される進み方から見て、日本体育協会は、1986年5月「スポーツ憲章」を判定した。それによると、2条ではアマチュア・スポーツマンのあり方が規定され以下の条文に定められた。

1．スポーツを愛し、楽しむために、自発的に行う。

2．競技規則はもとより、自らの属する団体の規則を厳守し、フェアプレイの精神を尊重する。

3．常に相手を尊重しつつ、自己の最善をつくす。

4．アンチ・ドーピングに関する規定を遵守する。

附則2には、従来からの金銭に関わる思想が残されている。

1．スポーツを行うことによって、自らの物質的利益を求めない。

2．スポーツによって得た名声を、自ら利用しない。

さらに、登録競技者の保護という立場から競技者規定を制定した。これが現在実質上のアマチュア規定といってもよい。この競技者規定作成のための「ガイドライン」は以下のものである。

1．国際競技連盟に所属する競技団体は、その当該国際競技連盟の規則に準拠し、競技者規定を制定するものとする。

2．次の者は競技者として登録しないことができる。

(a)プロカテゴリーを有しプロとして登録され

ている者、又はプロ契約をしている者。

(b)所属競技団体の事前了承なく競技会参加準備又は参加のために、物質的便益を受けた者。

(c)自らが、自分の氏名、写真又は競技実績を広告に使うことを許した者。ただし、当該競技団体の承認を得ればこの限りではない。

(d)所属競技団体が禁止した競技会に参加していた者。

(e)競技に際して、ドーピング又は暴力行為などによりフェアプレイの精神に明らかに違反した者。

(f)この憲章に違反し、競技者として著しく品位又は名誉を傷つけた者。

(g)所属競技団体の規定に低触した者。

　上記のように、日本におけるアマチュアスポーツ競技者が、同じ条件でスポーツを楽しみ競技し、豊かなスポーツ文化と生活とを享受し伝承する必要性を説いている。しかしながら、国際的な立場に立ってみると、自由主義社会・社会主義社会、先進国・発展途上国、宗教上の違いなどからくる諸問題が多く存在している。　　　（城間修平）

（引用文献）

井上俊・菊幸一編著（2012）『よくわかるスポーツ文化論』ミネルヴァ書房.

『オリンピック憲章　Olympic Charter 2017年版』.

日本大学文理学部体育学研究室編（2017）『健康・スポーツ教育論』八千代出版.

43　日本の大学競技スポーツ

1　大学スポーツの問題

競技力の高い選手は、中学校から高等学校、高等学校から大学へ、自身の競技力を活用し、推薦入学試験を経て高等学校や大学に進学する。それら選手の多くが、学業や練習での事故・怪我、競技力の向上、栄養管理、経済状況、セカンドキャリアなどについて不安を感じている。これらの問題について、大学は選手を入学させた側であることから、対処していく義務がある。また、指導者側についても、大学教員としての雇用であることから部活動の指導に関しては、学習指導要領の適用はされないため、高等教育の課程における課外活動は、学生自治会活動やクラブ活動（サークル活動）、学校行事などと同じ課外授業であり、雇用条件に入っていない。つまり、ボランティアで指導している場合が多い。これらの問題解決のために日本版 NCAA 構想がスポーツ庁より発信された。

2　大学競技スポーツ組織の現状

我が国の中学校や高等学校では中体連（公益財団法人日本中学校体育連盟）や高体連（公益財団法人全国高等学校体育連盟）といった統括組織があるが、大学にはそのような統括組織が存在しない。

大学競技スポーツ組織の現状は、各種目別に学生連盟組織が存在し、各々の連盟で組織を運営している。また、連盟の運営費は、基本的に学生競技者が個々に当該連盟へ加盟費を払う徴収料である。さらに、各連盟の組織役員は、大学教員や学生などが、自身の仕事や授業の隙間時間を使って、連盟から給与を支払われることなく、ボランティアで仕事を行っている。

このように、日本の大学競技スポーツを管理運営する組織である各競技連盟の現状は、経営管理の専門家が専従することなく活動し、連盟の運営費においても、当該連盟に所属する学生競技者から徴収した加盟費のみといった、非常に劣悪な環境である。これでは、学生の学業支援や人間教育、安全管理等に十分な取り組みができず、安心した競技環境を学生へ提供することができない。

3　大学競技スポーツ組織

日本の大学競技スポーツ組織は、「日本スポーツ協会」－「競技団体」－「学生連盟組織」－「大学体育会」といった形で構成されている。この組織は、縦割りで構成されていることから競技種目が異なれば、その他の競技団体とは一切つながりがないことになる。つまり、大学競技スポーツ組織の抱える問題点や改善点、さらには組織運営に関することや競技の強化策など、これらの情報を相互に共有することで、さらなる組織の発展や競技力向上の可能性を期待できるが、残念ながら現在の環境では共有することができない状況である。

このように、日本の大学競技スポーツは、同じ階層の組織である種目別の学生連盟で活動しているのにもかかわらず、横のつながりが一切ない分断されたスポーツ組織なのである。

これら組織的問題を解決する案として、日本版NCAA の立ち上げが考えられた（図43-1 参照）。

NCAA とは、全米大学体育協会（National Collegiate Athletic Association）の略称で、アメリカ大学スポーツ協会のことを指す。協会自体は主に、大学のスポーツクラブ間の連絡調整、管理など、様々な運営支援を行い、大学スポーツ全体を統括

大学横断的かつ競技横断的統括組織（日本版NCAA）創設事業　　　　　　　　　　（新規）
　　　　　　　　　　　　　　　　　　　　　　　　　　　　　　29年度予算額：100,000千円

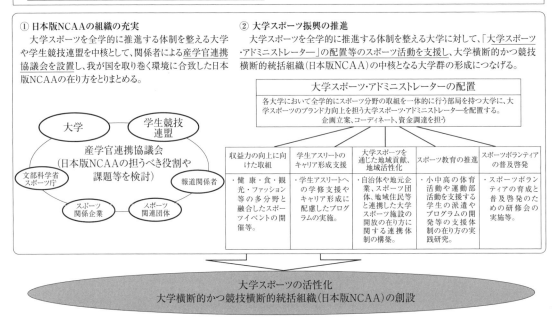

　我が国の大学スポーツの持つ潜在力（人材輩出、経済活性化、地域貢献等）を活かすため、大学スポーツに係る体制の充実を図る必要がある。そのため、適切な組織運営管理や健全な大学スポーツビジネスの確立等をめざす大学横断的かつ競技横断的統括組織（日本版NCAA〔National College Athletic Association〕）の創設に向けて、**日本版NCAAの具体的な在り方について検討する産官学連携の協議会を開催する**とともに、**大学スポーツの活性化に全学的体制で取り組む各大学において、専門人材の配置や先進的モデル事業を展開する。**

① 日本版NCAAの組織の充実

　大学スポーツを全学的に推進する体制を整える大学や学生競技連盟を中核として、関係者による産学官連携協議会を設置し、我が国を取り巻く環境に合致した日本版NCAAの在り方をとりまとめる。

② 大学スポーツ振興の推進

　大学スポーツを全学的に推進する体制を整える大学に対して、「大学スポーツ・アドミニストレーター」の配置等のスポーツ活動を支援し、大学横断的かつ競技横断的統括組織（日本版NCAA）の中核となる大学群の形成につなげる。

図43-1　日本版NCAA

出所）スポーツ庁 HP.

するものである。NCAA は、アメリカの大学スポーツを、大学横断的かつ競技横断的に統括している組織であり、大学同士・競技団体同士の横の連携ができることで、学生スポーツ組織の問題点や改善点、運営上の問題点、競技の強化策など、様々な情報を共有できる。NCAA は、各大学相互に良好な環境を提供する組織である。また、NCAA 加盟大学には学内のスポーツ分野を統括する「アスレティック・デパートメント（AD）」が設置されており、大学の主体的関与の下で運営が行われ、日本の学生主体で運営されるものとは大きく異なる。

4　日本版 NCAA

　2019年3月1日に大学横断的かつ競技横断的統括組織である日本版 NCAA が設立された。その組織の名称は、「一般社団法人大学スポーツ協会（Japan Association for University Athletics and Sport）といい、略称は UNIVAS（ユニバス）である。現在のところ、加盟大学は219大学、加盟競技団体は36団体である（2022年2月28日時点）。

　UNIVAS の設立理念は、「大学スポーツの振興により、『卓越性を有する人材』を育成し、大学ブランドの強化及び競技力の向上を図る。もって、我が国の地域・経済・社会の更なる発展に貢献する」としている。また、事業内容は、「学業充実／安心・安全／大事業マーケティング」を挙げている（図43-2参照）。この設立理念および事業内容は、先に述べた日本の大学競技スポーツ組織問題を解決する内容になっている。ただし、日本版NCAA を運営していく上で、アメリカのように大学スポーツのビジネス化という考えの下、運営

第1回マネジメント WG の議論の整理：日本版 NCAA の役割・機能とメリット

日本版 NCAA はルール等整備機能、調整支援機能、情報提供機能等を担い、関係者の取組の連携やバックアップ支援を行うことにより、大学、学生、学連・NF 界等の関係者が多様なメリットを享受できるものとする。

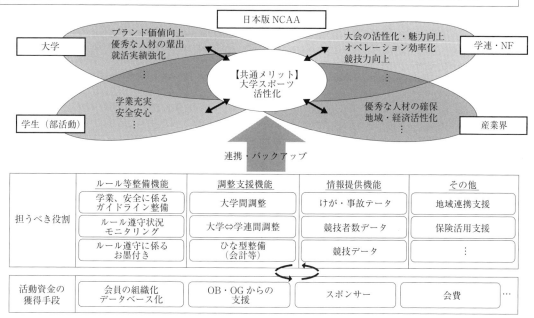

図43-2　日本版 NCAA の役割・機能とメリット

出所）スポーツ庁 HP.

する必要がある。そうしなければ、様々な事業展開は不可能になる。この「大学スポーツのビジネス化」は、今までの日本の大学競技スポーツ界にないビジョンである。UNIVAS として、この課題をどのように解決するかが、日本版 NACC の将来の方向性を大きく決める要因の一つになるのではないだろうか。今後の UNIVAS の取り組みを期待しながら見守っていきたい。　（水島宏一）

（引用文献）

井上功一他（2001）「大学競技スポーツ組織の現状と今後の展望—アメリカ NCAA に焦点を当てて」『大阪教育大学紀要　第Ⅳ部門』59(1).

井上功一他（2010）「日本の大学競技スポーツ組織に関する一考察」『大阪教育大学紀要　第Ⅳ部門』59(1).

スポーツ庁『大学スポーツ協会「UNIVAS（ユニバス）」が設立！期待される大学スポーツの新時代へ【前編・後編】』.

スポーツ庁『大学スポーツの振興に関する検討会議 最終とりまとめ〜大学スポーツの価値の向上に向けて〜』.

44 武道とスポーツ

1 武道の特性

(1) **武道とは**　武道は、武士道の伝統に由来し、我が国で体系化された武技を修練する過程において、心技体を一体として鍛え、人格を磨き、道徳心を高め、礼節を尊重する態度を養う、国家、社会の平和と繁栄に寄与する人間形成の道とされている。2022年現在、国内の武道を統括する日本武道協議会に加盟している主要な武道連盟は、日本武道館に加えて、柔道、剣道、弓道、相撲、空手道、合気道、少林寺拳法、なぎなた、銃剣道の10連盟となっている。

また、武道の特性として、本来は戦場で自身の身を守り、生き残る術とされていたものが、時代のニーズに合わせて、多様な解釈がなされてきたことを忘れてはならない。いくさが少なくなった江戸時代初期には武士の嗜みとして、近代末期では精神教育と結びつけられ禁止となったこと、現在では、全国の中学校で必修となり、教育基本法の狙いを達成するための教材として位置づけられている。

(2) **「武道」という文字の由来**　我が国で初めて「武道」という語が用いられたのは、1195（建久6）年の『吾妻鏡』である。

「武」という字は、中国最古の字典である『説文解字』に「戈を止」の会意文字として説明されている。そのため、一般的には「武」によって戦いを治めるという意味に始まり、ひいては世を治めるといった平和主義のシンボルといった意味合いでこの文字が使われることもしばしばである。しかしながら、藤堂（1977）によれば、「武」という字は「戈（武器）を持って止で進むこと」、つまり「妨害をおかし、困難を切り開いて、荒々しく

つき進むこと」を表した文字であるとされ、そこから「勇ましいこと、猛々しいこと」という語が派生し、「軍事に関する威力」という意味の「武力」や、「いくさの方法や身を守る術」という意味の「武術・武芸」という言葉が派生したと述べられている。

(3) **学校体育と武道**　1872年に「学制」が明治政府より発布され、教科として体術（体操）の実施が義務づけられた。そして、武道が学校教育に登場したのは、1926年に改正された「学校体操教授要目」からである。

しかしながら、戦後（1945年）には、武道が軍事的な教材となっていたというGHQ（連合国総司令部）による指摘から、全国の学校で武道が禁止となり、学校教育の表舞台から武道は姿を消した。その後、1950年に柔道が復活したことを皮切りに順次復活し、1958年告示の「中学校学習指導要領」により柔道、剣道、相撲が「格技」の名称で実施された。

1989年には、「格技」から「武道」へ改称され、2008年告示の「中学校学習指導要領」において、全国の中学校で武道が「必修化」となった。この必修化の狙いには、対人競技の楽しさを味わうとともに武道の伝統的な考え方、すなわち、日本の社会、習俗などの歴史的経緯によって形成されてきたという武道の文化的特性を学ぶことが挙げられる。

2 武道のスポーツ化

(1) **武芸の華法化**　現在、「武道のスポーツ化」が問題となっているが、武術が盛んであった江戸時代においても「華法化（非実戦化のこと）」という問題が起きていた。当時の各武芸は、中世

から近世初期にかけて、流祖（各流派を体系化し、始めた人）が戦闘の経験やわざの工夫を集積し、体系化することで、流派を成立させていった。そして、「口伝」や「形」の修練により、技術を継承・伝承し発展してきた。近世には、剣術が約743流派、柔術が約179流派、槍術が約147流派も乱立していたという記録も残っている。1650年代頃には戦国の気風が薄れ始め、これらの流派の多くは、概観の美しさや巧妙を衒うようになり、それぞれの武芸が「華法化」した。武芸が「華法化」したことによって、実戦で身を守る術としての「戦場の用」に立たなくなり、閉鎖的で秘密主義的な武芸は乱立し、芸道化した「形」のみが独り歩きするようになった。これに対して、実戦に用いられることがなくなった武芸は、戦場技術としての要素が薄れたことで、理想的な武士像形成の手段として用いられるようになった。また、各種武芸における技術そのものの研究や安全性を担保した用具や防具の考案・研究が行われるようになったのもこの時期である。

(2) 武道のスポーツ化　我が国におけるスポーツは、主に明治期に海外からの移入が始まり、その中でも長い歴史を有するものが漕艇と野球である。これに続き、陸上やテニス、フットボールなどが徐々に国内に広まった。

　我が国は、1912年の第5回ストックホルムオリンピックに初めて選手を派遣し、それ以来、各種スポーツ団体の組織化とともに全国的な競技大会が開催されることになった。この動きと連動し、1914年には柔道が、第1回全国高等学校体育専門学校柔道大会が開催され、剣道は1928年に第1回全日本大学高専剣道大会が開催された。このように全国規模の大会が開催されるようになったことは、武道の審判規定の見直しや外来スポーツとの比較につながり、武道のスポーツ競技化の一因とも考えられる。

(3) 武道の国際的普及　武道の中で最も早く国際化に成功したものは柔道である。柔道は、1964年にオリンピックの種目入りを果たし、世界的に発展している。一方で、競技規則の大幅な改正や連盟の組織化など様々な問題が挙げられているが、これらの諸問題は柔道に限ったことではなく、武道が国際的に普及する際に必ず直面する問題であることには言を俟たない。

　柔道に続いて2020年の東京オリンピックでは、空手が新たに追加され、「形」と「組手」の2種目が行われた。しかしながら、空手については、統括団体や様々な流派の統一に始まり、スポーツとしての安全性をいかに保障できるかが今後の課題として残された。

　オリンピック種目には採用されていないが、これまでに計17回の世界選手権が開催されている剣道においても課題は山積している。まず、剣道の理念である「剣道は、剣の理法の修練による人間形成の道である」という概念が希薄になり、競技本位の剣道が志向され、勝利至上主義の風潮に流れてきている。また、「有効打突（一本）」の概念が不明瞭であり、審判の判定の困難さや言語による解釈の相違や意思の疎通の不便さなど、剣道がより国際的に普及していくためには、まだ時間を要するであろう。

　以上のように、武道を取り巻く環境の変化に伴い、各武道種目はいち早く国際化が進んだ柔道の動きを参考に、国際化に伴って生じる問題や課題の傾向を予測しながら、国際化を進めていくことが求められる。今後、柔道が「柔の道」として発展するのか、横文字としての「JUDO」として発展していくのか、そして「武道」と「スポーツ」の関係性がどのような方向に進んでいくか、目が離せない。　　　　　　　　　　（川井良介）

（引用文献）

藤堂明保（1977）『「武」の漢字「文」の漢字―その起源から思想へ』徳間書店.
日本武道協議会（2017）『日本武道協議会設立40周年記念中学校武道必修化指導書（武道―歴史と特性―）』三友社.

45　スポーツマンシップとフェアプレー精神

1　スポーツによる人格形成

（1）**スポーツマンシップとは**　「私たちは、スポーツマンシップに則り、正々堂々……」と声高らかに選手宣誓。開会式で目にするお馴染みの光景である。しかし、改めて「スポーツマンシップとは何か？」と問われた時、どれほどの人が端的に答えられるだろうか。日本スポーツマンシップ協会によれば、スポーツマンシップとは、「グッドゲーム（Good Game）をつくる心構え」であるという。すなわち、①相手や仲間、ルール、そして審判を「尊重（Respect）」する心、②自ら責任を持って決断し、実践する「勇気（Braveness）」、そして、③勝利を目指し、自ら全力を尽くして楽しむ「覚悟（Resolution）」、これら3つの条件をよく満たし、全員が全力でプレーす

図45-1　健闘を讃え合う選手たち
提供）共同通信社.

る「グッドゲーム」を実現しようとする態度を「スポーツマンシップ」と呼ぶのである（池田, 2019）。

（2）**競争と共創**　ゲームとは試合、すなわち「試し合い」である。試し合って競り勝てば、楽しさを感じ、喜びに浸ることができるが、そもそも試し合う相手がいなければゲームは成立せず、楽しみを得ることはできない。また、相手のレベルやコンディションによっても、楽しさは大きく左右される。つまり、自分（たち）だけでなく相手もまたグッドゲームを作ることに力を尽くして初めて、それは実現を見るのである。このように、試し合って互いに打ち負かそうとする（＝競争）相手がグッドゲームを実現する（＝共創）ための大切な仲間でもあるというアンビバレントな関係性は、多様性を尊重し、理解しようとするリスペクトの重要な要素となっている。このような態度（尊重）が「勇気」や「覚悟」と相俟って人格形成に大きく貢献することはいうまでもない。それゆえ、かつて世界各地を植民地支配していたイギリスでは、将来の指揮官を育成するために、パブリックスクールの教育ツールとしてスポーツが活用されたのである。

2　スポーツにおけるフェアネス

（1）**ルールの制定**　スポーツがルールによって人工的に創り出されたゲームであることは自明であろう。とはいえ、ルールがはじめから（人類よりも先に）存在したわけではない。よく「ルールで決まっているから……」という言葉を耳にするが、正確には「決まっている」のではなく、そのように「人が決めた」のである。実際のゲーム場面を思い起こしてみれば気づくように、まずは

相手方と「何を試し合うのか」について、互いに確かめ合われた。そして、その成否が不確定（実際にやってみないと勝敗が判明しない）となるよう、「面白さの保障」を顧慮しながら、「試し合いの仕方」について様々な約束事が取り決められた。その所産はやがてルールとして結実し、これに則った合理的な課題解決方法（技術や戦術）が種々開発されるようになったと考えるのが自然であろう。

(2) ルール違反をめぐる議論　ルールはスポーツの公正を確保するために存在するものだが、実際の「試し合い」場面では、意図的か無意図的かによらず、様々なルール違反が発生する。特に高度化した競技スポーツの世界では、意図的ルール違反を黙認・容認する習慣的傾向さえもうかがわれる。例えば、得点僅差で競り合っているバスケットボールで残り時間が少ない場面、リードを許しているチームの選手が相手方にわざとファウルしてプレーを中断すると、ベンチから「ナイスファウル」などと称賛する声が上がることがある。相手のフリースローからのリスタートに逆襲の望みを託すというわけである。このような行為は俗に「プロフェッショナル・ファウル」とも呼ばれるが、これを「ゲームの一部」と容認すれば、スポーツそのものの崩壊をも招きかねない。かといって、罰則強化によってルール違反の抑止を図ると、スポーツ参加者の自律を妨げることが懸念される。このように、スポーツの意図的ルール違反をめぐる議論はいまだ十分な決着を見ておらず、さらなる知見蓄積が待たれるところである（近藤, 2011）。

(3) ルールとフェアプレー　すでに見てきたように、スポーツのルールには、特定の時空間、競技の定義（目的）、手段、評価などが示されており、これによってスポーツ参加者は達成すべき課題を互いに了解し、同じ条件下で競技することが可能となる。しかし、ルールを守るだけで直ちにフェアプレーとなるわけではない。例えば、野球で強打者を敬遠してわざとフォアボールを出せば、観客は激しいブーイングを発するだろう。このケースはルールに抵触するわけではないが、正々堂々と勝負しないのはフェアではないと評されてのことである。これとは逆に、サッカーで負傷者が出た時、相手チームは数的優位となり得点の可能性が高まるにもかかわらず、わざとボールを外に蹴り出してプレーを中断し、負傷者の手当ての機会とする行為に対して、観客席から拍手がわき起こることがある。このような行為は、当然ながらルールブックに記載されているわけではなく、そればかりか、むしろ勝利追求という「競技の目的」に反するものかもしれない。それでもこの光景を目にした多くの人々は、それをフェアプレーと賞賛するのである。重要なことは、単にルールを守るだけでなく、スポーツ参加者（プレーヤー、審判、運営スタッフ、サポーター等）を互いに尊重し、全力を尽くして「試し合う」ことによって、勝敗を超えたスポーツの価値や意味を追求すること、すなわちスポーツマンシップを身につけ、高めることである。　　　　　　　（鈴木　理）

（引用文献）

近藤良享（2011）「競技スポーツの意図的ルール違反をめぐる議論」『体育・スポーツ哲学研究』33(1)：1-11.

守能信次（2007）『スポーツルールの論理』大修館書店：53-67.

池田俊明（2019）『改めて問う、「スポーツマンシップとは何か？」 今こそスポーツ界で考えるべき原理原則』. https://victorysportsnews.com/articles/7008/original

● コラム12

世界を経験して！

（篠山竜青）

　2019年、日本代表のキャプテンとして、13年振りにFIBAワールドカップに出場させていただいた。その大会では、ヨーロッパの強豪国やアメリカ代表などと試合を行ったが、そこで感じたことを簡潔に言語化するのが本当に難しく、様々な取材を受けてもなかなかまとまった話ができずに実は困っている。ワールドカップから帰国して1ヶ月ほど経っても、あのワールドカップ期間中に受けた様々な刺激をまとめ切れなかった。なぜなら思っている以上に沢山のことを学べたし、沢山の刺激を受けたからである。

　ただ、そのような状況の中で、現在世界ランク1位のアメリカ戦のことを多く聞かれるが、私はまずヨーロッパのスタイルをもっとお手本にすることが大切であると実感した。アメリカは特筆した個人技を生かすアイソレーション（意思疎通）を中心にゲームを組み立て勝利することが多かった。一方で、ヨーロッパはスクリーンゲームを主流としてゲームを組み立て勝利していた。オフボール・オンボードともにスペーシングやその角度、タイミングがしっかり整備されていて、プレイの質が日本よりも高い。今回のワールドカップで躍進したアルゼンチンとの親善試合でも、上背はそこまで日本と変わらないもののスクリーンゲームの質でかなりの差を感じた。

　Bリーグ（公益社団法人ジャパン・プロフェッショナル・バスケットボールリーグ）のオフェンスシステムもヨーロッパのチームが用いるシステムを引用しているチームが多いことから、よりアンダーカテゴリーからヨーロッパのスタイルを習慣づける必要があると感じた。

　これらをヒントに、東京オリンピックに向けて日本ができることは、スクリーンゲームの質を攻守ともに引き上げることであろう。もちろんフィジカル強化とシュート力向上に尽力することも必要だが、ノーマーク（数的優位）を作り出す動きや、相手のスクリーンプレイを外す動き、またスクリーンを正しく使う動きも必要である。これらは東京オリンピックまでに我々日本チームがいくらでも向上できるポイントであると実感している。

Bリーグ川崎ブレイブサンダース所属（2010年卒）
2011～2013年　JBL 東芝ブレイブサンダース
2013～2016年　NBL 東芝ブレイブサンダース
FIBA ワールドカップ日本代表キャプテン

Ⅷ　章

運動・スポーツの価値

46 リーダーシップとフォロワーシップ

1 リーダーシップの考え方

　リーダーシップは教育、医療、ビジネス、スポーツなど各界で用いられている。その中でも共通しているのは、リーダーシップと聞くと、偉人やいわゆるカリスマが、人々を束ねることとして捉えられていることではないか。しかしながら、リーダーシップとは集団を掌握することに限らない。

　リーダーシップに関する科目をほぼすべての大学に設定するアメリカも、同様の考え方を示していた。かつては権限を持った者による命令の出し方という意味合いが優勢を占めていたが、1980年代からは権限のある人がリーダーシップを発揮するだけでは、環境変化に対する即応や、逆に変化を起こすことができないということが徐々に明らかになってきた。そこで、権限の有無に限らずリーダーシップの必要性が生じ、企業においてリーダーシップ教育が施されてきた。こうして1990年代になると大学にまで広がり、ほぼすべての大学にリーダーシップの科目が設定されるに至っている。こうした「権限がなくても他者を巻き込み、成果目標を達成する」というリーダーシップが、アメリカのみならず他の地域においても支持されている。

　したがって、リーダーシップは一人の特出した性格ではなく、あらゆる組織や職種に存在し、誰もが実践可能な行動であると考えられている。

　日向野・増田 (2016) は、様々なリーダーシップ論に通底する要素を「リーダーシップ最小3要素」として示している。第1に、共有を含めた「目標設定」である。これは明確な成果目標を設定し、メンバーで共有することを意味している。

　このことは、リーダーシップ計測ツール (Leadership Practice Inventory：LPI) を開発したクーゼスとポズナー (2014) が導出した模範的リーダーシップの5つの実践にも「共通のビジョンを呼び起こす (Inspire a shared vision)」ことのうちに同様の内容が示されている。なお、目標設定の共有とは、一人が集団に対して提示することや押しつけることではなく、対話を通じて目標の実現を担うメンバーの中に共有できる土台を模索することが肝要である。

　第2に、「率先垂範」である。先のリーダーシップにおいては命令する権限がないため、まずは自ら率先して行動を起こす必要がある。これは共通の価値観に沿った行動をとることで、周囲のメンバーに手本を示すことで模範となる。なお、先のリーダーシップの5つの実践においても「模範となる (Model the way)」となることが示されている。言葉と行動は一致していなければならず、人々の行動を感化するにはまずは自ら実践すること必要がある。

　第3に、「同僚支援」である。メンバーの中には、様々な理由が障壁となり、動きが取りづらいメンバーもいることが少なくない。その事情を取り除くための同僚の支援が必要となるという。もちろん、5つの実践においても「人々を行動にかりたてる (Enable others to act)」ことが示されている。その内訳に「共通の目標と役割の設定」「助け合いの文化を築く」ことが記されている。ここで重要となるのが、前述した目標を共有し、一人ひとりの貢献を積み重ねることである。その際、個々の役割の進行を競争として位置づけるのではなく、他者の成功を助け合いながら進むことが重要である。そのためには、協力を促す仕組みも同

時に必要となる。このようにリーダーシップに関する知見においては、個人主義や目先の成果を得ることに執着するのではなく、互いに力を合わせることのできる協働を育むことの方が長期的には恩恵を得られることが報告されている。これに引き寄せてアフリカのことわざである「早く行きたいなら一人で行け、遠くへ行きたいなら、みんなで行け」(If you want to go quickly, go alone. If you want to go far, go together) は組織運営において活用されている。

なお、権限に基づくリーダーシップの育成の場合は、成功した者の講演などを聴くことが主流であるという。これは大切な学習機会であるが、同じ文脈で話はできないため、自分に引き寄せることができるかが成否の鍵となる。一方で権限がなくとも発揮可能なリーダーシップの育成の初期段階においては、同学年・期同士でチームを組み決められた期限内においてプロジェクトを解決する機会などが設定される。終了後に、先の3要素に照らして相互にフィードバックすることなどが採用されている。

2　フォロワーシップとリーダーシップの関連

フォロワーやフォロワーシップの研究はリーダーシップ研究の中に見出されてきた。リーダーを中心とする集団の場合、フォロワーは行為の指揮や影響力を従順に受け入れる対象である。しかしながら、上意下達の関係においては、リーダーの優位性が揺らいだ場合、フォロワーたちは進む道を失う。しかも、それらは技術革新による社会構造や業務体系の変化が著しい現代においては、加速している傾向にある。そのため、フォロワー自身が能動的に行動して、リーダーを支援する「フォロワーシップ」に注目が集まっている。

その始まりは、フォロワーシップの行動や態度がリーダーやフォロワーに与える影響に関する研究であった。フォロワーシップを提唱したケリー

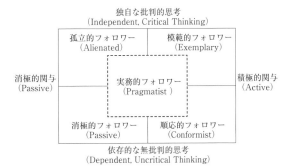

図46-1　フォロワーシップ・スタイル
出所）ケリー, R.；牧野昇訳（1993）『指導力革命—リーダーシップからフォロワーシップへ』プレジデント社.

(Kelley, R. E.) は、その著『指導力革命』（ケリー, 1993）において、膨大な数のフォロワーを調査して、模範的なフォロワーに備わっている特性を2点導出している。第1の特徴が、自ら考え建設的な批判を行う「独自的な批判的思考（Independent, Critical Thinking）」を有しているか、第2の特徴が、責任を引き受けることや積極的に参加するなど「積極的関与（Active engagement）」である。そして、これらを2軸にして5つのタイプ（「消極的（Passive）」「孤立的（Alienated）」「順応的（Conformist）」「実務的（Pragmatist）」「模範的（Exemplary）」）に分類している（図46-1）。この研究によってフォロワーシップの形態が明らかとなった。

しかしながら、今日の組織のありようは、上記の形態が露わになるほど、厳密に秩序づけられておらず、個人の役割に従事しながら、時にリーダーに推され、時にフォロワーとして従事する可塑性のあることが少なくない。

そのような組織においては、リーダーにすべてが集約されるのではなく、そしてリーダー自身もすべてを引き受けるのではなく、全体を見通せる位置どりで責任を担う。そこでは全体を見通しながら、時にはリーダーのように全面に出たり、フォロワーとして背後に回ったりするなどして支援する。

すなわち、前項にも記した通り、リーダーシップには「同僚支援」が欠かすことができないが、

それを実現する背景には、後方から全体を見通すフォロワーとしての役回りも欠かすことができないのである。

　したがって、今日の社会のあり方を鑑みると、リーダーシップとフォロワーシップはコインの裏表の関係のように、表裏一体であることが理解されよう。　　　　　　　　　　　（伊佐野龍司）

（引用文献）

クーゼス，J. M.・ポズナー，B. Z.：関美和訳（2014）『リーダーシップ・チャレンジ（原書第5版）』海と月社.

ケリー，R.：牧野昇訳（1993）『指導力革命―リーダーシップからフォロワーシップへ』プレジデント社.

日向野幹也・増田忠英（2016）「大学発の新しいリーダーシップ教育　権限によらないリーダーシップ」『人材教育』28(9)、日本能率協会マネジメントセンター.

●コラム13

大学で得たもの

（齋藤　理）

　私は、現在私立高等学校で教員をしており、現職に就いてから5年目を迎えている。経験はまだまだ浅いが、これまでの教員生活を振り返ってみると、クラス運営や教科指導、部活動指導など毎日がとても充実しているように感じる。特に生徒と一緒に送る生活の日々には多くの魅力があり、毎年度違う生徒との関わりには悩みもするが、楽しみな部分もとても多くある。

　教員は人と人との関係性の中で仕事をする職業と思う。生徒とは多くの時間で関わることになるが、それぞれ違った考え方や性格を持っていて、一人として同じ生徒はいない。そのため、それぞれの生徒への対応を考えながら、その生徒に一番合う指導をしていかなければならない。叱ってばかりでもいけないし、容認してばかりでもいけない。その状況に見合った指導をしていく必要があり、バランスがとても重要である。このような指導をしていくためには、日頃から多くの生徒とコミュニケーションをとることが大切になる。また、生徒はもちろんのこと、同僚の教員、保護者、地域住民など、仕事の中で関わる人は多岐にわたる。様々な人と、物事を伝えたり、聞いたりなどを繰り返しながら教員としての仕事をしていくことになる。

　コミュニケーションの大切さを知る上で、4年間の大学生活はとても充実していた。大学では学内や学外の多くの活動に積極的に参加することで様々な経験をした。多くの人と関わる機会があったことで、様々な考えを持った人とコミュニケーションをとることができ、これが現在の仕事に大きく影響を与えている。日本大学文理学部は、様々な学問分野を突き詰めるために集まった学生が生活しているキャンパスなので、様々な考え方を持った人たちであふれている。そのような人たちと多くの意見を交わし、様々な考え方や価値観を知ることで、私自身の成長につながったと実感している。

　コミュニケーション能力は、どの仕事においても必ずといっていいほど必要なスキルである。だからこそ、教員を目指す人だけに限らず、その能力を磨く努力をし、大学での生活を無駄にせず送ってほしいと思う。様々な経験をした分だけ、自分自身の成長につながり、社会での活躍や貢献に役立つはずである。

日本大学明誠高等学校教諭（2009年卒業）

47　スポーツとコミュニケーション能力

1　コミュニケーション能力

(1)　コミュニケーションとは

社会学小辞典 (1990) によれば、コミュニケーションとは、身振り・言葉・文字・映像などの記号を媒介として、知識・感情・意志などの精神内容を伝達し合う、人間の相互作用過程のことで、コミュニケーション過程が成立するには、精神内容を記号に変換して発信する送り手、記号を搬送するチャンネル、記号を受信して精神内容に再現する受け手の3要素が不可欠である。

つまりコミュニケーションとは、目に見えない情報を含む精神内容を送り手と受け手がチャンネルを通して伝達し合うという行為とまとめることができる。

現代社会において、コミュニケーションの有力なチャンネルはいうまでもなくインターネットであろう。しかしながら、この有益なコミュニケーション手段をめぐっては課題も見られる。

文部科学省のコミュニケーション教育推進会議 (第4回) の資料「教育ワーキンググループこれまでの議論の整理」によれば、子どもたちの現状や課題について、インターネットを通じたコミュニケーションが子どもたちに普及している一方、外での遊びや自然体験等の機会の減少により、身体性や身体感覚が乏しくなっていることが、他者との関係作りに負の影響を及ぼしているとの指摘もある。今後求められるコミュニケーション能力として、多様な価値観を持つ集団において、相互関係を深め、共感しながら、人間関係やチームワークを形成していく力が挙げられるが、これらの力を身につけていく際の、身体性や身体感覚の重要性が見えてくる。

(2)　身体的なコミュニケーション

コミュニケーション能力の育成に当たっては、言語を基盤とした知的活動を促進するとともに、感性や情緒面を育成することが不可欠である。

ドイツのスポーツ教育学者であるグルーペ (Grupe, O.) は著書『スポーツと人間』において、スポーツと子どもの社会化の関係について触れ、子どもは常に身体と精神が一体となって生きていると述べている。子どもは、身体的なものに則して、あるいは身体的なもののうちに、自分自身を知り、自分自身を経験し、自分自身を成長させるという。つまり、子どもは、知覚、運動、身体的な感性を通して自分の世界を作り、その世界とのやりとりから、彼らの発達にとって大切な基礎に含まれる経験を獲得するのである。また、身体の同一性の構築とこの同一性の一部分としての運動と身体のイメージの構築は、子どもの人格形成にとって重要であり、僅かしか運動しない子どもは身体的に抑制され、他人や世界との関係構築についても課題を抱えることになると指摘している。

グルーペの考えに従えば、運動、スポーツを通して身体性を養うことが、世界を獲得し、他者を理解することに貢献するということになる。言い換えれば、我々人間は、身体を通じて他者を感じ、他者を理解することによって、他者と共生することが可能となるのである。まさにそれは、身体的なコミュニケーションというものが、言語によるコミュニケーションとは異なる世界を構築していることを示している。言葉で伝えられることと、言葉では伝えられないことがあり、言葉で伝えられないことについては、身体を媒介にするしかない。

2 スポーツにおけるコミュニケーション

(1) 身体とコミュニケーションの関係 コミュニケーションというもののあり方について現象学的な立場から見てみよう。コミュニケーションは、私たちにとって特別なことではなく、日常生活の中のあらゆるところで見られる。日常生活をありのままに見る現象学の方法で、コミュニケーションの構造を表したのが、表47-1である。

表47-1 コミュニケーションの構造

第3の領域　人格相互の交わりの領域
第2の領域　能動性の領域 　　　　　　能動的相互主観性 ※言語等によるコミュニケーション
第1の領域　事発性（受動性）の領域 　　　　　　受動的相互主観性 ※身体性におけるコミュニケーション

出所）「フッサール現象学の三層構造」を改変。山口一郎（2002）『現象学ことはじめ』日本評論社：14.

現象学的な見方によれば、私たちの意識の世界には、第1、第2、第3の領域がある。コミュニケーションが行われる時、基層となっているのが「第1の領域」であり、その基盤の上に「第2の領域」と「第3の領域」とが重なっている。身体性におけるコミュニケーションは基層となる、意識の最も下層の部分を成し、この部分がしっかりと築かれていることによって、能動的なコミュニケーションすなわち言語的なコミュニケーションが可能となる。

コミュニケーションの構造を踏まえれば、円滑なコミュニケーションを可能とするためには、基層の充実が不可欠であるのがわかる。つまり、一般的な意味でのコミュニケーション能力の向上を目指すためには、身体性におけるコミュニケーションを重視せざるをえないのである。

(2) スポーツと人間形成 身体性におけるコミュニケーションの充実はどのようにして図られるか。スポーツや運動の学習によって身体性を養い、コミュニケーション能力の向上につなげるという営みについて考えてみよう。

青山（2017）は、『知のスクランブル』の中の「第10講　体育におけるコーチングの可能性」において、動物行動学者で現象学者でもあるボイテンディク（Buytendijk, F. J. J.）を引いて、生命的身体の重要性を指摘している。人間の運動の発生は主体のパトス的決定を通じて実現されるのであって、刺激と反応の因果関係に基づいて生じるのではないので、運動の学習を行う時、生命的身体ということを念頭に置いた指導が行われなければならないとしている。つまり、生命的身体が運動の学習における学習者と指導者の「出会い」の場所であり、両者は「できるようになりたい」とか「もっと上手になりたい」というパトスによって揺り動かされ、共通の間身体的な動感世界で動感身体知を駆使して学びの世界を構築する。したがって、そこでは「共感」という人間にとって根源的な能力が問題となってくる。運動の学習が展開される際には、自分の身体を知り、世界や他者との関わりを、身体を通して学ぶことが求められるが、そのためには自然科学を基盤とした知識の獲得に留まらず、生命的身体を舞台とした学びが行われなければならない。コミュニケーション力の育成は、このような共感を念頭に置いた運動学習の中でこそ可能となるといえよう。

（土屋弥生・青山清英）

（引用文献）

青山清英（2017）「体育におけるコーチングの可能性」日本大学文理学部編『知のスクランブル』ちくま新書.
グルーペ, O.；永島惇正他訳（2004）『スポーツと人間』世界思想社.
濱島朗他編（1990）『社会学小辞典』有斐閣.
文部科学省（2011）『コミュニケーション教育推進会議（第4回）資料3　教育ワーキンググループこれまでの議論の整理』.

1　性差とジェンダー

(1)　ジェンダー概念の誕生　近代社会における女性の解放を求める思想と社会運動には、18〜20世紀初頭の第1波フェミニズム（女性の投票権や参政権など法的な権利の獲得を目指したもの）と1960年代後半の第2波フェミニズムがある。ジェンダーという概念は、第2波フェミニズムによって、「社会的・文化的に構築された性差」という概念として誕生した。それまでの「男は仕事、女は家庭」という性別役割分業に異議を申し立て、性別に割り当てられた役割が、生物学的要因だけでなく、後天的に社会の中で作られた要因によって規定されてきたことを明らかにし、なおかつ、ジェンダーは社会の中で作られるものだからこそ変更することができると考えられてきた。

(2)　セックス／ジェンダー／セクシュアリティ　「生物学的性差（sex）」「社会的・文化的に構築された性差（gender）」に関連する用語である「セクシュアリティ（sexuality）」は、「包括的には性に関わるすべての現象」を意味しており、狭義には「性的指向」を表す。第2波フェミニズムは、セクシュアリティは本能や自然なものではなく、「社会的構造物」であるとして位置づけ、男女間の性愛「異性愛主義」が正常なセクシュアリティであるということに異議を申し立てた。こうした運動によって、「性の多様性」を認める社会が展開されてきたのである。

2　スポーツにおける男性中心主義

(1)　近代スポーツの特性　スポーツは、男性的なイメージと強い結びつきを持っている。学校の部活動やメディアを通して楽しむプロスポーツの領域を見ても、スポーツは男性的なものだとみなされることが多い。なぜ、スポーツは男性中心に展開されているのだろうか。

その理由は、近代スポーツの始まりにある。近代スポーツが形成されたのは、イギリスのパブリックスクールなどの学校教育機関であった。そもそも近代スポーツの目的は、団体競技を通して協調性や責任感を養い、健やかな身体を育み、フェアプレーの精神を身につけるための一種の道徳教育であった。しかしここで重要なのは、当時こうした道徳教育を受け、スポーツを行うことができたのが男性のみだったことである。女性はパブリックスクールへの入学はもちろん、スポーツのような激しい身体活動を行うことは好ましくないこととされていたのである。こうした歴史的背景からも、スポーツは男性のみを前提とした文化を形成し、発達してきたのである。

(2)　競技スポーツとジェンダー　現在の競技スポーツの多くの種目では、男性のパフォーマンスレベルが女性よりも高い傾向にある。それは競技特性やルールを含めて、男性に有利に作られているからである。オリンピック競技を思い浮かべるとわかるが、近代スポーツ競技の多くは、スピードや瞬発力、筋力といった、女性よりも男性にとって有利な身体的特性が、そのパフォーマンスや勝敗に反映されるようになっているのである。このことは、男性が女性よりも身体能力として優位であると解釈され、社会全般の領域において男性優位であるという機能を確立させてきた。

しかし、もし持久力など競技に求められる中心的な特性が変われば、女性が男性を凌駕する可能性だってあるのである。

3 女性スポーツの発展

(1) オリンピックへの女性参加　近代スポーツの祭典であるオリンピックは、1896年に第1回アテネ大会が開催された。第1回大会での女性参加はなく、1900年の第2回大会でも女性参加者は若干名であり、参加種目は2種目（テニスとゴルフ）であった。身体接触が少なく、ルールもシンプルな水泳・陸上競技においても、女性の参加は水泳が1912年の第5回大会から、陸上競技が1928年の第9回大会からであった。表48-1から参加者の女性比率を見てみると、1948年ロンドン

大会まで10%を切る状況であった。しかし1980年前後からは女性参加者が急激に増加し、女性には不向きであるとされていた競技への参加も増えていった。例えば、マラソンが1984年ロサンゼルス大会から、柔道が1992年バルセロナ大会から参加が認められるようになり、現在ではさらに女子の正式種目数は拡大している。

なお、夏季オリンピックにおける日本女性の初参加は、1928年アムステルダム大会に人見絹枝たった1人であった。1932年ロサンゼルス大会は、日本人選手は131人の参加となったが、そのうち女性は16人（12.2%）であった。この大会で100m平泳ぎの前畑秀子は銀メダルを獲得した。

(2) 日本女性と近代スポーツ

日本女性の近代スポーツへの参加は、1890年頃からであった。現在でも女性が土俵に入ることを禁じている相撲に関しては、明治初期には、女性が観戦することもままならなかったという。女性がスポーツに参加する機会は、上流階級のゴルフや乗馬などを除けば、女学校の課外活動に限られていた。テニスは早くから人気があり、1900年前後から校内大会が開催されていた。その後、バスケットボールやバレーボールなどの校内大会が開催され、1920年以降に女性のスポーツ参加が本格的に発展していくこととなった。

こうしてスポーツは、ジェンダーの概念と相俟って「スポーツは男性に向いている」「女性は女性らしいスポーツをするべきだ」という言説を乗り越え、今日ではほとんどのスポーツ種目で参加に関わる性的な不平等が是正される方向に変化してきたのである。　　　　　（吉田明子）

表48-1　夏季オリンピック大会の参加者

年	都市	国・地域数	全参加選手数	女性	男性	女性比率
1896	アテネ	14	241	0	241	0.0
1900	パリ	24	997	22	975	2.2
1904	セントルイス	12	651	6	645	0.9
1908	ロンドン	22	2,008	37	1,971	1.8
1912	ストックホルム	28	2,407	48	2,359	2.0
1920	アントワープ	29	2,626	65	2,561	2.5
1924	パリ	44	3,089	135	2,954	4.4
1928	アムステルダム	46	2,883	277	2,606	9.6
1932	ロサンゼルス	37	1,332	126	1,206	9.5
1936	ベルリン	49	3,963	331	3,632	8.4
1948	ロンドン	59	4,104	390	3,714	9.5
1952	ヘルシンキ	69	4,955	519	4,436	10.5
1956	メルボルン	72	3,314	376	2,938	11.3
1960	ローマ	83	5,338	611	4,727	11.4
1964	東京	93	5,151	678	4,473	13.2
1968	メキシコ	112	5,516	781	4,735	14.2
1972	ミュンヘン	121	7,134	1,059	6,075	14.8
1976	モントリオール	92	6,084	1,260	4,824	20.7
1980	モスクワ	80	5,179	1,115	4,064	21.5
1984	ロサンゼルス	140	6,829	1,566	5,263	22.9
1988	ソウル	159	8,391	2,194	6,197	26.1
1992	バルセロナ	169	9,356	2,704	6,652	28.9
1996	アトランタ	197	10,318	3,512	6,806	34.0
2000	シドニー	199	10,651	4,069	6,582	38.2
2004	アテネ	201	10,625	4,329	6,296	40.7
2008	北京	204	10,942	4,637	6,305	42.4
2012	ロンドン	204	10,568	4,676	5,892	44.2
2016	リオデジャネイロ	207	11,238			

出所）内海和雄（2018）「オリンピックと女性スポーツ」『広島経済大学研究論集』41(2)：3を参考に筆者が作成.

（引用文献）

飯田貴子・井谷惠子編著（2004）『スポーツ・ジェンダー学への招待』明石書店.

飯田貴子他編著（2018）『よくわかるスポーツとジェンダー』ミネルヴァ書房.

内海和雄（2018）「オリンピックと女性スポーツ」『広島経済大学研究論集』41(2)：1 -16.

岡田桂（2012）「スポーツにおける男性中心主義」井上俊・菊幸一編著『よくわかるスポーツ文化論』ミネルヴァ書房：52-53.

谷口雅子（2012）「女性スポーツの発展」井上俊・菊幸一編著『よくわかるスポーツ文化論』ミネルヴァ書房：54-55.

49 健康を目的としたスポーツ

1 健康を重視する現代人

(1) 高度経済成長と現代生活 日本では、1955年から1973年の高度経済成長を機に、科学技術の発展、産業手段の機械化が進み、多くの労働者が農村から都市に流入し、産業構造に変化をもたらした。家庭生活でも、冷暖房、電気洗濯機、電気冷蔵庫、電子レンジなどの普及によって、より快適な生活を送れるようになった。

(2) 現代生活と健康意識の変化 快適な生活の一方で、生活を見直し健康によい生活をしようという現代人が1970年代から増え始めた。その背景となっているのが、1964年の東京オリンピックを契機にスポーツの大衆化が進んだことに加えて、日本人の主要死因が感染症から慢性疾患へ変化したことである（Ⅱ章5節参照）。慢性疾患の要因は、アスベストなどの有害物質や紫外線、電磁波などの外的要因のみならず、不規則な食事や睡眠、運動不足、肥満、喫煙、飲酒、ストレスなどの生活習慣が深く関係していることが医学的に明らかになってきたのである。

産業構造の変化は、第1次産業の減少、労働時間の変化、デスクワークやサービス業の増加とともに、人々の生活習慣にも変化をもたらした。都会の多様なライフスタイルに合わせて、健康を獲得できるよう24時間営業のフィットネスクラブも増加している。快適な生活の反面、「健康不安」という言葉があるほど、健康という概念に人々は敏感になってきたのである。

2 フィットネスクラブの発展

(1) フィットネスとエアロビクス 「フィットネス」とは、1980年代にアメリカから入ってきた言葉で「健康増進のため各種の身体運動を行うこと」である。今日のような日本のフィットネスクラブは、1980年代後半から広まった。この隆盛には、特に若い女性たちにエアロビクスが大流行したことにある。

エアロビクス（AEROBICS）とは、酸素を多く取り入れ心肺機能を高める運動とそのプログラムの総称として、1967年にケネス・H・クーパー博士が開発し名づけたものであり、日本では有酸素運動と訳されている。クーパー博士は当時アメリカ空軍の軍医であり、エアロビクスはアメリカ兵士の健康増進と体力向上のための運動プログラムとして創始された。

(2) エアロビックダンスエクササイズの発展と日本のフィットネスクラブの普及 エアロビクスの理論をダンスエクササイズの中に取り入れた「エアロビックダンスエクササイズ」は、1970年代にアメリカ人女性の間で大流行した。そして1981年、クーパー博士が来日したことを契機に、日本国内にも大ブームを巻き起こした。鏡をめぐらした都会的なスタジオ、ファッショナブルなレオタードとレッグウォーマー、ディスコ風の音楽、といった要素は、若い女性たちを惹きつけ、単に美容体操ダンスをするのではなく、「ファッショナブルなライフスタイルを実践（＝消費）」（河原, 2012）することを意味した。そしてこの後、スタジオ、プール、マシンなどを備えた総合型のフィットネスクラブが続々と誕生し、男性も参加するようになっていったのである。

現在では、フィットネスクラブはすべての年齢層に「美」と「健康」、そして「スポーティブなライフスタイル」を提供する施設として定着している。特に中高年層のクラブ参加率は高く、交友

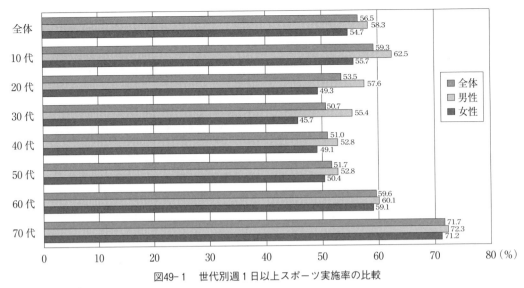

図49-1　世代別週1日以上スポーツ実施率の比較

出所）スポーツ庁 HP.

関係を広げる場ともなっており、一種の地域社交クラブの役割を担っているともいえる状況である。

3　スポーツと日常生活

(1)　スポーツ実施率と健康意識　スポーツ庁が行った2021（令和3）年度「スポーツの実施状況等に関する世論調査」によると、週1日以上運動・スポーツをする成人の割合は56.4％（2018年度55.1％）で、週3日以上運動・スポーツをする成人の割合は30.4％（2018年度27.8％）であるという。さらに、年代別でスポーツ実施率を見ると、

表49-1　この1年間に運動やスポーツを実施した理由
（すべての理由を複数回答）　　　　　　　　　　（％）

n＝16,012	全体	男性	女性
健康のため	76.2	75.6	76.7
体力増進・維持のため	52.0	52.4	51.6
運動不足を感じるから	48.1	43.3	53.2
楽しみ、気晴らしとして	42.1	41.7	42.6
筋力増進・維持のため	35.7	35.3	36.2
肥満解消、ダイエットのため	29.9	25.7	34.3
友人・仲間との交流として	14.7	15.2	14.2
美容のため	9.6	3.5	15.9
家族のふれあいとして	9.4	7.7	11.1
精神の修養や訓練のため	7.1	7.8	6.4
自己の記録や能力を向上させるため	6.9	8.5	5.1

出所）スポーツ庁 HP.

図49-1の通り、全体の中で70代男女の実施率が最も高く70％を超えている。

運動・スポーツを行った理由（表49-1）としては、「健康のため」が76.2％と最も多く、「体力増進・維持のため」（52.0％）、「運動不足を感じるから」（48.1％）と続く。スポーツ本来の意味に最も近い「楽しみ、気晴らしとして」は42.1％となっている。内閣府が行った1976（昭和51）年の同様の調査によると、運動・スポーツを行った理由には、「楽しみ・気晴らしとして、好きだから」が54.0％で、「体を丈夫にするため、運動不足を感じるから」の48.2％を上回る結果となっていた。こうした調査結果からも、人々の健康意識やスポーツの目的に変化がうかがえる。

(2)　スポーツを生活の中に　週1日以上運動・スポーツをする成人の割合は、1991（平成3）年に比べて約2倍となった。では、人々はどのようなスポーツを行っているのだろうか。

スポーツ庁の調査によると、この1年間に実施した種目は「ウォーキング」が1位で、「体操」「トレーニング」「階段昇降」が続いている。この他に男性は「ランニング・マラソン・駅伝」「自転車・サイクリング」の割合が高く、女性は「エアロビクス・ヨガ・バレエ・ピラティス」の割合

が高い。こうした内容から、スポーツは、球技や武道などの競技性の高い種目だけでなく、日常生活の身体活動が含まれていることがわかる。スポーツ庁では、一人でも多くの人がスポーツを楽しみ、スポーツを行うことが生活習慣の一部となるような社会を目指して「Sport in Life プロジェクト」に取り組んでいる。スポーツは、競うことを目的とするだけではなく、散歩やサイクリング、ヨガ、ダンスなど健康維持や仲間との交流、様々な目的で行われる身体活動すべてである。目的を持って日々の身体活動を行った途端、その活動はスポーツに変わるのである。 　　　（吉田明子）

（引用文献）

上杉正幸（2012）「スポーツと健康」井上俊・菊幸一編著『よくわかるスポーツ文化論』ミネルヴァ書房：66-67.

小澤治夫・西端泉（2004）『最新フィットネス基礎理論』社団法人日本フィットネス協会.

河原和枝（2012）「ボディビル・エアロビクス・フィットネス」井上俊・菊幸一編著『よくわかるスポーツ文化論』ミネルヴァ書房：68-69.

1 スポーツとは

(1) 生涯スポーツと競技スポーツ　まず、生涯スポーツと競技スポーツについて述べる前に、「スポーツ」の定義を『最新スポーツ科学事典』で調べると、「ルールに基づいて身体的能力を競い合う遊びの組織化、制度化されたものの総称を意味する。言い換えれば、遊戯性、競争性、身体活動性、歴史性という4つの要素によって特徴づけられる文化形象である」とされている。

また、『スポーツ基本計画』には「『心身の健全な発達、健康及び体力の保持増進、精神的な充足感の獲得、自律心その他の精神の涵養等のために個人又は集団で行われる運動競技その他の身体活動』と広く捉えられており、『スポーツを通じて幸福で豊かな生活を営むことは、全ての人々の権利』である」と明記されている（スポーツ基本法前文）。

これを踏まえて、競技スポーツとはどのようなことを指すのか。『最新スポーツ科学事典』を見ると、「広義には、勝敗や順位を重視するスポーツの総称。狭義には、近代以後の、統一ルールの下で、規格化された施設・用具を用い、平等に管理・運営がなされる競技会形式で行われるスポーツをいう」とされている。これに対して、生涯スポーツを同書で調べると「生まれてから死ぬまでの生涯にわたって展開されるスポーツの総称。各種競技団体が実施する競技スポーツの対義語」としている。

以上のことから、競技スポーツとは、ルール内で競技力を競い合い競技水準の向上を目的とし、それに対して生涯スポーツは、すべての人が生涯にわたって、楽しみながら体を動かす活動の総称を指す。

(2) 「する」「みる」「ささえる」　2000年以降の我が国のスポーツ政策を調べると、

2000年　「スポーツ振興基本計画」
2001年　「国立スポーツ科学センター」
2006年　「スポーツ振興基本計画の改定」
2008年　「ナショナルトレーニングセンター」
2010年　「スポーツ立国戦略」
2011年　「スポーツ基本法」
2012年　「スポーツ基本計画」
2013年　「2020年東京オリンピック開催決定」
2015年　「スポーツ庁」
2017年　「第2期スポーツ基本計画」

が挙げられる。この政策の変遷の中でスポーツは、世界共通の人類の文化であるとした上で「スポーツを通じて幸福で豊かな生活を営むことは、全ての人々の権利であり、全ての国民がその自発性の下に、各々の関心、適性等に応じて、安全かつ公正な環境の下で日常的にスポーツに親しみ、スポーツを楽しみ、又はスポーツを支える活動に参画することのできる機会が確保されなければならない」と明記されている。そして、特徴的なことは、スポーツを「する」以外に「みる」「ささえる」が明記されていることである。

この「する」「みる」「ささえる」は、『第2期スポーツ基本計画』の中長期的なスポーツ政策の基本方針として、「スポーツが変える、未来を創る。Enjoy Sports, Enjoy Life」を掲げ、4つの政策目標を設定し、その一つに「スポーツを『する』『みる』『ささえる』ことでみんながスポーツの価値を享受できる」が示されている。これは、スポーツは「する」以外にも「みる」「ささえる」といった関わり方があることを意味している。例

えば、世界で戦う選手をテレビやアリーナ、スタジアム、グラウンドなど間近でみて、アスリートが自身の極限を超えて戦う姿に感動して、自身の人生の励みになったり、一生懸命にスポーツをする人のささえになろうとしたりする意識が芽生える。また、スポーツを「みる」ことをきっかけに「する」「ささえる」ことを始めたり、「する」ことのすばらしさを再認識したりして、多くの人々が様々な形態でスポーツに積極的に参画できる環境を実現することを提示している。

2 み る

（1）「みる」と「観る」　スポーツには、上記に示した「する」として、ランニングや水泳、テニスなど体を動かす活動と、「みる」「ささえる」といった異なった形態での参画の仕方がある。ここでは、特に「みる」について話を進めることとする。

「みる」を英語で表すと「see」「watch」「look」「observe」「view」「sight」「stare」などがある。これらの英単語は、状況に応じて使い分けられる。日本語も同じである。状況に応じて「見る」「観る」「視る」「看る」「診る」などの漢字を使う。ここでは、観るスポーツの「観る」について考えることとする。「みる」を「観る」という漢字を使う状況として、何かを観察する時に使われることが容易に想像できるのではないか。身体活動としてのスポーツを観るとは、新しい運動を習得する時、あるいは欠点のある運動を修正したりする時に、その運動を注意深く見て、どうすればいいのか考える。このような運動を観察することを運動観察という。運動観察は、運動を観る人の実技経験や運動知識、指導経験の差によって異なってくる。当然、実技経験や運動知識、指導経験は豊富な方がいいが、その人の自己観察能力や他者観察能力が低ければ、運動観察の精度が低くなり、運動の習得や運動の修正に時間を要することになってしまう。

（2）「自己観察」と「他者観察」　自己観察は、自身の動き方に対して意識を向け、主に運動覚を通し身体内部から刺激を受けて認知することをいう。これに対して他者観察は、他者の運動や自身の運動をビデオなど視聴覚機器や運動を観察者の向こう側に置かれた客観的対象として観察することをいう。ここで気をつけなければならないことは、運動を観察する時、観察者の運動に関する知識やこれまでの運動経験に基づく運動共感能力に左右されることである。そのため、他者観察では、運動の外的特徴だけでなく、他者の動きを観て、観察者自身がその運動経過の中に入り込み、あたかも自分が運動しているかのように、その運動の感覚を感じ取る運動共感能力を身につけることが必要になる。この感覚は、皆さんも一度は体験したことがあるのではないだろうか。サッカーやボクシング、野球など興味のあるスポーツ観戦している時、その場にいないのに、自分が試合を行っているように「ここでシュート！」あるいは「パンチを無意識でよけている」ことはないでしょうか。この現象が運動共感である。これは、自己観察を通して、その運動感覚を自分のものとして感じ取ることで可能になるわけである。

以上、「観るスポーツ」を、スポーツ政策で示された、様々な形態でスポーツに積極的に参画する一つとしての「みる」と、運動を専門的に分析するための能力一つとしての「みる」について解説した。 （水島宏一）

（引用文献）

金子明友（1996）『教師のための運動学』大修館書店.
谷藤千香（2018）「生涯スポーツ社会の実現に向けたスポーツ参画人口の拡大―『ささえる』活動に着目して」『千葉大学国際教養学研究』2.
日本体育学会監修（2006）『最新スポーツ科学事典』平凡社.
三木四郎（2005）『新しい体育授業の運動学』明和出版.
文部科学省（2011）『スポーツ基本法』.
文部科学省（2012）『スポーツ基本計画』.

索　引

資　　　料

「体力測定結果の入力」と「授業に関するアンケート」は、
こちらの URL からお願いします。

http://www.nu-taiiku.jp/kensupo

〈資料〉

折り返し数	推定最大酸素摂取量（ml/kg・分）	折り返し数	推定最大酸素摂取量（ml/kg・分）	折り返し数	推定最大酸素摂取量（ml/kg・分）	折り返し数	推定最大酸素摂取量（ml/kg・分）
8	27.8	46	36.4	84	44.9	122	53.5
9	28.0	47	36.6	85	45.1	123	53.7
10	28.3	48	36.8	86	45.4	124	53.9
11	28.5	49	37.0	87	45.6	125	54.1
12	28.7	50	37.3	88	45.8	126	54.4
13	28.9	51	37.5	89	46.0	127	54.6
14	29.2	52	37.7	90	46.3	128	54.8
15	29.4	53	37.9	91	46.5	129	55.0
16	29.6	54	38.2	92	46.7	130	55.3
17	29.8	55	38.4	93	46.9	131	55.5
18	30.1	56	38.6	94	47.2	132	55.7
19	30.3	57	38.8	95	47.4	133	55.9
20	30.5	58	39.1	96	47.6	134	56.2
21	30.7	59	39.3	97	47.8	135	56.4
22	31.0	60	39.5	98	48.1	136	56.6
23	31.2	61	39.7	99	48.3	137	56.8
24	31.4	62	40.0	100	48.5	138	57.1
25	31.6	63	40.2	101	48.7	139	57.3
26	31.9	64	40.4	102	49.0	140	57.5
27	32.1	65	40.6	103	49.2	141	57.7
28	32.3	66	40.9	104	49.4	142	58.0
29	32.5	67	41.1	105	49.6	143	58.2
30	32.8	68	41.3	106	49.9	144	58.4
31	33.0	69	41.5	107	50.1	145	58.6
32	33.2	70	41.8	108	50.3	146	58.9
33	33.4	71	42.0	109	50.5	147	59.1
34	33.7	72	42.2	110	50.8	148	59.3
35	33.9	73	42.4	111	51.0	149	59.5
36	34.1	74	42.7	112	51.2	150	59.8
37	34.3	75	42.9	113	51.4	151	60.0
38	34.6	76	43.1	114	51.7	152	60.2
39	34.8	77	43.3	115	51.9	153	60.4
40	35.0	78	43.6	116	52.1	154	60.7
41	35.2	79	43.8	117	52.3	155	60.9
42	35.5	80	44.0	118	52.6	156	61.1
43	35.7	81	44.2	119	52.8	157	61.3
44	35.9	82	44.5	120	53.0		
45	36.1	83	44.7	121	53.2		

健康状態のチェック

記述日：_____年_____月_____日

氏名_____男・女　生年月日_____年_____月_____日_____歳

（年齢は調査実施年度の4月1日現在の満年齢）

　以下の質問について，当てはまるものの番号を○印で囲んでください。また，必要に応じて（　）内に記述してください。

Ⅰ．現在，体の具合の悪いことがありますか（体調が悪いですか）。

　1．はい　　2．いいえ

「はい」と答えた方は，以下の質問にも答えてください。

○どういう点ですか，以下から選んでください。

1．熱がある　　2．頭痛がする　　3．胸痛がある

4．胸がしめつけられる　　5．息切れが強い　　6．めまいがする

7．強い関節痛がある　　8．睡眠不足で非常に眠い　　9．強い疲労感がある

10．その他（_____）

Ⅱ．生まれてから現在までに，何か病気をしましたか（特に内科的疾患）。

　1．はい　　2．いいえ

「はい」と答えた方は，以下の質問にも答えてください。

○どのような病気ですか，以下から選んでください。

1．狭心症または心筋梗塞　　2．不整脈（病名：_____）

3．その他の心臓病（病名：_____）　　4．高血圧症

5．脳血管障害（脳梗塞や脳出血）　　6．糖尿病　　7．高脂血症

8．貧血　　9．気管支喘息

10．その他（_____）

○薬物治療を受けている病気がありますか。

　1．はい　　2．いいえ

「はい」と答えた方は以下にも答えてください。

（病名：_____）

わかれば服用している薬の名前を記述してください。

（薬剤名：_____）

Ⅲ．以下の項目を測定し，記述してください（現在の値を）。

○脈拍数_____拍／分

○血　圧_____／_____mmHg

ADL（日常生活活動テスト）

* 各問について，該当するものを1つ選び○を記入し，該当するものがない場合は×を記入してください。

問1 休まないで，どれくらい歩けますか。

    1．5〜10分程度   2．20〜40分程度   3．1時間以上

問2 休まないで，どれくらい走れますか。

    1．走れない   2．3〜5分程度   3．10分以上

問3 どれくらいの幅の溝だったら，とび越えられますか。

    1．できない   2．30cm程度   3．50cm程度

問4 階段をどのようにして昇りますか。

    1．手すりや壁につかまらないと昇れない

    2．ゆっくりなら，手すりや壁につかまらずに昇れる

    3．サッサと楽に，手すりや壁につかまらずに昇れる

問5 正座の姿勢からどのようにして，立ち上がれますか。

    1．できない

    2．手を床についてなら立ち上がれる

    3．手を使わずに立ち上がれる

問6 目を開けて片足で，何秒くらい立っていられますか。

    1．できない   2．10〜20秒程度   3．30秒以上

問7 バスや電車に乗った時，立っていられますか。

    1．立っていられない

    2．吊革や手すりにつかまれば立っていられる

    3．発車や停車の時以外は何にもつかまらずに立っていられる

問8 立ったままで，ズボンやスカートがはけますか。

    1．座らないとできない

    2．何かにつかまれば立ったままできる

    3．何にもつかまらないで立ったままできる

問9 シャツの前ボタンを，掛けたり外したりできますか。

    1．両手でゆっくりとならできる

    2．両手で素早くできる

    3．片手でもできる

問10 布団の上げ下ろしができますか。

    1．できない

    2．毛布や軽い布団ならできる

    3．重い布団でも楽にできる

問11 どれくらいの重さの荷物なら，10m運べますか。

    1．できない   2．5kg程度   3．10kg程度

問12 仰向けに寝た姿勢から，手を使わないで，上体だけを起こせますか。

    1．できない   2．1〜2回程度   3．3〜4回以上

                               総合得点   判定

執筆分担（50音順）

青山　清英	日本大学文理学部体育学科教授	…………………………	1・47
井川　純一	日本大学文理学部体育学科助手	…………………………	11
伊佐野龍司	日本大学文理学部体育学科准教授	…………………………	14・37・46
大嶽　真人	日本大学文理学部体育学科教授	…………………………	18・34・41
川井　良介	日本大学文理学部体育学科助教	………	44・コラム1・コラム2・コラム3
櫛　英彦	日本大学文理学部体育学科特任教授	…………………	4・12・30
小山　貴之	日本大学文理学部体育学科教授	…………………	16・23・29
金野　潤	日本大学文理学部体育学科准教授	……………………	33・コラム10
城間　修平	日本大学文理学部体育学科准教授	……………	39・42・コラム5
鈴木　理	日本大学文理学部体育学科教授	…………………	2・3・45
関　慶太郎	日本大学文理学部体育学科助教	…………………………	17・20
○髙橋　正則	日本大学文理学部体育学科教授	…………	5・24・25・コラム4
土屋　弥生	日本大学文理学部総合文化研究室教授	…………………………	47
○長澤　純一	日本大学文理学部体育学科教授	………………	6・8・10・15
野口　智博	日本大学文理学部体育学科教授	…………………	22・26・32
○松本　恵	日本大学文理学部体育学科教授	…………………	7・27・31
水落　文夫	日本大学文理学部体育学科特任教授	…………………	9・13・19
○水上　博司	日本大学文理学部体育学科教授	…………………	35・36・38
水島　宏一	日本大学文理学部体育学科教授	……………	21・28・43・50
吉田　明子	日本大学文理学部体育学科准教授	…………………	40・48・49
糸数　陽一	警視庁	…………………………………	コラム7
木村　敬一	東京ガス	…………………………………	コラム11
齋藤　理	日本大学明誠高等学校	…………………………………	コラム13
篠山　竜青	Bリーグ川崎ブレイブサンダース	…………………………	コラム12
田中　和仁	田中体操クラブ	…………………………………	コラム8
橋口　泰一	日本大学松戸歯学部准教授	…………………………	コラム9
三井梨紗子	ミキハウス東京アーティスティックスイミングクラブ	…………………	コラム6

○：編集担当

大学生のための 最新 健康・スポーツ科学（第 2 版）

2020 年 4 月 6 日第 1 版 1 刷発行
2023 年 4 月 6 日第 2 版 1 刷発行

編　　　者－日本大学文理学部体育学研究室
発　行　者－森　口　恵美子
印刷・製本－三 光 デ ジ プ ロ
発　行　所－八千代出版株式会社
　　　　　　〒 101-0061　東京都千代田区神田三崎町 2-2-13
　　　　　　TEL　　　　03-3262-0420
　　　　　　FAX　　　　03-3237-0723

　＊定価はカバーに表示してあります。
　＊落丁・乱丁はお取替えいたします。

ISBN　978-4-8429-1843-3

体力テスト記録用紙【Physical Report】

担当教員：		曜日　　時限	科　目：

学　　科：		学年：	学籍番号：

氏　　名：	男　・　女	歳（授業開始時）

測定実施学期	（　前　・　後　）　　学期
実施年月日	年　　　　　　月　　　　　　日

【基本項目】

測定項目	記録	測定項目	記録
身長	cm	BMI（kg/m^2）	
体重	kg	安静時心拍数	拍／分

【体力測定】

体力要素	測定種類	記録				得点
筋　力 利き手に○をつける （右手・左手）	握力（右）	1回目	kg	2回目	kg	
	握力（左）	1回目	kg	2回目	kg	
	握力（平均）	（　　　　＋　　　　）÷ 2 ＝			kg	
筋持久力	上体起こし	1回目	回	2回目	回	
柔軟性	長座体前屈	1回目	cm	2回目	cm	
全身持久力	20mシャトルラン	折り返し数			回	
瞬発力	反復横とび	1回目	回	2回目	回	
跳躍力	立ち幅とび	1回目	cm	2回目	cm	
平衡性	閉眼片足立ち	1回目	秒	2回目	秒	

コメント	得点合計	
	総合評価	

〈保存用〉

日本大学文理学部体育学研究室

年度　健康・スポーツ教育実習　個人カード

学籍番号				ふりがな		写真
学科		学年		氏　名		30mm ×40mm

No.	回答時	質問項目	1	2	3	
Q1		今日の健康状態は	良い	普通	悪い	
Q2	授業前	今日の睡眠は	良かった	普通	悪かった	
Q3		朝食は	良く摂れた	普通	摂れなかった	
Q4	授業後	運動・活動量は	十分	普通	不十分	

回	月日	Q1	Q2	Q3	Q4	教員印	欠・遅見・早	教員から与えられたテーマについて記入
1								
2								
3								
4								
5								
6								
7								
8								
9								
10								
11								
12								
13								
14								
15								

緊急連絡先（保護者氏名）：　　　　　　　　　　　　　TEL：

既往歴（任意）：

年　　月　　日（　　　）　　時限

担当教員	学　　科	学　年	学籍番号	氏　　名	備　考

コメント

採点

年　　月　　日（　　）　　時限

担当教員	学　科	学　年	学籍番号	氏　名	備　考

コメント	採点

年　　月　　日（　　　）　　時限

担当教員	学　　科	学　年	学籍番号	氏　　名	備　考

コメント	採点

4

年　　月　　日　（　　　）　　時限					
担当教員	学　科	学　年	学籍番号	氏　名	備　考

コメント	採点

年　　月　　日　（　　　）　　時限

担当教員	学　　科	学　年	学籍番号	氏　　名	備　考

コメント

採点

年　　月　　日（　　）　　時限

担当教員	学　科	学　年	学籍番号	氏　名	備　考

コメント

採点

年　　月　　日　（　　　）　　　時限

担当教員	学　科	学　年	学籍番号	氏　　名	備　考

コメント

採点